Hans-Joachim Tiete, **Rechtslexikon für Handwerksbetriebe**

Stichwortverzeichnis

A

Abnahme . . . .
Abtretung . . . .
Abtretungsverbot ▶ *Abtretung* . . . .
AGB-Gesetz ▶ *allgemeine Geschäftsbedingungen* . . . .
Allgemein anerkannte Regeln der (Bau-) Technik . . . .
Allgemeine Geschäftsbedingungen . . . .
Anerkenntnis . . . .
Angebot . . . .
Angemessener Preis . . . .
Anscheinsvollmacht . . . .
Arbeiten an einem Bauwerk . . . .
Arbeiten an einem Grundstück . . . .
Aufmaß . . . .
Auftraggeber. . . . .
Auftragnehmer . . . .
Ausschreibung. . . . .

B

Bauhandwerker-Sicherungshypothek . . . .
Baustelle. . . . .
Bauwesenversicherung . . . .
Beschränkte Ausschreibung ▶ *Ausschreibung* . . . .
Beweislast . . . .
Beweissicherung. . . . .
Beweissicherungsverfahren . . . .

D

Diebstahl auf der Baustelle ▶ *Baustelle* . . . .
DIN-Vorschriften ▶ *allgemein anerkannte Regeln der (Bau-) Technik* . . . .

E

Eigenleistungen des Auftraggebers . . . .
Eigentumsvorbehalt . . . .
Einheitspreis . . . .
Einstellung der Arbeiten . . . .
Erfüllungsgehilfen . . . .

F

Fälligkeit . . . .
Fiktive Abnahme ▶ *Abnahme* . . . .
Förmliche Abnahme . . . .
Freihändige Vergabe ▶ *Ausschreibung* . . . .
Fristen . . . .

G

Garantiezusage . . . .
Gerichtliches Beweissicherungsverfahren ▶ *Beweissicherungs-verfahren* . . . .
Gerichtsstand . . . .
Gerichtsstandvereinbarung . . . .
Gesamtpreis ▶ *Einheitspreis* . . . .
Gewährleistung . . . .
Gewährleistungsansprüche ▶ *Gewährleistung* . . . .
Gewährleistungsfristen (Überblick) . . . .
Gleitklausel . . . .
GmbH, GmbH & Co KG . . . .

H

Haftungsrisiko ▶ *Höhere Gewalt* . . . .
Hauseigentümer als Auftraggeber ▶ *Auftraggeber* . . . .
Hausverwalter ▶ *Hausverwaltung* . . . .
Hausverwaltung (Auftragserteilung durch einen Hausverwalter)
Höhere Gewalt . . . .

I

Inkassobüro . . . .

K

Kostenangebot ▶ *Kostenanschlag* . . . .
Kostenanschlag . . . .
Kosten für Mahnschreiben ▶ *Mahnschreiben* . . . .
Kündigung des Werkvertrages durch den Auftraggeber . . . . .
Kündigung des Werkvertrages durch den Auftragnehmer . . . .

L

Leistungsbeschreibung . . . .
Leistungsverzeichnis ▶ *Leistungsbeschreibung* . . . .
Leistungsverweigerungsrecht des Auftraggebers . . . .

M

Mängel. . . . .
Mängelbeseitigung. . . . .
Mängelrüge . . . .
Mahnschreiben . . . .
Mahnung . . . .
Mehrwertsteuer . . . .
Mieter als Auftraggeber ▶ *Auftraggeber* . . . .
Minderung. . . . .
Montagewagen . . . .
Montagezettel . . . .

N

Nachbesserung ▶ *Mängelbeseitigung*. . . . .
Nachtragsauftrag . . . .
Nebenleistungen. . . . .

O

Öffentliche Ausschreibung ▶ *Ausschreibung* . . . .

P

Parteigutachten . . . .
Pauschalpreisvertrag . . . .
Positionspreis ▶ *Einheitspreis* . . . .
Privatgutachten ▶ *Parteigutachten* . . . .
Projektierung . . . .
Prüfvermerk des Architekten . . . .

R

Rechnung . . . .
Rechtsanwalt, Rechtsanwaltskosten. . . . .
Rechtsschutzversicherung . . . .

S

Sachverständigengutachten . . . .
Schadensersatz wegen Nichterfüllung . . . .
Schäden auf der Baustelle ▶ *Baustelle* . . . .
Schiedsgerichtsverfahren ▶ *Schiedsvertrag* . . . .
Schiedsvertrag . . . .
Schriftform . . . .
Schriftliche Mängelrüge . . . .
Sicherheitsleistung . . . .
Skontoabzüge . . . .
Stundenlohnarbeiten . . . .
Stundenlohnzettel ▶ *Montagezettel* . . . .

T

Telefonauftrag . . . .

U

Unternehmerpfandrecht. . . . .

V

Verdingungsordnung für Bauleistungen (VOB). . . . .
Vergütung für Kostenanschlag ▶ *Kostenanschlag* . . . .
Verjährung von Gewährleistungsansprüchen. . . . .
Verjährung von Vergütungsansprüchen. . . . .
Verrechnung von Teilbeträgen . . . .
Vertrag ▶ *Auftrag* . . . .
Vertragsstrafe . . . .
Verwirkung . . . .
Verzugszinsen . . . .
VOB-Verträge ▶ *Verdingungsordnung für Bauleistungen* . . . .

W

Wandlung . . . .
Wesentlicher Bestandteil . . . .

Z

Zahlungsverzug des Auftraggebers . . . .
Zeugenbeweis . . . .
Zinsen . . . .
Zugesicherte Eigenschaft . . . .
Zurückbehaltungsrecht ▶ *Leistungsverweigerungsrecht des Auftraggebers* . . . .
Zuständigkeit des Gerichts ▶ *Gerichtsstand* . . . .
Zwischenrechnung . . . .

Anhang 1

Auszug aus dem Bürgerlichen Gesetzbuch (BGB)
– Werkvertragsrecht – . . . .

Anhang 2

Verdingungsordnung für Bauleistungen (VOB)
Fassung Nov. 1973 . . . .

VOB Teil A – Text –
Allgemeine Bestimmungen für die Vergabe von Bauleistungen

VOB Teil B – Text –
Allgemeine Vertragsbedingungen für die Ausführung
von Bauleistungen. . . . .

Anhang 3

Allgemeine Geschäftsbedingungen
Fachbereich: Sanitär–Heizung–Klima . . . .

Anhang 4

Muster eines Handwerker-Auftrages (Werkvertrag) unter Einbeziehung Allgemeiner Geschäftsbedingungen und der VOB/B

Anhang 5

Muster eines Montagezettels . . . .

Anhang 6

Muster eines Mahnschreibens. . . . .

Abnahme

Bei der Abnahme handelt es sich um einen typischen Rechtsbegriff, der zwar im Rahmen fast sämtlicher Werkverträge täglich praktiziert wird, dessen äußerst wichtige rechtliche Bedeutung den meisten Vertragspartnern jedoch unbekannt ist.

Die Abnahme der vom Auftragnehmer erbrachten Handwerksleitungen löst zahlreiche wichtige Rechtsfolgen aus. So wird z. B. nach den gesetzlichen Vorschriften des BGB (Bürgerliches Gesetzbuch) der Vergütungsanspruch des Auftragnehmers erst *fällig*, wenn das Werk abgenommen ist. Auch das Recht auf Nachbesserung steht dem Auftraggeber erst nach der Abnahme zu. Das gleiche gilt für die Verjährungsfristen bezüglich der Gewährleistung (▶ *Verjährung der Gewährleistungsansprüche*) sowie für die Zahlung der Werklohnforderung (▶ *Verjährung der Werklohnforderung*), die ebenfalls erst mit der Abnahme beginnen.

Der Gesetzgeber definiert nicht, was im einzelnen unter dem Begiff Abnahme zu verstehen ist. Durch zahlreiche Gerichtsurteile hat man sich jedoch im Laufe der Jahre auf folgende allgemein anerkannte Definition geeignet:

Unter Abnahme im rechtlichen Sinne versteht man in der Regel die Entgegennahme der vom Auftragnehmer erbrachten Handwerksleistung in Form der Besitzübertragung verbunden mit der Erklärung, daß der Auftraggeber die Leistung als vertragsgemäß anerkennt.

Diese Anerkennung kann durch schriftliche oder mündliche Erklärung oder aber auch durch eine sogenannte schlüssige Handlung erfolgen, z. B. durch Ingebrauchnahme des im wesentlichen funktionstüchtigen Werkes.

Beispiel:
Heizungsbaufirma H. hat im Hause des Auftraggebers A. eine Zentralheizungsanlage erstellt, die zum 31.10.1977 von A. in Betrieb genommen wird. In diesem Fall kann A., nachdem die Heizung bereits einige Monate läuft, während die Heizungsbaufirma immer noch auf ihr Geld wartet, nicht mit der Behauptung gehört werden, er habe die Heizungsanlage überhaupt nicht abgenommen und somit sei die Forderung der Firma H. noch gar nicht fällig.

Für *VOB-Verträge*, d. h. für Verträge, bei denen die ▶ *Verdingungsordnung für Bauleistungen* zwischen den Parteien vereinbart worden ist, wird der Zeitpunkt der Abnahme in § 12 VOB/B besonders geregelt.

Der Auftragnehmer kann nach Fertigstellung seiner Leistung - ggf. auch schon vor Ablauf der vereinbarten Ausführungsfrist - die Abnahme seiner Leistung vom Auftraggeber verlangen. In diesem Fall hat der Auftraggeber die Abnahme innerhalb von 12 Werktagen ab Fertigstellung durchzuführen.

Hat der Auftraggeber die Leistung oder einen Teil derselben in Benutzung genommen, so gilt die Abnahme nach Ablauf von 6 Werktagen nach Beginn der Benutzung als erfolgt, wenn nichts anderes vereinbart ist.

Beispiel:
Heizungsbaufirma H. hat im oben genannten Beispiel unter vertraglicher Vereinbarung der VOB die Zentralheizungsanlage per 31.10.1978 fertiggestellt. Von diesem Zeitpunkt an wird die Heizung von A. in Betrieb genommen. Auch wenn zwischen den Vertragsparteien am 31.10.1978 kein Abnahmetermin stattgefunden hat, gilt die Heizungsanlage, sofern sie von H. funktionstüchtig erstellt wurde, spätestens ab 6.11.1978 als abgenommen, da sie bereits am 31.10.1978 in Benutzung genommen wurde.

Hat der Auftragnehmer keine ▶ *förmliche Abnahme* verlangt, so gilt die Leistung als abgenommen mit Ablauf von 12 Werktagen nach schriftlicher Mitteilung über die Fertigstellung der Leistung (sog. fiktive Abnahme).

Da jedoch für die meisten Werkverträge die VOB nicht vereinbart wird, muß der Auftragnehmer den Abnahmezeitpunkt nach den gesetzlichen Vorschriften des BGB-Werkvertragsrechts genau bestimmen. Dies gilt insbesondere für die Leistungen, die nicht, wie z. B. die oben genannte Heizungsanlage oder ein Warmwassergerät, in Gebrauch genommen werden: z. B. Abnahme von Malerarbeiten, Fensterverglasung, Anbringung einer Dachrinne etc.

Bei jedem Vertrag über handwerkliche Leistungen kann die Abnahme der Arbeiten dadurch zeitlich fixiert und durch entsprechende Erklärung des Auftraggebers bestätigt werden, daß der Auftragnehmer sich nach Beendigung der Arbeiten vom Auftraggeber einen ▶ *Montage- oder Stundenlohnzettel* unterschreiben läßt, der deutlich lesbar den Vermerk trägt: »Arbeiten abgenommen«.

Auch wenn zum Zeitpunkt der Beendigung der Arbeiten kein Montagezettel zur Hand ist, sollte man in jedem Fall darauf achten, daß der Auftraggeber oder ein geeigneter Vertreter (z. B. der Hauswart) zugegen ist, um die Handwerksleistungen zu besichtigen und abzunehmen.

Wird die Abnahme vom Auftraggeber verweigert, so muß festgestellt werden, ob dieser hierzu berechtigt ist. Zeigen sich bereits bei Fertigstellung der Arbeiten Mängel, so kann der Auftraggeber die Abnahme verweigern und mangelfreie, d. h. vertragsgemäße Herstellung des Werkes verlangen. Diese Regel gilt selbstverständlich auch für die *VOB-Verträge*, bei denen insbesondere die oben genannte fiktive Abnahme nicht zustande kommt, falls das Werk nicht in vertragsgemäßem Zustand hergestellt wird. Andererseits ist jedoch der Auftraggeber verpflichtet, mangelfreie Arbeiten abzunehmen.

In einem Rechtsstreit hat stets der Auftragnehmer den Beweis zu führen, daß die von ihm erbrachten Leistungen abgenommen wurden. Diesen Beweis kann er am besten dadurch erbringen, daß er einen vom Auftraggeber unterschriebenen *Montagezettel* vorlegt, in dem die Abnahme bestätigt wird. Anderenfalls muß der Beweis durch Vernehmung der betreffenden Erfüllungsgehilfen (Monteure, Gesellen, Helfer etc.) geführt werden. Diese müssen sich allerdings genau daran erinnern, daß die Leistungen vom Auftraggeber als vertragsgemäß und insbesondere mangelfrei anerkannt wurden.

Sind dem Auftraggeber bei der Abnahme des Werkes oder der Handwerksleistungen Mängel bereits bekannt, so erlöschen seine Ansprüche auf Nachbesserung, Wandlung oder Minderung, wenn er die Abnahme vorbehaltlos erklärt hat.

Die rechtliche Bedeutung des Abnahmebegiffs ergibt sich aus den von ihm abhängigen wichtigen Rechtsfolgen, die nachstehend im einzelnen aufgeführt sind:

1. Mit der Abnahme wird die *Vergütung* des Auftragnehmers fällig.

2. Mit der Abnahme beginnt das *Gewährleistungsrecht* des Auftraggebers, d. h. Ansprüche des Auftraggebers auf Nachbesserung, Wandlung, Minderung oder Schadensersatz können erst nach Abnahme geltend gemacht werden.

3. Die *Verjährungsfrist* bezüglich der Ansprüche des Auftraggebers auf Nachbesserung, Wandlung, Minderung oder Schadensersatz beginnt mit der Abnahme des Werkes.

4. Bis zur Abnahme trägt der Auftragnehmer die sog. *Leistungsgefahr*. Beschädigungen des Werkes, soweit diese nicht vom Auftraggeber zu vertreten sind, gehen also zu Lasten des Auftragnehmers (Ausnahme: ▶ *Höhere Gewalt* bei VOB-Vertrag).

5. Die ▶ *Beweislast* wird umgekehrt. Bis zur Abnahme hat der Auftragnehmer die vertragsgerechte Erfüllung seiner Leistung zu beweisen. Nach der Abnahme hat der Auftraggeber die Beweislast für die von ihm geltend gemachten Mängelansprüche.

6. Wird ein mangelhaftes Werk vom Auftraggeber trotz Kenntnis der Mängel abgenommen, so kann er Gewährleistungsansprüche nur dann geltend machen, wenn er sich seine Rechte insoweit *bei der Abnahme* vorbehalten hat.

7. Ist zwischen den Parteien eine ▶ *Vertragsstrafe* vereinbart und verwirkt worden, so kann der Auftraggeber diese nur verlangen, wenn er sich das Recht dazu *bei der Abnahme* ausdrücklich vorbehalten hat.

Für eines der zentralen Rechtsprobleme in jedem Werkvertrag, die Abnahme, gelten also folgende

Merksätze:

Nach Beendigung der in Auftrag gegebenen Arbeiten (z. B. Ausführung von Malerarbeiten) bzw. Herstellung eines Werks (z. B. Einbau einer Zentralheizungsanlage) muß der Auftragnehmer im eigenen Interesse dafür sorgen, daß die Leistung vom Auftraggeber abgenommen wird. Im Falle eines Rechtsstreits kann der Auftragnehmer den Beweis für die erfolgte Abnahme am besten dadurch führen, daß er einen vom Auftraggeber unterschriebenen *Montagezettel* vorlegt, in dem die Abnahme bestätigt wird. Der Auftragnehmer kann sich auch auf Zeugen berufen, die allerdings glaubwürdig und zweifelsfrei vor Gericht bekunden müssen, daß die erbrachten Leistungen zu einem bestimmten Zeitpunkt vom Auftraggeber als vertragsgemäß entgegengenommen und damit abgenommen wurden.

Abtretung

Unter Abtretung versteht man die vertragliche Übertragung einer Forderung auf einen anderen Gläubiger.

1. Bei einem Werkvertrag kann der Auftragnehmer (Altgläubiger) seinen *Vergütungsanspruch* an einen Dritten (Neugläubiger) abtreten.

Beispiel:
Handwerksbetrieb H. hat einen Vergütungsanspruch gegen Auftraggeber A. Zum Ausgleich eigener Verbindlichkeiten gegenüber seinem Lieferanten L. überträgt H. diesem durch vertragliche Vereinbarung seinen Vergütungsanspruch gegen A.

Die Abtretung des Vergütungsanspruchs ist im vorstehenden Beispiel auch ohne Zustimmung des Auftraggebers rechtswirksam. Dem Auftraggeber muß jedoch die Abtretung unverzüglich bekannt gegeben werden. Zahlt nämlich der Auftraggeber in Unkenntnis der Abtretung die Vergütung noch an den Auftragnehmer (Altgläubiger), so muß der Neugläubiger die Tilgung der Forderung gegen sich gelten lassen und kann das Geld vom Auftraggeber nicht noch einmal verlangen.

Beispiel:
Handwerksbetrieb H. hat einen fälligen Vergütungsanspruch in Höhe von 500,– DM gegen Auftraggeber A. H. tritt diese Forderung an den Großhändler G. ab. Von dieser Abtretung wird jedoch A nicht benachrichtigt. Zahlt A. die 500,– DM an H., so muß G., die Tilgung gegen sich gelten lassen und kann das Geld nicht etwa noch einmal von A. verlangen.

Der Auftraggeber kann zwar ohne vertragliche Vereinbarung nachträglich einer Abtretung der Werklohnforderung nicht widersprechen, er kann jedoch bei Auftragserteilung (z. B. bei größeren Bauverträgen) mit dem Auftragnehmer vereinbaren, daß eine Abtretung der Werklohnforderung ohne seine ausdrückliche Zustimmung unwirksam ist (*Abtretungsverbot*).

Ein Abtretungsverbot kann auch in ▶ *Allgemeinen Geschäftsbedingungen* enthalten sein. Verstößt eine Abtretung gegen ein vertraglich vereinbartes Abtretungsverbot, so ist sie gegenüber jedem Dritten unwirksam.

Ferner ist bei der Abtretung einer Werklohnforderung zu beachten, daß der Auftraggeber auch gegenüber dem neuen Gläubiger sämtliche Einwendungen gegen die abgetretene Werklohnforderung geltend machen kann. Der Auftraggeber kann also auch dem neuen Gläubiger z. B. entgegenhalten, daß die Forderung mangels Abnahme der Handwerksleistung noch gar nicht fällig ist oder daß ihm wegen vorhandener Mängel bis zur Mängelbeseitigung ein Zurückhaltungsrecht zusteht.

2. Der Auftraggeber kann die ihm zustehenden ▶ *Gewährleistungsansprüche* ebenfalls an Dritte abtreten. Insbesondere im Baugewerbe werden Gewährleistungsansprüche häufig abgetreten.

Wenn z. B. eine Baugesellschaft oder ein Architekt ein Einfamilienhaus bauen läßt und schlüsselfertig an einen Erwerber verkauft, so werden im Grundstückskaufvertrag häufig die Gewährleistungsansprüche gegen die am Bau beteiligten Firmen dem Erwerber abgetreten.

In diesem Fall muß die Handwerksfirma u.U. wegen der Beseitigung aufgetretener Mängel mit einem völlig neuen Vertragspartner verhandeln.

Der Auftragnehmer kann jedoch seinerseits mit dem Auftraggeber vertraglich vereinbaren, daß die Abtretung von Gewährleistungsansprüchen seiner ausdrücklichen Zustimmung bedarf. Nur dann ist eine Abtretung ohne die Zustimmung des Auftragnehmers sowohl diesem als auch dem Erwerber des Grundstücks gegenüber unwirksam. Ein solcher Vertrag sollte jedoch im Interesse des Auftragnehmers aus Beweisgründen stets *schriftlich* geschlossen werden.

Der Auftraggeber kann trotz Abtretung der Gewährleistungsansprüche an einen Dritten gegenüber dem Vergütungsanspruch des Auftragnehmers die Einrede des nicht erfüllten Vertrages erheben, wenn Mängel vorhanden sind. Der Auftraggeber kann jedoch die Gewährleistungsansprüche nur dann klageweise gegen den Auftragnehmer durchsetzen, wenn ihm die Forderung zurückabgetreten oder er vom Erwerber ermächtigt worden ist, diese gerichtlich geltend zu machen.

Allgemein anerkannte Regeln der (Bau-) Technik

Durch die anerkannten Regeln der Technik werden Maßstäbe für die Qualität der vom Auftragnehmer auszuführenden Handwerksleistungen gesetzt.

Auch ohne besondere vertragliche Vereinbarung hat jeder Handwerksbetrieb bei Ausführung eines Auftrages die für sein Fachgebiet geltenden allgemein anerkannten Regeln der Technik zu beachten.

Bei einem *VOB-Vertrag* haben alle am Bau beteiligten Firmen gemäß § 4 Abs. 2 Ziff. 1 VOB/B die anerkannten Regeln der Technik zu beachten. Dieser Begriff geht über die in der VOB Teil C aufgeführten allgemeinen technischen Vorschriften (DIN-Normen) hinaus und stellt die Summe der im Bauwesen anerkannten wissenschaftlichen, technischen und handwerklichen Erfahrungen dar, die in Theorie und Praxis in den jeweils betreffenden Fachkreisen allgemein bekannt und anerkannt sein müssen.

Zahlreiche anerkannte Regeln der Technik sind inzwischen schriftlich festgestellt worden.

Beispiele:

Allgemeine technische Vorschriften in Teil C der VOB.

DIN-Normen des Deutschen Normenausschusses.

Bestimmungen (Normen) des Deutschen Ausschusses für Stahlbeton im DNA.

Bestimmungen des Verbandes Deutscher Elektrotechniker (VDE).

Unfallverhütungsvorschriften der Berufsgenossenschaften.

Bestimmungen des Deutschen Vereins der Gas- und Wasserfachmänner (DVGW).

Die schriftlich festgelegten Bestimmungen und Normen können mitunter den neuesten Stand der Technik nicht berücksichtigen. Haben sich hier neue, bereits anerkannte Regeln der Technik gebildet, so sind sie vom Auftragnehmer zu beachten.

Soweit sich der Auftragnehmer auf schriftlich fixierte Vorschriften und Normen berufen kann, wird vermutet, daß er bei Beachtung der entsprechenden Vorschriften (z. B. DIN-Normen) die anerkannten

Regeln der Technik eingehalten hat und es ist dann Sache des Auftraggebers, bei einer Mängelrüge das Gegenteil zu beweisen.

Hat andererseits der Auftragnehmer die Vorschriften und Normen nicht eingehalten, so obliegt ihm der volle Beweis, daß er trotzdem die anerkannten Regeln der Technik beachtet hat.

Erteilt der Auftraggeber Anweisungen, die eindeutig den anerkannten Regeln der Technik widersprechen, so ist der Auftragnehmer verpflichtet, den Auftraggeber auf diesen Umstand aufmerksam zu machen. Bei unzulässigen und gefahrträchtigen Aufträgen (z. B. Anlage einer Lichtleitung, die nicht den VDE-Vorschriften entspricht) muß der Auftragnehmer ggf. den Auftrag sogar ablehnen, um sich nicht im Schadensfall selbst strafbar und schadensersatzpflichtig zu machen.

Allgemeine Geschäftsbedingungen

Allgemeine Geschäftsbedingungen sind aus dem heutigen Wirtschaftsleben nicht mehr wegzudenken. Auch im geschäftlichen Alltag eines Handwerksbetriebes spielen die Allgemeinen Geschäftsbedingungen eine immer häufigere und wichtige Rolle.

Wenn ein Handwerksbetrieb das von ihm be- oder verarbeitende Material von einem Lieferanten kauft, muß er in der Regel die Allgemeinen Geschäftsbedingungen des Verkäufers akzeptieren.

Innungen und Verbände verschiedener Handwerkszweige bemühen sich jedoch schon seit einiger Zeit, auch für die Handwerksbetriebe eigene Einkaufs- und Lieferbedingungen vorzubereiten.

So wird z. B. der Zentralverband Sanitär-, Heizungs- und Klimatechnik voraussichtlich im Herbst 1978 Einkaufs- und Lieferbedingungen für Handwerksbetriebe seines Fachbereichs herausgeben.

Es ist ferner rechtlich und wirtschaftlich durchaus vertretbar und sogar erforderlich, daß Handwerksbetriebe auch den *Werkverträgen* über die zu erbringende Handwerksleistung ebenfalls eigene Geschäftsbedingungen zugrunde legen.

Durch das seit 1. April 1977 in Kraft getretene **AGB-Gesetz** (Gesetz zur Regelung der Allgemeinen Geschäftsbedingungen) ist das Recht der Geschäftsbedingungen nunmehr vom Gesetzgeber einheitlich geregelt.

Handwerksbetriebe, die bei Werkverträgen bereits vor dem 1.4.1977 mit eigenen Allgemeinen Geschäfsbedingungen gearbeitet haben, sollten im Hinblick auf die nunmehr geltenden Vorschriften des AGB-Gesetzes ihre Bedingungen von einem fachlich qualifizierten Rechtsanwalt überprüfen lassen. Andererseits hat sich der Gesetzgeber bemüht, den Gesetzeswortlaut so allgemeinverständlich zu fassen, daß es sich lohnt, eine Textausgabe des AGB-Gesetzes zu besorgen um selbst nachzuprüfen, ob die jeweiligen Geschäftsbedingungen mit den zwingenden, d. h. vertraglich nicht abdingbaren gesetzlichen Vorschriften noch im Einklang stehen.

Die wesentlichen Grundlagen, die bei der Aufstellung und Vereinbarung Allgemeiner Geschäftsbedingungen nach dem AGB-Gesetz zu beachten sind, sollen im folgenden behandelt werden:

1. Begriffsbestimmung (§ 1 AGB-Gesetz):

Allgemeine Geschäftsbedingungen sind alle für eine Vielzahl von Verträgen vorformulierte Vertragsbedingungen. Dabei spielt es keine Rolle, ob diese Bestimmungen einen äußerlich gesonderten Bestandteil des Vertrages bilden oder in die Vertragsurkunde selbst aufgenommen werden. Allgemeine Geschäftsbedingungen findet man also nicht nur auf der Rückseite eines schriftlichen Vertrages, sie können auch auf besonderem Bogen als Anlage zum Vertrag beigefügt werden. Aber auch Vertragsbedingungen in vorgedruckten Formularverträgen gelten bereits als Allgemeine Geschäftsbedingungen, es sei denn, die einzelnen Vertragsbedingungen sind bei Vertragsabschluß zwischen den Parteien ausgehandelt worden.

2. Einbeziehung der Allgemeinen Geschäftsbedingungen in den Vertrag (§ 2 AGB-Gesetz):

Der Auftragnehmer kann sich auf seine Allgemeinen Geschäftsbedingungen nur dann berufen, wenn diese Bestandteil des Werkvertrages geworden sind. Bereits bei *Abschluß des Vertrages* und nicht erst durch einen Hinweis auf der Rechnung oder bei Unterzeichnung eines

Montagezettels, muß der Auftraggeber ausdrücklich auf die Allgemeinen Geschäftsbedingungen hingewiesen werden.

1. Beispiel:

Hauseigentümer H. erteilt Installateurmeister I. mündlich den Auftrag zur Ausführung diverser Reparaturarbeiten in seinem Miethaus.

Nach Beendigung der Arbeiten übersendet I. dem H. seine Schlußrechnung, die den Vermerk enthält: „Es gelten die umseitigen Geschäftsbedingungen des Auftragnehmers".

In diesem Fall sind die Allgemeinen Geschäftsbedingungen des I. nicht Vertragsbestandteil geworden, da sie bereits bei Auftragserteilung vereinbart werden mußten.

Der Auftraggeber muß ferner die Möglichkeit haben, von dem Inhalt der Geschäftsbedingungen Kenntnis zu nehmen. Es genügt also nicht, wenn der Auftragnehmer in einem schriftlichen Vertrag lediglich auf seine Allgemeinen Geschäftsbedingungen Bezug nimmt, die jedoch auf der Rückseite des Vertrages nicht abgedruckt und dem Auftraggeber dem Wortlaut nach überhaupt nicht bekannt sind.

2. Beispiel:

Heizungsbaufirma H. schließt mit Auftraggeber A. einen Werkvertrag über den Einbau einer Zentralheizungsanlage. Bei Auftragserteilung unterschreibt A. ein Vertragsformular mit dem Aufdruck: „Es gelten die anliegenden Geschäftsbedingungen des Auftragnehmers."

Wenn A. diese Geschäftsbedingungen bei Abschluß des Vertrages nicht übersandt oder übergeben werden, gelten sie nicht als vertraglich vereinbart, und H. muß u.U. 5 Jahre für etwa auftretende Mängel an der Heizungsanlage haften!

Der Auftragnehmer hat also dafür Sorge zu tragen, daß die Allgemeinen Geschäftsbedingungen dem Vertragspartner in zumutbarer Weise zur Kenntnis gebracht und von diesem akzeptiert werden. Es genügt z. B. der schriftliche Hinweis im Vertrag:

»Für die Durchführung des Vertrages gelten die umseitigen (oder beiliegenden) Allgemeinen Geschäftsbedingungen, von denen der Auftragnehmer Kenntnis genommen und sie anerkannt hat.«

Die Vereinbarung von Allgemeinen Geschäftsbedingungen bedarf nicht unbedingt der Schriftform. Wird z. B. ein Auftrag in den Geschäftsräumen des Auftragnehmer mündlich erteilt, kann der Auftragnehmer unter Hinweis auf einen deutlich lesbar angebrachten Aushang seiner Allgemeinen Geschäftsbedingungen diese zum Gegenstand des mündlich abgeschlossenen Vertrages machen, falls der Auftraggeber mit den Konditionen einverstanden ist.

Auch bei einem telefonisch erteilten Auftrag (▶ *Telefonauftrag*) können die Geschäftsbedingungen des Auftragnehmers durch entsprechenden Hinweis rechtswirksam vereinbart werden. Auch in diesem Fall muß jedoch dem Auftraggeber ein Exemplar der Geschäftsbedingungen übersandt werden und er muß sich mit deren Inhalt einverstanden erklären.

Bei nur mündlicher Vertragsvereinbarung wird es für den Auftragnehmer häufig Beweisschwierigkeiten geben, ob seine Geschäftsbedingungen bei Abschluß des Vertrages rechtswirksam vereinbart worden sind. Aus der Sicht des Juristen muß daher unbedingt empfohlen werden, Verträge, für die Allgemeine Geschäftsbedingungen des Auftragnehmers gelten sollen, nur *schriftlich* abzuschließen.

Nicht selten kommt es vor, daß bei einem Werk- oder Kaufvertrag beide Vertragspartner versuchen, ihre eigenen Geschäftsbedingungen dem Vertrag zugrunde zu legen.

Soweit die beiderseitigen Geschäftsbedingungen inhaltlich übereinstimmen, gelten sie für die Abwicklung des Vertrages. Bezüglich der übrigen nicht übereinstimmenden Konditionen haben sich – nach Ansicht der neueren Rechtsprechung – die Vertragspartner vertraglich nicht geeinigt, so daß insoweit ausschließlich die gesetzlichen Vorschriften Anwendung finden.

3. Unwirksame Klauseln in den Allgemeinen Geschäftsbedingungen

Bis zum Inkrafttreten des AGB-Gesetzes am 1.4.1977 mußte durch eine unübersehbare Zahl von Gerichtsurteilen im Einzelfall entschieden werden, welche Klauseln in Allgemeinen Geschäftsbedingungen rechtswidrig und damit unwirksam waren. Das AGB-Gesetz enthält in den §§ 9 bis 11 nunmehr zwingende, d. h. durch Vertrag nicht abdingbare gesetzliche Bestimmungen über die Unwirksamkeit bestimmter Klauseln in Allgemeinen Geschäftsbedingungen. Die für den Handwerksbetrieb wichtigen Klauselverbote lauten:

a) Bestimmungen in Allgemeinen Geschäftsbedingungen sind unwirksam, wenn sie den Vertragspartner des Verwenders entgegen den Geboten von Treu und Glauben unangemessen benachteiligen. Eine unangemessene Benachteiligung ist im Zweifel anzunehmen, wenn eine Bestimmung

   1. mit wesentlichen Grundgedanken der gesetzlichen Regelung, von der abgewichen wird, nicht zu vereinbaren ist oder

   2. wesentliche Rechte oder Pflichten, die sich aus der Natur des Vertrages ergeben, so einschränkt, daß die Erreichung des Vertragszweckes gefährdet ist. (Generalklausel § 9 AGBG).

b) Der Auftragnehmer darf sich in seinen Geschäftsbedingungen nicht das Recht vorbehalten, sich ohne sachlich gerechtfertigten und im Vertrag angegebenen Grund von seiner Leistungspflicht zu lösen (Verbot des einseitigen Rücktrittsvorbehalts § 10 Nr. 3 AGBG).

c) Der Auftragnehmer darf für den Fall, daß er selbst aus berechtigten Gründen den Vertrag kündigt oder der Vertragspartner vom Vertrag zurücktritt, keine unangemessen hohe Vergütung für die erbrachten Leistungen verlangen oder unangemessen hohen Ersatz von Aufwendungen fordern (§ 10 Nr. 7 AGBG).

In Allgemeinen Geschäftsbedingungen ist ferner unwirksam:

d) Eine Klausel, welche die Erhöhung des Entgelts für Waren oder Leistungen vorsieht, die innerhalb von vier Monaten nach Vertragsabschluß geliefert oder erbracht werden sollen (§ 11 Nr. 1 AGBG).

e) Eine Bestimmung, durch die dem Vertragspartner die Befugnis genommen wird, mit einer unbestrittenen oder durch Urteil rechtskräftig festgestellten Gegenforderung aufzurechnen (§ 11 Nr. 3 AGBG).

f) Eine Bestimmung, durch die der Auftragnehmer von der gesetzlichen Obliegenheit freigestellt wird, den anderen Vertragsteil zu mahnen oder ihm eine Nachfrist zu setzen (§ 11 Nr. 4 AGBG).

g) Die Vereinbarung eines pauschalierten Anspruchs des Auftragnehmers auf Schadensersatz oder Ersatz einer Wertminderung, wenn diese Pauschale die in den geregelten Fällen nach dem gewöhnlichen Lauf der Dinge zu erwartenden Schaden oder die gewöhnlich eintretende Wertminderung übersteigt oder dem anderen Vertragsteil der Nachweis abgeschnitten wird, ein Schaden oder eine Wertminderung sei überhaupt nicht entstanden oder wesentlich niedriger als die Pauschale (§ 11 Nr. 5 AGBG).

h) Eine Bestimmung, durch die dem Auftragnehmer für den Fall der Nichtabnahme oder verspäteten Abnahme der Leistung, des Zahlungsverzuges oder für den Fall, daß der andere Vertragsteil sich vom Vertrag löst, Zahlung einer Vertragsstrafe versprochen wird (§ 11 Nr. 6 AGBG).

i) Ein Ausschluß oder eine Begrenzung der Haftung für einen Schaden, der auf einer grob fahrlässigen Vertragsverletzung des Auftragnehmers oder dessen Erfüllungsgehilfen beruht; dies gilt auch für Schäden aus der Verletzung von Pflichten bei Vertragsverhandlungen (§ 11 Nr. 7 AGBG).

j) Eine Bestimmung, durch die für den Fall des Leistungsverzuges des Auftragnehmers oder der von ihm zu vertretenden Unmöglichkeit der Leistung, das Recht des anderen Vertragsteils sich vom Vertrag zu lösen, ausgeschlossen oder eingeschränkt oder das Recht des anderen Vertragsteils Schadensersatz zu verlangen, ausgeschlossen oder eingeschränkt wird (§ 11 Nr. 8 AGBG).

k) Eine Bestimmung, durch die bei Verträgen über Lieferungen neu hergestellter Sachen und Leistungen

aa) die Gewährleistungsansprüche gegen den Auftragnehmer einschl. etwaiger Nachbesserungs- und Ersatzlieferungesansprüche insgesamt oder bezüglich einzelner Teile ausgeschlossen werden.

bb) die Gewährleistungsansprüche gegen den Auftragnehmer insgesamt oder bezüglich einzelner Teile auf ein Recht auf Nachbesserung oder Ersatzlieferung beschränkt werden, sofern dem anderen Vertragsteil (Auftraggeber) nicht ausdrücklich das Recht vorbehalten wird, bei Fehlschlagen der Nachbesserung oder Ersatzlieferung Herabsetzung der Vergütung oder, wenn nicht eine Bauleistung Gegenstand der Gewährleistung ist, nach seiner Wahl Rückgängigmachung des Vertrages zu verlangen.

cc) Die Verpflichtung des gewährleistungspflichtigen Auftragnehmers ausgeschlossen oder beschränkt wird, die Aufwendungen zu tragen, die zum Zwecke der Nachbesserung erforderlich werden, insbesondere Transport-, Wege-, Arbeit- und Materialkosten.

dd) der Auftragnehmer die Beseitigung eines Mangels oder die Ersatzlieferung einer mangelfreien Sache von der vorherigen Zahlung des vollständigen Entgelts oder eines unter Berücksichtigung des Mangels unverhältnismäßig hohen Teils des Entgelts abhängig macht.

ee) die gesetzlichen Gewährleistungsfristen verkürzt werden (§ 11 Nr. 10 AGBG).

l) Eine Bestimmung, durch die bei einem Werkvertrag Schadensersatzansprüche gegen den Auftragnehmer wegen Fehlens zugesicherter Eigenschaften ausgeschlossen oder eingeschränkt werden (§ 11 Nr. 11 AGBG).

Merksatz:
Durch das seit 1.4.1977 in Kraft getretene AGB-Gesetz sind Begriffsbestimmung, vertragliche Vereinbarung und Wirksamkeit von Allgemeinen Geschäftsbedingungen nunmehr zwingenden gesetzlichen Vorschriften unterstellt. Jeder Handwerksbetrieb, der mit eigenen Allgemeinen Geschäftsbedingungen oder vorgedruckten Formularverträgen arbeitet, sollte seine Geschäftsbedingungen im Hinblick auf die neuen gesetzlichen Bestimmungen eingehend überprüfen und, falls sich Zweifelsfragen ergeben, einen erfahrenen Juristen zu Rate ziehen.

Für die Fachgebiete Sanitär-, Heizungs- und Klimatechnik hat z. B. der Zentralverband Sanitär-, Heizungs- und Klimatechnik Allgemeine Geschäftsbedingungen neu herausgegeben, die vom Bundeskartellamt im Bundesanzeiger am 20.8.1977 veröffentlicht wurden. Die Geschäftsbedingungen verbunden mit einer Textausgabe der VOB Teil B sind zu beziehen durch den Strobel & Co Buchvertrieb, 5760 Arnsberg oder Gentner Verlag, 7000 Stuttgart.

▶ **Allgemeine Geschäftsbedingungen Sanitär – Heizung – Klima s. Anhang 3.**

Anerkenntnis

Der Auftragnehmer kann für seine Handwerksleistung grundsätzlich nur dann eine Vergütung verlangen, wenn er vom Auftraggeber einen entsprechenden *Auftrag* erhalten hat.

Für Leistungen, die in Abweichung eines bestimmten Vertragsinhalts oder ohne jeglichen Auftrag erbracht wurden, steht dem Auftragnehmer eine Vergütung nur dann zu, wenn der Auftraggeber diese Leistungen nachträglich *anerkennt*.

Das Anerkenntnis ist ein Rechtsbegriff und erfordert, daß der Auftraggeber klar und eindeutig zum Ausdruck bringt, daß er mit der zusätzlichen nicht in Auftrag gegebenen Leistung einverstanden ist.

Wenn z. B. der Auftragnehmer für die ohne Auftrag ausgeführten Arbeiten eine Rechnung ausstellt und dem Auftraggeber übersendet, so erkennt dieser den Vergütungsanspruch noch nicht an, wenn er der Rechnung nicht sofort widerspricht. Es ist vielmehr erforderlich, daß der Auftraggeber durch eine eindeutige *Willenserklärung* die Handwerksleistung als vertragsgemäß und daher vergütungspflichtig billigt. Dies kann z. B. dadurch geschehen, daß der Auftraggeber in Zeugengegenwart die Leistungen besichtigt und als vertragsgemäß abnimmt. Auch die Unterzeichnung von ▶ *Stundenlohnzetteln* ist zumindest ein Indiz für die Anerkennung der Vergütungspflicht.

Kann der Auftragnehmer vom Auftraggeber oder einem berechtigten Vertreter unterschriebene Stundenlohnzettel vorlegen, so muß im Rechtsstreit nunmehr nicht der Auftragnehmer den Beweis erbringen, daß er einen Auftrag erhalten hat, sondern der Auftraggeber muß beweisen, daß er keinen Auftrag erteilt hat, was ihm aber in Anbetracht des unterschriebenen Stundenlohnzettels sehr schwer fallen dürfte.

Ein Anerkenntnis der Vergütungspflicht kann in Ausnahmefällen auch dann vorliegen, wenn der Architekt des Auftraggebers die Rechnung des Auftragnehmers, die auch vom Auftrag abweichende oder zusätzliche Positionen enthält, mit einem ▶ *Prüfvermerk* versieht. In der Regel bedeutet der Prüfvermerk des Architekten nicht, daß die in Rechnung gestellten Positionen als vergütungspflichtig anerkannt werden. Hat jedoch der Auftraggeber seinem Architekten aufgrund eines entsprechenden Architektenvertrages (z. B. Einheits-Architektenvertrag) die gesamte geschäftliche und technische Oberleitung für das Bauvorhaben übertragen, so liegt in der Prüfung und Bestätigung der Rechnung auch zugleich ein Anerkenntnis bezüglich der vom ursprünglichen Auftrag abweichenden oder zusätzlichen Positionen.

Der Auftragnehmer ist jedoch beweispflichtig, daß der Architekt eine derart umfassende Vollmacht hatte, die ihn berechtigt u.U. auch ohne Kenntnis des Auftraggebers (Bauherrn) zusätzliche oder vom Vertrag abweichende Handwerksleistungen in Auftrag zu geben oder nachträglich anzuerkennen.

Ein mit dem Auftraggeber oder dessen Architekten gemeinsam erstelltes ► *Aufmaß* ist rechtlich nicht als Anerkenntnis zu werten, da durch das Aufmaß lediglich der Umfang der erbrachten Leistungen ermittelt wird, nicht aber deren Auftragserteilung.

Angebot

Jeder Vertrag, also auch der Werkvertrag über die Ausführung handwerklicher Leistungen, setzt ein Angebot und dessen Annahme voraus.

Bei kleineren Reparaturaufträgen kommt die vertragliche Vereinbarung in der Regel dadurch zustande, daß der Auftragnehmer mit der Durchführung einer bestimmten Reparaturarbeit vom Kunden beauftragt wird. Hier wird der Vertrag also mündlich bzw. am Telefon (► *Telefonauftrag*) geschlossen.

Bei größeren Arbeiten wird häufig vom Auftraggeber zunächst ein detailliertes Angebot z. B. in Form eines ► *Kostenanschlages* verlangt. Bei Arbeiten im Baugewerbe erhält der Auftragnehmer vom Bauherrn oder dessen Architekten im Rahmen einer sog. Ausschreibung ein ► *Leistungsverzeichnis*, in dem die auszuführenden Leistungen im einzelnen beschrieben sind. Der Auftrag-nehmer gibt daraufhin sein Angebot ab, indem er seine Preise in die betreffenden Positionen des Leistungsverzeichnisses einsetzt.

Der Auftragnehmer ist grundsätzlich an sein Angebot gebunden, vorausgesetzt, daß es vom Auftraggeber *sofort* angenommen wird.

Beispiel:

Installateurmeister I. übermittelt dem Hauseigentümer H. ein Angebot über die Ausführung diverser Installationsarbeiten im Hause des H. zu einem Pauschalpreis von 1.200,– DM. H. hüllt sich längere Zeit in Stillschweigen und teilt I. erst nach 3 Monaten mit, daß er sein Angebot annehme.

In diesem Fall ist I. nicht verpflichtet, einen Vertrag zu den ursprünglichen Konditionen seines Angebots abzuschließen, da H. dieses Angebot nicht sofort angenommen hat.

Das Angebot kann vom Auftraggeber auch befristet werden, indem er seinem Vertragspartner mitteilt, daß er sich an die eingesetzten Preise bis zu einem bestimmten Datum gebunden hält.

Bei Auftragsvergabe nach den Vorschriften der *VOB/A* sind die dort für Form und Inhalt des Angebots maßgebenden Vorschriften zu beachten (§§ 21 ff VOB/A).

Das Angebot erlischt, wenn es vom Auftraggeber abgelehnt oder nicht rechtzeitig angenommen wird. Eine verspätete Annahme des Angebots ist nur mit ausdrücklicher Zustimmung des Auftragnehmers zulässig.

Angemessener Preis

Wenn der Auftragnehmer den Preis für die von ihm zu erbringende Handwerksleistung vertraglich vereinbart hat, so ist der Auftraggeber an diese Preisvereinbarung gebunden. Sein Einwand, er habe inzwischen festgestellt, daß eine Konkurrenzfirma die Arbeiten wesentlich billiger ausführe und der vereinbarte Preis somit unangemessen hoch sei, ist daher rechtlich unbeachtlich.

Beispiel:

Installateurmeister I. erhält den Auftrag, in der Wohnung des A. ein neues Handwaschbecken anzubringen. Für die auszuführenden Arbeiten sowie für die Lieferung des Materials wird ein Preis von 250,– DM plus MWSt vereinbart. Dieser Preis ist von A. in jedem Fall zu bezahlen und er kann insbesondere nicht nach Erhalt der Rechnung einwenden, er habe inzwischen das gleiche Handwaschbecken zu einem wesentlich günstigeren Preis in einem Kaufhaus gesehen.

Bei kleineren Reparaturaufträgen wird jedoch bei Auftragserteilung die Höhe des Preises nur selten vereinbart. Hier gilt nach gesetzlicher Vorschrift die *übliche Vergütung* als vereinbart.

Bestreitet der Auftraggeber die Angemessenheit der in Rechnung gestellten Preise und kommt es sogar zu einem Rechtsstreit, so ist in der Regel nur durch ein Sachverständigengutachten der angemessene Preis zu ermitteln.

Beispiel:

Installateurmeister I. erhält den Auftrag, im Hause des A. eine Abflußrohr-Verstopfung zu beseitigen. In diesem Fall wird in der Regel bei Auftragserteilung keine Preisvereinbarung getroffen, da I. den Umfang der erforderlichen Arbeit selbst noch nicht übersehen und somit vorher keinen verbindlichen Preis nennen kann. Stellt sich z. B. während der Arbeit heraus, daß die Beseitigung der Rohrverstopfung erheblichen Zeitaufwand und vielleicht sogar eine teilweise Erneuerung des Abflußrohres erfordert, so kann die Werklohnforderung erheblich höher ausfallen als A. sich dies zunächst vorgestellt hat. Wenn A. die Angemessenheit der in Rechnung gestellten Werklohnforderung bestreitet, so kann sich I. nicht auf eine bindende Preisvereinbarung berufen, andererseits kann die Angemessenheit seines Vergütungsanspruchs jederzeit durch ein Sachverständigengutachten unter Beweis gestellt werden.

In dem vorgenannten Beispiel hat der Sachverständige bei der Ermittlung des angemessenen Preises sowohl die Höhe der eingesetzten Stundenlohnsätze als auch die Dauer der Arbeitszeit zu überprüfen.

Eine Vergütung kann der Auftragnehmer für die von ihm erbrachte Leistung in jedem Fall verlangen, auch wenn dies bei Auftragserteilung nicht ausdrücklich vereinbart worden ist. Eine (angemessene) Vergütung gilt in diesem Fall als stillschweigend vereinbart, da die Erbringung der Handwerksleistung nur gegen Vergütung zu erwarten ist (§ 632 Abs. 1 BGB).

Anscheinsvollmacht

Der Rechtsbegriff der Anscheinsvollmacht kann am besten anhand folgender Beispiele erläutert werden.

Beispiel A:

Hausverwalter H. erteilte namens und im Auftrag des von ihm vertretenen Hauseigentümers A. dem Installationsbetrieb I. zahlreiche Aufträge zur Durchführung von Hausreparaturen im Miethaus des A. Die Handwerkerrechnungen sind auch von A. stets bezahlt worden. Hauseigentümer A. kündigt eines Tages den Hausverwalter-Vertrag, ohne daß der Installateurbetrieb hiervon Kenntnis erhält.

Werden nach Auflösung des Hausverwalter-Vertrages von H. noch Aufträge erteilt, obwohl dieser nun nicht mehr bevollmächtigt ist, so kann sich der Installateur wegen der Bezahlung seiner Rechnung nach wie vor an den Hauseigentümer wenden.

Im vorliegenden Fall hat also der *Hausverwalter* einen Auftrag erteilt, obwohl er hierzu gar nicht mehr bevollmächtigt war. Der Auftragnehmer konnte jedoch nach Treu und Glauben davon ausgehen, der Hauseigentümer dulde und billige das Handeln seines (ehemaligen) Bevollmächtigten. Der Hauseigentümer ist daher verpflichtet, die Rechnungen für die von seinem ehemaligen Hausverwalter erteilten Aufträge noch zu bezahlen. Ob er wegen des eigenmächtigen Vorgehens den Hausverwalter in Regreß nehmen kann, ist für den Auftragnehmer dabei ohne Interesse.

Auf die Anscheinsvollmacht kann sich der Auftragnehmer jedoch dann nicht mehr berufen, wenn ihm die Kündigung des Hausverwalter-Vertrages im vorstehenden Beispiel bekannt war.

Das den Rechtsschein einer Bevollmächtigung erzeugende Verhalten muß in der Regel von einer gewissen Häufigkeit und Dauer sein. Wird einem Handwerksbetrieb von einem Hausverwalter, zu dem bisher noch keine Geschäftsbeziehungen bestanden, z. B. ein Auftrag zur Installation einer Zentralheizungsanlage im Werte von 60.000,– DM erteilt, so muß sich der Auftraggeber davon überzeugen, daß der Hausverwalter überhaupt befugt ist, derart umfangreiche Aufträge für den Hauseigentümer verbindlich zu vergeben.

Oft enthalten Hausverwalter-Verträge Beschränkungen bezüglich der Erteilung größerer Handwerkeraufträge. Der Auftragnehmer kann sich also im letztgenannten Fall nicht auf die Anscheinsvollmacht berufen und somit die Werklohnforderung nicht ohne weiteres direkt beim Hauseigentümer geltend machen. Verweigert der Hauseigentümer die Genehmigung zu diesem Auftrag, so muß sich der Auftragnehmer wegen der Bezahlung seiner Forderung oder wegen der Geltendmachung von Schadensersatzansprüchen (falls der Auftrag vorzeitig gekündigt wurde) an den Hausverwalter halten.

Die Beauftragung eines *Architekten* mit der Durchführung eines Bauvorhabens begründet in der Regel die Anscheinsvollmacht für die Vergabe der dafür erforderlichen Bauarbeiten.

Beispiel B:

Die Installationsfirma I. erhält vom Architekten A. den Auftrag zur Ausführung der gesamten Sanitärinstallation in einem Neubau. Bauherr B. verweigert die Bezahlung der Rechnung mit der Begründung, sein Architekt sei im Rahmen des Architektenvertrages überhaupt nicht befugt gewesen, die Erstellung der Sanitär-Installation einer bestimmten, vom Architekten ausgewählten, Installationsfirma in Auftrag zu geben.

Im vorliegenden Fall ist durch zahlreiche Urteile bestätigt worden, daß mit der Bestellung eines Architekten der Rechtsschein erzeugt wird, daß der Architekt vom Auftraggeber (Bauherrn) bevollmächtigt ist, die für die Durchführung des Bauvorhabens erforderlichen Aufträge an die einzelnen Baufirmen und Handwerksbetriebe zu erteilen.

Merksatz:
Der Rechtsbegriff der Anscheinsvollmacht ist gesetzlich nicht eindeutig geregelt. Es kommt deshalb immer auf den Einzelfall und ggf. auch auf die rechtliche Beurteilung des betreffenden Gerichts an, ob die Grundsätze der Anscheinsvollmacht gegeben sind.

Sollten sich aus irgendwelchen Gründen beim Auftragnehmer Zweifel ergeben, ob z. B. ein Hausverwalter, Hauswart oder Architekt berechtigt ist, im Namen eines Hauseigentümers oder Bauherrn Aufträge zu erteilen, muß sich der Auftragnehmer selbst davon überzeugen, ob die Auftragserteilung von dem Vertretenen auch gebilligt wird.

Arbeiten an einem Bauwerk

Die Dauer der Gewährleistungsfrist (▶ *Gewährleistung*) im Rahmen des Werkvertrages ist vom Gesetzgeber nicht einheitlich geregelt. Sie richtet sich nach der Art der vom Auftragnehmer erbrachten Leistung. Es mußten daher Rechtsbegriffe geprägt werden, um die jeweiligen Handwerksleistungen den verschiedenen Gewährleistungsfristen zuzuordnen.

Im Gegensatz zu den ▶ *Arbeiten am Grundstück* (Gewährleistungsfrist 1 Jahr) bezeichnet man Arbeiten, die zur Errichtung, Veränderung oder Erhaltung eines Gebäudes oder Gebäudeteils dienen, als *Bauwerk*.

Es spielt hierbei keine Rolle, ob die Arbeiten im Zusammenhang mit der Errichtung eines Neubaus erbracht werden oder ob es sich um Erneuerungs- oder Umbauarbeiten an einem bereits errichteten Gebäude handelt.

Die Gewährleistungsfrist für Arbeiten an einem Bauwerk beträgt nach **BGB: 5 Jahre!** Der Grund für die längere Frist liegt darin, daß Mängel hier oft später und schwerer erkennbar und für die Gebäudesubstanz besonders nachteilig sind.

Bei einem Bauwerk muß es sich also nicht immer um die Neuherstellung handeln. Auch Erneuerungs- und Umbauarbeiten an einem bereits errichteten Gebäude, wenn sie für Konstruktion, Bestand oder Erhaltung desselben von wesentlicher Bedeutung sind und wenn die eingebauten Teile mit dem Gebäude fest verbunden werden, gelten als Bauwerk.

Beispiele:

Einbau einer Zentralheizung
Einbau von Bädern, Duschanlagen
Einbau einer Klimaanlage
Herstellung von Böden, Fenstern, Dächern.

Sind bei einem Werkvertrag die Vorschriften der **VOB** vereinbart worden, so beträgt die Gewährleistungsfrist für Bauwerke **zwei Jahre**. Insoweit enthält also die VOB eine eindeutige Besserstellung des Auftragnehmers hinsichtlich der Gewährleistungsfristen.

Merksatz:
Insbesondere bei Handwerksleistungen, die zur Erstellung von Gebäuden sowie der Erhaltung deren Substanz dienen, also den sog. Bauwerken, sollte der Auftragnehmer darauf achten, durch vertragliche Einbeziehung der VOB die zweijährige Verjährungsfrist zu vereinbaren, da er anderenfalls 5 Jahre lang für die Qualität seiner Leistung einzustehen hat.

Arbeiten an einem Grundstück

Bei *Arbeiten an einem Grundstück* verjährt der Anspruch des Auftraggebers auf Beseitigung eines Mangels in **einem Jahr**. Das gilt auch für die Ansprüche des Auftraggebers auf Wandlung, Minderung oder Schadensersatz.

Die Verjährung beginnt mit der ▶ *Abnahme des Werkes*.

Was unter dem Rechtsbegriff *Arbeiten an einem Grundstück* zu verstehen ist, soll anhand einiger Beispiele erläutert werden.

Es handelt sich zunächst um Arbeiten, die am Grund und Boden vorgenommen werden,

Beispiel:
Baggerarbeiten
Planierungsarbeiten
Ausschachtung
Aufschüttung
Drainage

Bei diesen Arbeiten wird also der natürliche Zustand des Grund und Bodens verändert, sie gelten als eigentliche Arbeiten an einem Grundstück.

Aber auch bestimmte Arbeiten, die an einem auf dem Grundstück befindlichen Gebäude oder an Gebäudeteilen vorgenommen werden, fallen unter den oben genannten Rechtsbegriff und unterliegen der Verjährungsfrist von einem Jahr.

Dabei muß es sich jedoch um bloße Ausbesserungs- und Instandsetzungsarbeiten handeln, die in oder an Gebäuden ausgeführt werden.

Beispiel:
Ausbesserungsarbeiten im Anstrich
Verlegen von Teppichböden
Umbau einer vorhandenen Beleuchtungsanlage
Erneuerung eines Zentralheizungsventils
Reparaturen an oder Auswechslung von vorhandenen Sanitärobjekten.

Bei *VOB-Verträgen* beträgt die Gewährleistungsfrist für Arbeiten an einem Grundstück gemäß § 13 Ziff. 4 VOB/B ebenfalls ein Jahr.

Aufmaß

Handwerksleistungen erfordern - insbesondere bei größeren Aufträgen im Bereich des Bauwesens - zur ordnungsgemäßen Abrechnung die Erstellung eines Aufmaßes.

Zum Aufmaß gehören alle Ermittlungen am Leistungsobjekt im Hinblick auf den für die vereinbarte Vergütung maßgebenden Wert nach Zahl, Maß und Gewicht.

Ein sorgfältig ermitteltes Aufmaß erleichtert nicht nur die spätere Rechnungslegung, es gibt dem Auftragnehmer darüber hinaus die Sicherheit, daß die daraus resultierenden Rechnungspositionen im Falle eines Rechtsstreits auch ggf. der Überprüfung durch einen Sachverständigen standhalten.

Aufmaße werden, wie gesagt, insbesondere bei der Ermittlung von Bauleistungen benötigt. Die *VOB* sieht diesbezüglich in § 14 Abs. 2 VOB/B vor, daß die für die Abrechnung (d. h. die Rechnungsaufstellung und die Rechnungsprüfung) notwendigen Feststellungen möglichst gemeinsam mit dem Auftraggeber bzw. dessen Vertreter (Architekt, Ingenieur) durchgeführt werden sollen. Damit werden von Anfang an klare Verhältnisse geschaffen und es können spätere Streitigkeiten vermieden werden.

Eine besondere Bedeutung hat die gemeinsame Ermittlung des Aufmaßes beim sog. Einheitspreisvertrag (▶ *Einheitspreis*). Wird das Aufmaß gemeinschaftlich aufgenommen und dabei zwischen den Vertragspartnern Einigkeit über alle Einzelheiten des Aufmaßes erzielt, so ist diese Aufmaßbestimmung im beiderseitigen Einverständnis für die Vertragspartner bindend. Es handelt sich rechtlich um ein Schuldanerkenntnis des Auftraggebers, von dem er später, z. B. nach Erhalt der Rechnung - soweit diese aufgrund des gemeinsam ermittelten Aufmaßes erstellt worden ist - nicht einseitig mehr Abstand nehmen kann. Wird dieses Anerkenntnis eines Aufmaßes nicht vom Auftraggeber (Bauherrn) persönlich, sondern von seinem Architekten abgegeben, so ist es ebenfalls rechtlich wirksam, wenn diesem die örtliche Bauführung und geschäftliche Oberleitung für das betreffende Bauvorhaben übertragen worden ist.

Auch wenn bei einem Werkvertrag über Handwerks- oder Bauleistungen die Vorschriften der VOB nicht vertraglich vereinbart wurden, sollte der Auftragnehmer versuchen, das Aufmaß gemeinsam mit dem Auftraggeber zu ermitteln. Das einseitig vom Auftragnehmer ermittelte Aufmaß ist zwar rechtlich keineswegs unwirksam und die damit erstellte Rechnung nicht etwa unbrauchbar, es läßt sich jedoch mit Sicherheit der eine oder andere Rechtsstreit vermeiden, wenn das Aufmaß „am Objekte" gemeinsam mit dem Auftraggeber ermittelt wird.

Auftrag

Die Bezeichnung »Auftrag« wird im Geschäftsverkehr bei Verträgen zwischen dem Handwerksbetrieb (▶ *Auftragnehmer*) und dessen Kunden (▶ *Auftraggeber*) häufig verwendet.

Der Gesetzgeber nennt den Vertrag über handwerkliche Leistungen in der Regel *Werkvertrag* im Sinne der §§ 631 ff BGB – s. Anhang 1.

Die gesetzlichen Vorschriften des Werkvertrages finden auch dann Anwendung, wenn die vom Handwerker einzubauenden Objekte (z. B. Badewanne, Heizkörper, Heizkessel etc.) von ihm geliefert werden.

Der Abschluß eines Vertrages über handwerkliche Leistungen kann auf verschiedene Arten zustande kommen. Zum Vertrag gehören in jedem Fall ▶ *Angebot* und Annahme, wobei es rechtlich unerheblich ist, von welchem der beiden Vertragspartner das Angebot stammt und wer dieses annimmt.

Der Auftrag (Werkvertrag) ist die wesentliche rechtliche Grundlage für jede vertragliche Handwerksleistung. Solange es zwischen den Vertragsparteien keinen Streit gibt, wird die Auftragserteilung, insbesondere bei mündlich erteilten Aufträgen, leider oft als eine Art Nebensache betrachtet, während die besondere Aufmerksamkeit nur der Rechnung gilt. Aber spätestens, wenn die Rechnung nicht oder nur zum Teil bezahlt wird, erhebt sich die Frage nach Art und Umfang des erteilten Auftrages.

Manche Rechnungen werden z. B. mit der Behauptung nicht bezahlt, es sei gar kein Auftrag erteilt worden. Hier ist es nun Sache des Auftragnehmers, die Beweise für die Auftragserteilung im Falle einer gerichtlichen Auseinandersetzung zu erbringen.

Die Behauptung des Auftragnehmers, er werde z. B. nicht in einem Miethaus einen Rohrbruch beseitigen oder ein neues Warmwassergerät anbringen, ohne dazu einen Auftrag erhalten zu haben, klingt zwar überzeugend, vor Gericht reicht diese Behauptung jedoch keinesfalls aus, um eine rechtswirksame Auftragserteilung unter Beweis zu stellen.

> **Merksatz:**
> Die Vorlage eines schriftlichen und vom Auftraggeber unterzeichneten Auftrages ist im Streitfall und insbesondere bei einer gerichtlichen Auseinandersetzung das beste Beweismittel.

Für telefonisch (▶ *Telefonauftrag*) oder mündlich erteilte Aufträge müssen geeignete Zeugen zur Verfügung stehen, die in der Lage sind, auch noch nach längerer Zeit einwandfrei über Art und Umfang des erteilten Auftrages Auskunft zu geben. Daß es hierbei zu meist erheblichen Beweisschwierigkeiten für den Auftragnehmer kommt, hat vielleicht schon jeder Handwerksbetrieb selbst erfahren müssen.

Bei der Abfassung eines schriftlichen Vertrages sollten folgende Vertragsbestandteile Berücksichtigung finden:

1. Name bzw. Firmenbezeichnung des Auftragnehmers
2. Vollständiger Name bzw. genaue Firmenbezeichnung des Auftraggebers
3. Art und Umfang der auszuführenden Leistung
4. Ggf. Ort der auszuführenden Leistung
5. Vereinbarter Preis
6. Zahlungskonditionen, ggf. Geschäftsbedingungen
7. Unterschrift des Auftraggebers

Ein Vertrag kommt nur zustande, wenn sich ▶ *Angebot* und Annahme vollinhaltlich decken. Eine Annahmeerklärung in abgeänderter Form stellt rechtlich eine Ablehnung des Angebots und gleichzeitig ein neues Angebot dar, das jedoch von der Gegenseite wieder angenommen werden muß, damit ein Vertrag zustande kommt.

Beispiel:

Malermeister M. unterbreitet dem Hauseigentümer H. ein Angebot für die Durchführung von Renovierungsarbeiten zum Festpreis von 3.000,– DM. H. teilt mit, er nehme das Angebot zu 2.500,– DM an. In diesem Fall ist zwischen den Parteien kein Vertrag zustande gekommen, es sei denn, M. erklärt ausdrücklich, daß er die Arbeiten auch für 2.500,– DM ausführen werde.

Auftrag und Montagezettel können auch z. B. auf einem Formular (Durchschreibesatz) verbunden werden. So erhält der ausführende Monteur zugleich mit einem Exemplar des Montagezettels den Durchschlag des Auftrages und kann sich diesen vom Auftraggeber durch Unterzeichnung des kombinierten Formulars bestätigen lassen.

Muster eines Werkvertrages »Auftrag/Auftragsbestätigung/Arbeitsbescheinigung« s. Anhang 4.

Auftraggeber

Als Auftraggeber gilt derjenige (Einzelperson, Firma oder Gesellschaft), der einem Handwerksbetrieb einen Auftrag zur Ausführung handwerklicher Leistungen erteilt.

Es handelt sich dabei um einen im Werkvertragsrecht allgemein üblich verwendeten Begriff, der auch insbesondere in der VOB bei der Regelung der Rechte und Pflichten nach Vertragsabschluß verwendet wird. Im Werkvertragsrecht des BGB findet man daneben noch den identischen Begriff »Besteller«.

Rechtliche Probleme gibt es immer dann, wenn der Auftragnehmer nicht sorgfältig genug darauf achtet, wer ihm den Auftrag erteilt hat.

Bevor der Auftragnehmer einen Auftrag annimmt, spätestens jedoch, wenn er eine fällige Werklohnforderung geltend macht, muß er also genau prüfen, wer als sein Vertragspartner in Betracht kommt. Das klingt im ersten Moment selbstverständlich, ist aber rechtlich keineswegs unproblematisch.

Handelt jemand in fremdem Namen, so gilt er nur als dessen Vertreter. Auftraggeber ist in diesem Fall der von ihm Vertretene.

Erteilt z. B. ein Hausverwalter namens und in Vollmacht des von ihm vertretenen Hauseigentümers einen Auftrag zur Reparatur einer defekten Zentralheizungsanlage, so gilt ausschließlich der Hauseigentümer als Auftraggeber, obwohl er persönlich die Vertragsverhandlungen mit dem Auftragnehmer nicht geführt und den Auftrag nicht persönlich erteilt hat.

Wird ein Handwerksauftrag von einem Mieter erteilt, so gilt dieser als Auftraggeber. Der Mieter kann die Bezahlung der Werklohnforderung nicht mit der Begründung verweigern, es habe sich um Reparaturarbeiten gehandelt, die nach dem Mietvertrag vom Hauswirt zu bezahlen sind. Aufgrund des bestehenden Vertragsverhältnisses kann sich der Auftragnehmer in jedem Fall das Geld von seinem Auftraggeber, also im vorliegenden Fall von dem Mieter holen, der seinerseits seinen Hauseigentümer u. U. in Regreß nehmen kann. Erklärt sich der Hauseigentümer allerdings bereit, die Arbeiten zu vergüten, so bestehen keine Bedenken, die Rechnung auf seinen Namen auszuschreiben. Bevor sich der Auftragnehmer hierzu entschließt, sollte er sich den Auftrag vom Hauseigentümer eindeutig schriftlich oder mündlich in Zeugengegenwart bestätigen lassen.

Vorsicht ist insbesondere geboten, wenn ein Mieter einen Handwerksauftrag »im Namen des Hauswirtes« erteilt. Auch wenn es sich um Reparaturarbeiten handelt, die nach den gesetzlichen Bestimmungen oder aufgrund bestehender Mietverträge vom Hauseigentümer zu erledigen sind, kann der Auftragnehmer nicht davon ausgehen, daß der Mieter in jedem Fall berechtigt ist, als Vertreter des Hauseigentümers Handwerksaufträge für dessen Rechnung zu vergeben. Nach den Bestimmungen der allgemein verwendeten Formular-Mietverträge, wie. z. B. dem Deutschen Einheitsmietvertrag, hat der Mieter einen Schaden in seiner Wohnung, soweit dieser vom Vermieter zu beseitigen ist, erst dem Hauseigentümer bzw. dessen Bevollmächtigten (Hauswart oder Hausverwalter) zu melden, damit dieser die Möglichkeit hat, einen Handwerker, mit dem er vielleicht ständig zusammenarbeitet, zu bestellen.

Für die vom Mieter voreilig und ohne Zustimmung des Hauseigentümers erteilten Aufträge ist ausschließlich der Mieter als Auftraggeber dem Handwerksbetrieb verantwortlich.

Bei Geltendmachung einer Werklohnforderung muß nicht nur die Person, sondern auch der vollständige Name des Auftraggebers bekannt sein. Häufig enthalten Handwerkerrechnungen nicht den **Vornamen** des Auftraggebers. Dadurch verzögert sich die weitere Geltendmachung der Werklohnforderung, denn vom Gericht werden weder eine Klage noch ein Mahnbescheid zugestellt, wenn nicht der *vollständige Vor- und Zuname* und die *ladungsfähige Anschrift* des Auftraggebers angegeben sind.

Wenn Handwerksleistungen von Firmen oder Gesellschaften in Auftrag gegeben werden, muß folgendes beachtet werden:

Der Auftragnehmer muß sich in diesem Fall bei Auftragserteilung erkundigen, wer als Inhaber der Firma in Betracht kommt.

Wenn eine Rechnung auf den Auftraggeber »Hotel zur Post« oder »Wäscherei Schulze« ausgestellt wird, so kann der Rechtsanwalt, der später mit der Einziehung einer fälligen Forderung beauftragt wird, mit diesen Angaben wenig anfangen, denn ein »Hotel zur Post« oder eine »Wäscherei Schulze« können nicht verklagt werden.

Hier muß zunächst der Inhaber (mit vollständigem Namen!) ermittelt werden, und zwar notfalls durch eine Anfrage beim zuständigen Gewerbeaufsichtsamt oder Wirtschafts- und Ordnungsamt.

Noch komplizierter – für den Nichtjuristen – sind die Vertretungsverhältnisse bei Gesellschaften:

Bei einer **oHG** muß mindestens ein persönlich haftender Gesellschafter namentlich bekannt sein.

Der rechtliche Vertreter einer **GmbH** ist deren Geschäftsführer (-in).

Bei einer **KG** ist der persönlich haftende Gesellschafter (Komplementär) zu benennen.

Bei der **GmbH & Co KG** müssen sowohl Komplementär GmbH als persönlich haftende Gesellschafterin der Kommanditgesellschaft sowie deren Geschäftsführer namentlich benannt werden.

Die genauen Vertretungsverhältnisse von eingetragenen Firmen und Gesellschaften ergeben sich mit letzter Sicherheit aus dem Handelsregister, das bei dem für den Geschäftssitz der Firma oder Gesellschaft zuständigen Amtsgericht geführt wird. Das Handelsregister ist öffentlich, d. h. es kann von jedermann eingesehen werden. Aber auch ein Handelsregisterauszug will richtig gelesen und verstanden werden, so daß in jedem Fall zu empfehlen ist, eine Forderung gegen eine Firma oder eine Gesellschaft nur durch einen Rechtsanwalt einklagen zu lassen, weil dieser erst die genaue Bezeichnung der beklagten Partei sowie den betreffenden gesetzlichen Vertreter ermitteln muß.

Merksatz:
Bei jedem Auftrag, insbesondere wenn die Vertragsverhandlungen nicht persönlich vom Auftraggeber geführt werden, sollte der Auftragnehmer zweifelsfrei klären, wer als sein Vertragspartner und damit als Auftraggeber in Betracht kommt. Dabei ist insbesondere auch dessen vollständiger Name (bei Firmen oder Gesellschaften deren handelsübliche Firmenbezeichnung sowie deren Inhaber oder gesetzliche Vertreter) festzustellen.

Auftragnehmer

Der Begriff »Auftragnehmer« zählt heutzutage zum allgemein üblichen juristischen Sprachgebrauch im Werkvertragsrecht. Auch die *VOB* verwendet einheitlich die Bezeichnung »Auftragnehmer« und »Auftraggeber« bei der Regelung der beiderseitigen Rechte und Pflichten nach Vertragsabschluß. Nur im Gesetzeswortlaut des BGB über den Werkvertrag findet man den schon etwas überholten Begriff »Unternehmer«, der jedoch mit dem Begriff »Auftragnehmer« rechtlich identisch ist.

Speziell im Rahmen dieses Rechtlichen Ratgebers gilt als Auftragnehmer ein Handwerksbetrieb, der einen Auftrag zur Ausführung handwerklicher Leistungen annimmt. Im Rahmen des Vertragsrechts ist der Inhaber des Handwerksbetriebes als Auftragnehmer verantwortlich. Es spielt dabei keine Rolle, ob der Vertrag durch einen Angestellten abgeschlossen wurde, oder die zu leistenden Arbeiten von den Gesellen, Helfern, Lehrlingen oder vom Meister selbst erbracht wurden.

Verantwortlich für Rechte und Pflichten eines Werkvertrages ist nur der Inhaber des Handwerksbetriebes (bei GmbH z. B. der Geschäftsführer). Er allein gilt im rechtlichen Sinne als Auftragnehmer.

Ausschreibung

Unter Ausschreibung versteht man eine Aufforderung an eine unbestimmte (öffentliche Ausschreibung) oder an eine bestimmte (beschränkte Ausschreibung) Zahl von Auftragnehmern, sich an den Verhandlungen über die Vergabe eines Bauauftrages zu beteiligen und ein ▶ *Angebot* abzugeben. Eine abschließende Regelung über die verschiedenen Vergabearten von Bauaufträgen enthält die *VOB Teil A*.

Man unterscheidet drei Gruppen:

1. Öffentliche Ausschreibung
2. Beschränkte Ausschreibung
3. Freihändige Vergabe.

Für die öffentliche und die beschränkte Ausschreibung enthält die VOB Teil A bestimmte Verfahrensvorschriften, die von den Beteiligten zu beachten sind.

Bei der freihändigen Vergabe von Bauaufträgen sind die zukünftigen Vertragspartner nicht an spezielle Formvorschriften der VOB/A gebunden. Dennoch bestehen erhebliche Unterschiede zu den freien Verhandlungen nach BGB-Recht, denn auch die freihändige Vergabe ist in der VOB/A geregelt, so daß die dort aufgeführten grundlegenden Regeln bei Vertragsverhandlungen bis zum Vertragsabschluß ebenfalls zu beachten sind.

Grundsätzlich soll eine Ausschreibung erst dann stattfinden, wenn der Auftraggeber alle Verdingungsunterlagen fertiggestellt hat und wenn innerhalb der angegebenen Fristen mit der Ausführung begonnen werden kann. Mit Verdingungsunterlagen ist in erster Linie die ▶ *Leistungsbeschreibung* gemeint, die dem Bewerber die Abgabe seines Angebots ermöglichen soll.

Die Verdingungsunterlagen sind den Bewerbern mit einem Anschreiben (Aufforderung zur Angebotsabgabe) zu übergeben, das alle

Angaben enthält, die außer den Verdingungsunterlagen für den Entschluß zur Abgabe eines Angebots notwendig sind.

Der sich um den Auftrag bewerbende Auftragnehmer sollte darauf achten, daß in dem Anschreiben folgende wesentliche Angaben enthalten sind:

Art und Umfang der Leistung sowie Ausführungsort

Etwaige Bestimmungen über die Ausführungszeit

Bezeichnung (Anschrift) der zur Angebotsabgabe auffordernden Stelle und der den Zuschlag erteilenden Stelle

Bezeichnung (Anschrift) der Stellen, bei denen Verdingungsunterlagen eingesehen werden können, die nicht abgegeben werden

Art der Vergabe

Etwaige Ortsbesichtigungen

Genaue Aufschrift der Angebote

Ort und Zeit des Eröffnungstermins sowie Angabe, welche Personen zum Eröffnungstermin zugelassen sind

Etwa vom Auftraggeber zur Vorlage mit dem Angebot für die Beurteilung der Eignung des Bieters verlangte Unterlagen

Die Höhe etwa geforderter Sicherheitsleistungen

Änderungsvorschläge und Nebenangebote

Etwaige Vorbehalte wegen der Teilung in Lose und Vergabe der Lose an verschiedene Bieter

Zuschlags- und Bindefrist

Sonstige Erfordernisse, die die Bewerber bei der Bearbeitung ihrer Angebote beachten müssen.

Für die Bearbeitung und Einreichung der Angebote hat der Auftraggeber ausreichende Fristen vorzusehen, so daß auch bei kleineren Bauleistungen eine Frist von 10 Werktagen nicht unterschritten werden soll.

Die Angebotsfrist läuft ab, sobald im Eröffnungstermin der Verhandlungsleiter mit der Öffnung der Angebote beginnt. Bis zum Ablauf der Angebotsfrist kann der Bewerber sein Angebot schriftlich, fernschriftlich oder telegrafisch zurückziehen.

Die Kosten einer Ausschreibung werden in § 20 VOB/A geregelt.

Der Bewerber hat für die Bearbeitung seines Angebots grundsätzlich keinen Anspruch auf Entschädigung. Dies entspricht dem auch im BGB-Werkvertragsrecht herrschenden Grundsatz, daß der Auftragnehmer die zur Anbahnung geschäftlicher Beziehungen getätigten Aufwendungen ohne besondere Vereinbarung nicht ersetzt verlangen kann, und zwar auch dann nicht, wenn es zum Abschluß des Werkvertrages nicht gekommen ist.

Verlangt der Auftraggeber über die Bearbeitung des Angebots, also die reine Preiskalkulation hinaus, daß der Bewerber Entwürfe, Pläne, Zeichnungen, statische Berechnungen, Massenberechnungen oder andere Unterlagen ausarbeitet, so ist für alle Bieter einheitlich in der Ausschreibung eine angemessene Entschädigung festzusetzen.

An den vorgenannten Unterlagen steht dem Bewerber ferner ein *Urheberrechtsschutz* zu. Eine Verwendung außerhalb der Ausschreibung kann nur mit ausdrücklicher Zustimmung des Bewerbers erfolgen.

Eine Entschädigung für die Ausarbeitung des Angebots hat der Auftraggeber jedoch dann zu zahlen, wenn er ein Ausschreibungsverfahren durchführt, ohne daß eine echte Bauabsicht vorliegt, d. h. wenn er z. B. nur in Erfahrung bringen möchte, was ein bestimmtes Bauobjekt kosten würde.

In diesem Fall fehlt die wesentliche Grundlage eines ordnungsgemäßen Ausschreibungsverfahrens, nämlich die ernsthaft beabsichtigte Vergabe von Bauaufträgen. Der Auftraggeber kann nicht davon ausgehen bzw. erwarten, daß der Auftragnehmer die Arbeiten im Zusammenhang mit der Abgabe eines Angebots umsonst erbringt. Die Grundsätze des Wettbewerbs und der kostenlosen Aufwendungen im Hinblick auf die Erteilung eines Auftrages kommen deshalb nicht in Betracht, wenn der Auftraggeber sich nur eine billige Kalkulation verschaffen möchte, ohne ernsthaft einen Auftrag vergeben zu wollen.

Text VOB Teil A s. Anhang 2.

Bauhandwerker-Sicherungshypothek

Wenn der Auftragnehmer *bewegliche* Sachen herstellt oder bearbeitet, kann er sich zur Sicherung seiner Werklohnforderung auf das Unternehmerpfandrecht berufen.

Aber auch dem Bauhandwerker, der in der Regel seine Leistung nur an *unbeweglichen* Sachen (Grundstück, Gebäude) des Auftraggebers erbringt, steht eine besondere Sicherungsmöglichkeit in Form der Bauhandwerker-Sicherungshypothek zu.

Die Eintragung der Sicherungshypothek im Grundbuch des Auftraggebers setzt eine notarielle Beurkundung voraus. Falls der Auftraggeber nicht einwilligt, muß sogar zunächst ein Prozeß geführt werden.

Die rechtlichen Voraussetzungen für die Durchsetzung des Anspruchs auf Eintragung einer Sicherungshypothek sind keineswegs unproblematisch, so daß es sich in jedem Fall lohnt, vorher einen Rechtsanwalt zu Rate zu ziehen.

Ob und unter welchen Voraussetzungen vom Auftragnehmer überhaupt die Eintragung einer Bauhandwerker-Sicherungshypothek verlangt werden kann, soll im Folgenden behandelt werden:

Jeder Handwerksbetrieb, der an der Erstellung eines Bauwerks oder Teile desselben (z. B. Zentralheizung, sanitäre Anlagen, Fenster usw.) beteiligt ist, kann – wie jeder Bauunternehmer – vom Auftraggeber (Bauherrn) die Eintragung einer Bauhandwerker-Sicherungshypothek am Baugrundstück verlangen.

Es kommt dabei nicht auf die wirtschaftliche oder technische Beteiligung am Bau, sondern auf die rechtliche Beziehung zum Auftraggeber an. Es müssen also direkte vertragliche Beziehungen zwischen Handwerksbetrieb und Bauherrn bestehen. Subunternehmer und Lieferanten haben daher keinen Anspruch auf Eintragung der Sicherungshypothek.

Bei den Arbeiten muß es sich stets um die Errichtung eines Bauwerks handeln. Werden z. B. in einem Altbau Instandsetzungs- und Renovierungsarbeiten ausgeführt, so kann der Auftragnehmer für diese Arbeiten keine Bauhandwerker-Sicherungshypothek verlangen.

Die Sicherungshypothek kann im Grundbuch nur auf dem *Baugrundstück* des Auftraggebers eingetragen werden. Besitzt der Bauherr noch andere Grundstücke, so können diese nicht belastet werden.

Dem Auftragnehmer steht der Anspruch auf Eintragung der Sicherungshypothek in erster Linie für seine Vergütungsansprüche zu. Aber auch für etwaige vom Auftraggeber verschuldete Schadensersatzansprüche (z. B. wegen verspäteter Lieferung der vom Auftraggeber zu liefernden Materialien) kann der Auftragnehmer die Eintragung der Sicherungshypothek verlangen.

Die abzusichernden Ansprüche müssen allerdings entstanden sein, d. h. die Bauleistungen müssen vom Handwerksbetrieb bereits erbracht worden sein. Eine ▶ *Abnahme* der vertraglichen Leistungen ist nicht unbedingt erforderlich, die Arbeiten müssen jedoch fertiggestellt sein.

Eine Sicherungshypothek über den vollen Vergütungsanspruch kann der Auftragnehmer nur verlangen, wenn sein Werk mangelfrei ist. Stehen dem Auftraggeber bereits Nachbesserungs- bzw. Gewährleistungsansprüche zu, so entsteht der Sicherungsanspruch nur insoweit, als ein Wertzuwachs des Baugrundstücks bereits vorhanden ist. Handelt es sich jedoch nur um ganz geringfügige Mängel, so verstößt es gegen Treu und Glauben, wenn der Auftraggeber gegenüber der Eintragung der Sicherungshypothek ein Zurückbehaltungsrecht geltend macht. In diesem Fall steht dem Auftraggeber lediglich das Recht zu, wegen des geringfügigen Mangels einen entsprechenden Teil der Vergütung bis zur Nachbesserung einzubehalten. Die Bauhandwerker-Sicherungshypothek wird durch den einbehaltenen geringen Vergütungsanteil nicht gemindert.

Beispiel:

Heizungsbaufirma H. hat im Neubau des Hauseigentümers E. eine Zentralheizung im Wert von 60.000,– DM eingebaut. Nachdem die Baufinanzierung ins Stokken gerät, verlangt H. die Eintragung einer Bauhandwerker-Sicherungshypothek auf dem Baugrundstück des E. Dieser verweigert die Eintragungsbewilligung mit der Begründung, an zwei Heizkörpern seien die Ventile defekt.

In diesem Fall kann E. zwar ein Zurückbehaltungsrecht geltend machen, d. h. er kann bis zur ordnungsgemäßen Beseitigung des Mangels etwa 500,– DM einbehalten. Die Eintragung der Sicherungshypothek in Höhe von 60.000,– DM kann er jedoch nicht verweigern.

Die Eintragung der Sicherungshypothek setzt grundsätzlich die Einwilligung des Auftraggebers voraus. Ist dieser mit der Eintragung nicht einverstanden, so muß der Auftragnehmer ihn auf Abgabe einer entsprechenden Willenserklärung verklagen. Erst mit Rechtskraft des Urteils, d. h. nach einem Prozeß, der in zwei Instanzen u. U. zwei Jahre geführt werden muß, kann eine entsprechende Eintragung im Grundbuch verfügt werden.

Wenn es schon zu gerichtlichen Maßnahmen kommt, sollte sich der Auftragnehmer die Rangstelle im Grundbuch für seine Hypothek durch eine sog. *Vormerkung*, die unter bestimmten Voraussetzungen auch durch eine *einstweilige Verfügung* sehr schnell erlangt werden kann, sichern. Die Vormerkung schützt den Auftragnehmer auch davor, daß er sein Sicherungsrecht durch vorzeitigen Verkauf des Baugrundstücks verliert. Gegen etwaige Erwerber hat der Auftragnehmer nämlich keinen Anspruch auf Eintragung der Sicherungshypothek, es sei denn, dieser hat die bestehenden Schuldverpflichtungen gegenüber den bauausführenden Firmen mitübernommen.

Zusammenfassend ist festzustellen, daß die Bauhandwerker-Sicherungshypothek ein recht wirksames, andererseits aber ein rechtlich nicht einfach zu bedienendes Instrument ist, um gefährdete Vergütungsansprüche zu sichern. Der Auftragnehmer sollte in jedem Fall einen Anwalt einschalten und er sollte sich überlegen, ob die Sicherung wirtschaftlich sinnvoll ist, insbesondere, wenn dafür ein langwieriger Prozeß in Kauf genommen werden muß.

Werden die Leistungen des Auftragnehmers durch Abschlagzahlungen entsprechend seiner Leistungen und dem Baufortschritt honoriert, so bedarf es einer zusätzlichen Sicherung in Form der Bauhandwerker-Sicherungshypothek nicht unbedingt. In der Praxis ist nämlich das Grundstück mit erst-, zweit- und drittstelligen Baugeldhypotheken schon reichlich belastet. Dennoch ist zur Eintragung der Sicherungshypothek dann zu raten, wenn der Auftraggeber bereits die fälligen Zwischenrechnungen nicht ordnungsgemäß bezahlt und dadurch u. U. ein Hinweis auf eine Unsicherheit der Finanzierung des Bauvorhabens gegeben ist. In diesem Fall bedeutet die Sicherungshypothek des Handwerkers ein für den Auftraggeber unangenehmes Druckmittel, denn der Auftragnehmer hat letzten Endes mit der Sicherungshypothek die

Möglichkeit, das Grundstück zur Versteigerung zu bringen, um seine berechtigte Forderung zu realisieren.

Die Bauhandwerker-Sicherungshypothek steht dem Auftragnehmer selbstverständlich auch bei *VOB-Verträgen* zu.

Andererseits hat der Auftraggeber auch das Recht, die Eintragung der Sicherungshypothek vertraglich auszuschließen. Die vom Bauherrn vorformulierten Verträge enthalten deshalb häufig entsprechende Klauseln über den Ausschluß der Bauhandwerker-Sicherungshypothek. Derartige Klauseln, auch wenn sie durch allgemeine Geschäftsbedingungen des Auftraggebers in den Vertrag eingeführt werden, sind rechtswirksam und verstoßen nicht gegen die guten Sitten. Bevor also der Auftragnehmer sein Sicherungsrecht geltend macht, sollte er sich ggf. seinen Vertrag noch einmal sorgfältig durchlesen.

Baustelle

Bei Werkverträgen aus dem Bauleistungsgewerbe (z. B. Neubau, Altbausanierung, Einbau einer Zentralheizungsanlage, Ausführung der Sanitär-Installation, Dachdecker-, Tischler- oder Malerarbeiten etc.) ergeben sich für die am Bau beteiligten Bau- und Handwerksfirmen wichtige Rechtsfragen über die Rechte und Pflichten auf der Baustelle.

Bereits vor Vertragsabschluß sollte der Auftragnehmer die Baustelle besichtigen um festzustellen, ob die vorhandenen Anlagen eine normale Durchführung der geplanten Handwerksleistungen gewährleisten.

Fehlende Abwasser- und Versorgungsleitungen, schlechte Zugangswege, fehlende Lagerplätze für Material und Geräte können z. B. für die Preisermittlung nicht ohne Bedeutung sein.

Bei *VOB-Verträgen* hat der Auftraggeber sogar gemäß § 9 VOB/A die Pflicht, die Verhältnisse der Baustelle in der ► *Leistungsbeschreibung* hinreichend genau darzustellen.

Folgende örtliche Gegebenheiten der Baustelle sind vom Auftragnehmehr zu überprüfen und ggf. bei Abweichen von normalen Bedingungen bei seiner Preisermittlung zur berücksichtigen:

im Baugelände vorhandene Anlagen, insbesondere Abwasser- und Versorgungsleitungen

Zugangswege

notwendige Verbindungswege zwischen Arbeitsplätzen und den vorgeschriebenen Lagerstellen

Plätze für Unterkünfte

Lagerplätze

benutzbare Wasserstellen

Anschlüsse für Energie

etwaige Entgelte für die Benutzung von Einrichtungen oder Plätzen

Sind auf einer Baustelle mehrere Unternehmen gleichzeitig beschäftigt, so hat der *Auftraggeber* – also der Bauherr oder dessen Architekt – für die Aufrechterhaltung der allgemeinen Ordnung auf der Baustelle zu sorgen. Er hat ferner das Zusammenwirken der verschiedenen Unternehmen zu regeln.

Zu den Pflichten des Auftragnehmers gehört es hingegen, seine Arbeitsstelle in Ordnung zu halten. Bei *VOB-Verträgen* ist die Verpflichtung des Auftragnehmers ausdrücklich in § 4 Ziff. 2 Abs. 1 VOB/B vorgeschrieben.

Die Forderung nach Ordnung auf der Baustelle umfaßt alle Handlungen, die notwendig sind, um einen ordentlichen und unverzögerlichen Ablauf des Bauleistungsvorgangs im Rahmen des erteilten Auftrages zu gewährleisten. Vom Auftragnehmer ist auch dafür Sorge zu tragen, daß alle an der Bauwerkserrichtung beteiligten Bauhandwerker, wie auch dritte Personen, die sich befugt auf der Baustelle aufhalten, vor Schaden jeder Art bewahrt bleiben.

Grundsätzlich erstreckt sich die Pflicht zur Einhaltung der Ordnung jedoch nur auf den Bereich, den der betreffende Handwerker für seine geschuldete Bauleistung in Anspruch nimmt.

Beispiel:

Für die ordnungsgemäße Absicherung des Bürgersteiges bei Dachdeckerarbeiten an einem Miethaus ist ausschließlich die Dachdeckerfirma, nicht jedoch andere zur gleichen Zeit am Haus arbeitende Firmen, verantwortlich.

Von besonderer Bedeutung ist die rechtliche Situation bei Beschädigungen oder Diebstählen von Baumaterial oder Baugeräten. Hier gilt der Grundsatz:

Die Verantwortung für die Lagerung von Material- und Handwerkszeug auf der Baustelle trägt der Auftragnehmer.

Materialdiebstähle sowie mutwillige oder fahrlässige Beschädigungen von Baumaterial und Handwerkszeug gehen zu Lasten des Auftragnehmers, es sei denn, er kann den Nachweis führen, daß Diebstahl oder Beschädigung auf schuldhaftes Verhalten des Auftraggebers zurückzuführen ist.

Beispiel:

Heizungsbaufirma H. lagert auf der Baustelle des Auftraggebers A. zahlreiche Zentralheizungskörper, die in den nächsten Tagen angebracht werden sollen. Durch Einbruchdiebstahl werden einige Heizkörper entwendet. H. muß für die abhanden gekommenen Heizkörper Ersatz leisten, denn bis zur Abnahme seiner Leistung haftet er für das auf der Baustelle lagernde Material.

Die Tatsache, daß der Auftragnehmer aufgrund der gesetzlichen Vorschriften bis zur ▶ *Abnahme* seiner vertraglich geschuldeten Handwerksleistung das volle Risiko für etwaige Beschädigungen oder Diebstahl des von ihm auf der Baustelle gelagerten Materials und Handwerkszeugs trägt, sollte Anlaß genug sein, in jedem Fall die auf der Baustelle vorhandenen Sicherungsmöglichkeiten genau zu überprüfen.

Es besteht weder für den Auftraggeber noch für den Auftragnehmer eine gesetzliche Verpflichtung, eine Versicherung gegen Diebstahl oder Beschädigung abzuschließen.

Häufig enthalten jedoch die formularmäßigen Bauverträge Klauseln über den Abschluß von Versicherungen, wie z. B. der ▶ *Bauwesenversicherung*. Diese Vertragsbedingungen sollte der Auftragnehmer sorgfältig beachten.

Hat der Auftraggeber eine Bauwesenversicherung abgeschlossen, die auch den am Bau beteiligten Bau- und Handwerksfirmen während der Bauzeit Versicherungsschutz bietet, so kann er die Versicherungsprämie durch vertragliche Vereinbarung anteilig auf die Firmen abwälzen. Im Schadensfall ist dann jedoch der Auftraggeber verpflichtet, die Versicherung in Anspruch zu nehmen.

Hat der Auftraggeber keine Bauwesenversicherung abgeschlossen, so sollte der Auftragnehmer bei größeren Aufträgen mit nicht unerheblicher Materiallagerung auf der Baustelle im eigenen Interesse selbst für ausreichenden Versicherungsschutz sorgen.

Hat der Auftraggeber das Baumaterial selbst besorgt und auf der Baustelle gelagert, so ist der Auftragnehmer für dessen Beschädigung oder Abhandenkommen nicht verantwortlich. Dies gilt übrigens auch für den Fall, daß das vom Auftragnehmer besorgte Material schon vor dem Einbau in das Eigentum des Auftraggebers übergangen ist. Hier muß jedoch der Auftragnehmer zweifelsfrei nachweisen, daß das Material bereits vom Auftraggeber bezahlt worden ist, und eine Einigung über den vorzeitigen Eigentumsübergang zwischen den Vertragspartnern stattgefunden hat.

Hat der Auftragnehmer seine Handwerksleistung bereits ganz oder teilweise erbracht, so haftet er nicht mehr für den auf der Baustelle eingetretenen Schaden oder Diebstahl des eingebauten Materials.

Beispiel:

Heizungsbaufirma H. hat die von ihr gelieferten Heizkörper eingebaut. Durch Einbruchdiebstahl werden auf der Baustelle einige Heizkörper abmontiert und entwendet. In diesem Fall kann H. die volle Vergütung für die bisher geleistete Arbeit verlangen, und der Auftraggeber muß auch für die Neuanschaffung der Heizkörper aufkommen.

Merksatz:
Der Auftragnehmer haftet für das von ihm gelieferte und auf der Baustelle lagernde Material und Handwerkszeug.

Nach Einbau des Materials ist jedoch der Auftraggeber für dessen Verlust oder Beschädigung verantwortlich, sofern es durch unabwendbare und vom Auftragnehmer nicht zu vertretende Umstände zerstört, beschädigt worden oder abhanden gekommen ist.

Bauwesenversicherung

Nach BGB-Werkvertragsrecht trägt der Auftragnehmer die Gefahr für die zufällige Verschlechterung oder den Untergang seines Werks bis zur ▶ *Abnahme.* Geht also die vom Auftragnehmer geleistete Arbeit durch ein unabwendbares Ereignis vor der Abnahme durch den Auftraggeber unter, so steht dem Auftragnehmer kein Vergütungsanspruch zu.

Bei *VOB-Verträgen* ist die rechtliche Situation für den Auftragnehmer etwas günstiger gestaltet, denn der Auftraggeber muß die Vergütung bezahlen, wenn die Handwerksleistung vor der Abnahme durch ▶ *höhere Gewalt*, Krieg, Aufruhr oder andere vom Auftragnehmer nicht zu vetretende Umstände beschädigt oder zerstört wird.

Wegen des sowohl für den Auftragnehmer (bei BGB-Recht) als auch für den Auftraggeber (bei VOB-Verträgen) bestehenden Haftungsrisikos empfiehlt sich der Abschluß einer Bauwesenversicherung.

Die Bauwesenversicherung ist eine Spezialversicherung für die gesamte Bauwirtschaft. Sie gilt natürlich auch für die am Bau beteiligten Handwerksfirmen.

Nach den Versicherungsbedingungen bietet die Bauwesenversicherung dem Versicherungsnehmer Schutz gegen alle durch unvorhergesehene und unabwendbare Ereignisse eingetretene Schäden während der Bauzeit. Es spielt dabei keine Rolle, ob die Schäden im Rahmen des verteilten Haftungsrisikos zu Lasten des Auftragnehmers oder des Auftraggebers gehen.

Beispiele für Versicherungsschutz im Rahmen der Bauwesenversicherung:

Diebstahl von eingebauten Materialien und Baustoffen,

Beschädigung oder Zerstörung durch ungewöhnliche Witterungseinflüsse,

Beschädigung durch unbekannte dritte Personen.

Kein Versicherungsschutz besteht dagegen bei fehlerhafter und vertragswidriger Handwerksleistung oder Verwendung ungeeigneter oder fehlerhafter Materialien. Auch folgende typische Schäden, die während der Bauzeit eintreten können, werden von der Bauwesenversicherung nicht gedeckt:

Schäden durch normale Witterungseinflüsse, mit denen nach der Jahreszeit und den örtlichen Verhältnissen gerechnet werden muß.

Haftpflichtschäden, Vertragsstrafen und mittelbare Schäden, wie Vermögensschäden oder Leistungsausfall. Diese Schäden betreffen einerseits andere Versicherungsarten oder andererseits Kosten, die nicht in das Gebiet einer Sachversicherung fallen.

Schäden, die durch Nichtbeachtung der anerkannten Regeln der Technik oder der gesetzlichen und polizeilichen Vorschriften entstehen.

Schäden durch Kriegsereignisse und Aufruhr aller Art und durch Atomenergie.

Hat der Auftraggeber eine Bauwesenversicherung abgeschlossen, so fallen die am Bau beteiligten Bau- und Handwerksfirmen ebenfalls unter den Versicherungsschutz. Es ist deshalb nicht erforderlich, daß jede Firma eine eigene Bauwesenversicherung abschließt. Vor Beginn der Arbeiten sollte sich der Auftragnehmer jedoch genau erkundigen, ob der Auftraggeber (Bauherr) eine Bauwesenversicherung abgeschlossen hat. Es ist auch rechtlich zulässig und in der Praxis üblich, daß die Prämien der vom Auftraggeber abgeschlossenen Bauwesenversicherung auf die am Bau beteiligten Firmen anteilig umgelegt werden. In diesem Fall hat natürlich der Auftragnehmer einen Anspruch darauf, daß der Auftraggeber die Versicherung im Schadensfalle auch in Anspruch nimmt.

Beweislast

»Recht haben und Recht bekommen ist zweierlei.« Diese geflügelten Worte aus dem Volksmund werden Tag für Tag in zahllosen Gerichtsprozessen immer wieder bestätigt. Im Falle eines Prozesses muß man nicht nur das Recht auf seiner Seite haben, man muß es auch beweisen können. Die Frage der Beweislast zählt somit zu einem der zentralen Themen jeder gerichtlichen Auseinandersetzung.

Ganz allgemein kann man sagen, daß jeder, der einen Anspruch vor Gericht geltend macht, diesen auch beweisen muß. Wenn der Auftragnehmer z. B. seinen Vergütungsanspruch einklagt, so muß er beweisen, falls dies vom Auftraggeber bestritten wird, daß ein Auftrag erteilt worden ist. Er muß ferner beweisen, daß die Arbeiten auftragsgemäß ausgeführt wurden und daß die in Rechnung gestellten Preise vereinbart waren bzw. angemessen sind.

Die Zivilprozeßordnung sieht für die Beweisführung mehrere sog. Beweismittel vor, wie z. B.

Zeugenbeweis
Urkundenbeweis
Parteivernehmung
Sachverständigen-Gutachten.

Der Auftragnehmer ist in der Wahl seiner Beweismittel frei, d. h. er kann sich für das seiner Meinung nach wirksamste Beweismittel entscheiden. Die Beantwortung der Frage nach dem rechtlich wirksamsten Beweismittel setzt jedoch schon häufig fundamentale Rechtskenntnisse voraus, so daß diese Entscheidung im Zweifel einem Anwalt überlassen werden sollte.

Wie die Beweislast insbesondere bei Werkverträgen über handwerkliche Leistungen verteilt ist, soll im Folgenden beispielhaft erläutert werden.

1. Ansprüche des Auftragnehmers

Der Auftragnehmer trägt die Beweislast für seinen *Vergütungsanspruch*. Er muß, falls dies bestritten wird, beweisen, daß er mit dem Auftraggeber einen bestimmten Vertrag geschlossen hat und ihm durch diese Vereinbarung eine Vergütung in bestimmter Höhe für die von ihm erbrachten Leistungen zusteht. Diesen Beweis erbringt er am besten, wenn er dem Gericht einen vom Auftraggeber unterschriebenen schriftlichen Vertrag vorlegen kann. Ist der Vertrag nur mündlich geschlossen worden, so muß die Auftragserteilung ggf. durch Zeugenaussage nachgewiesen werden. Hier zeigt sich dann die eigentliche Bedeutung der Beweislast.

Beispiel:

Der Installationsbetrieb I. hat in einem Miethaus Reparaturen im Sanitärbereich ausgeführt. Die Rechnung wird dem betreffenden Mieter der Wohnung übermittelt. Dieser bestreitet jedoch, einen Auftrag erteilt zu haben und verweist den Auftragnehmer an den Hauseigentümer. Dieser bestreitet ebenfalls die Auftragserteilung. Wenn I. weder einen schriftlichen Vertrag vorweisen kann noch ihm Zeugen für die Auftragserteilung zur Verfügung stehen, so wird er seine Werklohnforderung abschreiben müssen, denn er wird vor Gericht die erforderlichen Beweise nicht erbringen können und ist somit »beweisfällig« geblieben.

Im vorliegenden Fall könnte sich der Auftragnehmer lediglich auf das Beweismittel der Parteivernehmung berufen. Die Parteivernehmung wäre jedoch in diesem Fall das ungeeignete Beweismittel, denn der Auftragnehmer kann sich nicht etwa auf seine eigene Vernehmung als Partei, sondern nur auf die Vernehmung des Auftraggebers berufen, und dessen Aussage vor Gericht wird nicht gerade günstig für den Auftragnehmer ausfallen.

2. Ansprüche des Auftraggebers

Der Auftraggeber trägt die Beweislast für die von ihm geltend gemachten Gegenansprüche aus dem Werkvertrag. Wird gegenüber dem Vergütungsanspruch ein Zurückbehaltungsrecht wegen bestehender Mängel geltend gemacht, so ist der Auftraggeber für die von ihm behaupteten Mängel beweispflichtig. Ebenso verhält es sich mit den vom Auftraggeber geltend gemachten Ansprüchen auf Nachbesserung oder Gewährleistung (Wandlung, Minderung, Schadensersatz).

Die Beweislast zwingt den Auftragnehmer nicht nur, sich rechtzeitig, d. h. schon mit Auftragserteilung die geeigneten Beweise für seinen späteren Vergütungsanspruch durch schriftlichen Vertrag oder Zeugen zu sichern, ihr kommt auch im Prozeß eine überragende

Bedeutung zu. Das zeigt sich insbesondere dann, wenn von beiden Prozeßgegnern für ein bestimmtes Beweisthema Zeugen aufgeboten werden. Es ist nicht die Aufgabe des Richters, in einem Zivilprozeß von Amts wegen zu ermitteln, welcher Zeuge vor Gericht u. U. die Unwahrheit sagt. Steht also nach dem Ergebnis der Beweisaufnahme Aussage gegen Aussage, und sind die Zeugenaussagen nicht unglaubhaft oder in sich widersprüchlich, so wird derjenige den Prozeß verlieren, der die Beweislast hatte.

Beweissicherung

Besteht zwischem dem Auftraggeber und Auftragnehmer Streit über die Qualität der vom Auftragnehmer erbrachten Handwerksleistung, so muß in der Regel ein Sachverständiger entscheiden, ob die Mängelrüge zu Recht besteht.

Bis zur ▶ *Abnahme* der erbrachten Leistung hat der Auftragnehmer die Fehlerfreiheit und das Vorhandensein zugesicherter Eigenschaften zu beweisen. Nach der Abnahme liegt die Beweispflicht für die gerügten Mängel oder das Fehlen einer zugesicherten Eigenschaft beim Auftraggeber (▶ *Beweislast*).

Von der einseitigen und außergerichtlichen Beauftragung eines Sachverständigen, auch wenn dieser öffentlich bestellt, vereidigt und von der Handwerkskammer empfohlen wird, ist aus rechtlichen Gründen abzuraten. Es handelt sich in diesem Fall nur um die Einholung eines sog. Privatgutachtens (▶ *Parteigutachten*), daß im Fall einer gerichtlichen Auseinandersetzung vom Gericht und mit Sicherheit auch von dem Prozeßgegner nicht als Beweismittel anerkannt wird.

Die rechtliche wirksame Beweissicherung kann daher nur in Form des gerichtlichen ▶ *Beweissicherungsverfahrens* durchgeführt werden.

Die Kosten eines privaten Sachverständigengutachtens hat zunächst derjenige zu tragen, der den Sachverständigen beauftragt hat.
Haben sich beide Vertragsparteien mit der Einholung eines Privatgutachtens einverstanden erklärt, so muß auch eine entsprechende Kostenregelung getroffen werden. Es ist gerechtfertigt, daß derjenige die Gutachterkosten trägt, zu dessen Lasten das Sachverständigengutachten ausfällt.

(Gerichtliches) Beweissicherungsverfahren

Gibt es zwischen den Vertragsparteien Streit über die Qualität der vom Auftragnehmer ausgeführten Handwerksleistung, so entscheidet häufig ein öffentlich bestellter und vereidigter Sachverständiger in einem schriftlichen Gutachten über die vom Auftraggeber behaupteten Mängel.

Es ist schon zum Thema ► *Parteigutachten* und ► *Beweissicherung* darauf hingewiesen worden, daß die Einholung eines Privatgutachtens aus rechtlichen Gründen nicht empfehlenswert ist.

Wenn hingegen ein Sachverständigengutachten im Rahmen eines gerichtlichen Beweissicherungsverfahrens eingeholt wird, so liegt damit ein Beweismittel vor, das auch im Falle eines Prozesses vom Gericht in vollem Umfang zu berücksichtigen ist.

Das gerichtliche Beweissicherungsverfahren dient zur Feststellung des gegenwärtigen Zustandes einer Sache durch einen vom Gericht beauftragten Sachverständigen. Es wird eingeleitet durch einen schriftlichen Beweissicherungsantrag, der, falls noch kein Prozeß anhängig ist, bei dem örtlich zuständigen Amtsgericht einzureichen ist. Die Einleitung eines Beweissicherungsverfahrens setzt jedoch die Kenntnis einschlägiger Vorschriften der Zivilprozeßordnung voraus und sollte deshalb einem Rechtsanwalt übertragen werden.

Der Antragsteller hat das Recht, dem Gericht einen geeigneten, d. h. nach Möglichkeit öffentlich bestellten und vereidigten Sachverständigen namentlich vorzuschlagen. Die Handwerkskammern und Gerichte besitzen sog. Sachverständigen-Listen, die die Suche nach dem geeigneten Sachverständigen für das betreffende handwerkliche Fachgebiet erleichtern. Oft genügt auch schon ein Blick in das Branchen-Fernsprechbuch, in dem ebenfalls nicht vereidigte und vereidigte Sachverständige verzeichnet sind.

Wird im Rahmen eines gerichtlichen Beweissicherungsverfahrens ein Sachverständigengutachten eingeholt, so wird dieses Gutachten in einem schon laufenden oder noch zu beginnenden Prozeß im Gegensatz zum Privatgutachten als vollgültiges Beweismittel angesehen.

Das muß nicht bedeuten, daß der Auftragnehmer das u. U. für ihn ungünstige Gutachten unter allen Umständen gegen sich gelten lassen muß. Er hat die Möglichkeit, den Gutachter abzulehnen, wenn sich aus dem Gutachten Gründe ergeben, die geeignet sind, Mißtrauen gegen die Unparteilichkeit des Gutachters zu rechtfertigen. Eine Ablehnung des Sachverständigen wird z. B. dann in Betracht kommen, wenn sich heausstellt, daß dieser Sachverständige für die Gegenpartei bereits wiederholt Privatgutachten angefertigt hat.

Auch das Gutachten selbst kann abgelehnt werden, wenn es offensichtliche und gravierende Fehler enthält. In diesem Fall entscheidet später das Prozeßgericht, in dem das Gutachten als Beweismittel verwendet werden soll, ob ggf. ein Obergutachten einzuholen ist.

Die oft nicht unbeträchtlichen Kosten eines Beweissicherungsverfahrens hat in der Regel derjenige zu tragen, zu dessen Lasten das Gutachten ausfällt. Ggf. kommt eine Teilung der Kosten in Betracht, wenn der Sachverständige den Beweissicherungsantrag nicht in allen Punkten für den Antragsteller positiv bewertet.

Wird über den Gegenstand des Beweissicherungsverfahrens ein Prozeß geführt, gehören die Kosten des Beweissicherungsverfahrens zu den Prozeßkosten, so daß der Richter mit der Kostenentscheidung im Prozeß gleich auch über die Beweissicherungs-Kosten entscheidet. Schließen die Parteien in dem Prozeß einen Vergleich, sollte darauf geachtet werden, daß auch eine entsprechende Regelung bezüglich der Kosten des Beweissicherungsverfahrens mit aufgenommen wird.

Eigenleistungen des Auftraggebers

Insbesondere bei Werkverträgen im Bereich des Bauwesens werden vom Auftraggeber mitunter Eigenleistungen erbracht, indem er z. B.

- das zu verwendende Material selbst besorgt;
- dem Auftragnehmer vorschreibt, welches Material zu verarbeiten ist;
- Teile der Handwerksleistung selbst ausführt;

dem Auftragnehmer bestimmte Anordnungen zur Ausführung der Handwerksleistung erteilt.

Wenn sich der Auftragnehmer damit einverstanden erklärt, den Auftrag auch unter den vorgenannten Voraussetzungen durchzuführen, so sollte er folgende Grundsätze bei der Frage der Haftungsverteilung bei Gewährleistungsansprüchen beachten:

Im BGB-Werkvertragsrecht gibt es keine Bestimmung, wonach die Haftung des Auftragnehmers generell für das ganze Werk ausgeschlossen ist, wenn Eigenleistungen vom Auftraggeber erbracht worden sind.

Da Eigenleistungen des Auftraggebers häufig jedoch bei Verträgen im Baugewerbe vorkommen, sind entsprechende Vorschriften über die Haftungsbefreiung des Auftragnehmers in der *VOB* enthalten.

§ 13, Ziff. 3, VOB/B besagt hierzu folgendes:

Ist ein Mangel zurückzuführen auf die Leistungsbeschreibung oder auf Anordnungen des Auftraggebers, auf die von diesem gelieferten oder vorgeschriebenen Stoffe oder Bauteile oder die Beschaffenheit der Vorleistung eines anderen Unternehmers, so ist der Auftragnehmer von der Gewährleistung für diese Mängel frei, außer wenn er die ihm nach § 4, Nr. 3, VOB/B obliegende Mitteilung über die zu befürchtenden Mängel unterlassen hat.

Hat der Auftragnehmer als Fachmann Bedenken gegen die Verwendung des vom Auftraggeber gelieferten Materials oder gegen die vom Auftraggeber vorgeschriebene Art der Ausführung, so hat er diesen unverzüglich und wenn möglich *schriftlich* Mitteilung zu machen. Es handelt sich hierbei um eine sog. Hauptpflicht des Auftragnehmers im Rahmen des Werkvertrages. Unterläßt er es, die Eigenleistung des Auftraggebers zu überprüfen und etwaige Bedenken umgehend anzumelden, so macht er sich schadensersatzpflichtig, falls später ein Mangel eintritt, den er als Fachmann hätte erkennen und ggf. vermeiden können.

Das Risiko, für die vom Auftraggeber erbrachten Eigenleistungen wegen Verletzung der Prüfungs- und Mitteilungspflicht doch mitzuhaften, ist deshalb besonders groß.

Es muß daher dem Auftragnehmer unter allen Umständen empfohlen werden, bei Eigenleistungen des Auftraggebers einen generellen *Haftungsausschluß* vertraglich zu vereinbaren. Der Ausschluß der Gewährleistungshaftung ist in diesem Fall rechtlich zulässig. Er kann für bestimmte Leistungsteile, aber auch für die gesamte vertragliche Leistung des Auftragnehmers erfolgen. Der Haftungsausschluß sollte zu Beweiszwecken stets schriftlich erfolgen. Der Auftragnehmer muß jedoch darauf achten, daß es sich um eine vertragliche Vereinbarung, d. h. einen auch vom Auftraggeber mitunterzeichneten Vertrag handelt, denn eine einseitige Erklärung des Auftragnehmers über den Haftungsausschluß ist rechtlich unwirksam.

Merksatz
Bei Eigenleistungen des Auftraggebers sollte der Auftragnehmer unbedingt seine Gewährleistungshaftung durch vertragliche Vereinbarung (schriftlich) ausschließen.

Eigentumsvorbehalt

Der Auftragnehmer kann sich durch entsprechende vertragliche Vereinbarung, sowie auch in Form von Geschäftsbedingungen, das Eigentum an den von ihm eingebauten Gegenständen bis zur vollständigen Bezahlung seiner Rechnung vorbehalten.

Fehlt es an einem solchen vertraglichen Eigentumsvorbehalt, so wird der Auftraggeber bereits dann Eigentümer, wenn die Gegenstände geliefert oder eingebaut werden und damit in den Besitz des Auftraggebers übergehen, denn zum Eigentumswechsel ist nicht unbedingt die Bezahlung der Ware erforderlich!

Ist kein Eigentumsvorbehalt vertraglich vereinbart worden, so können z. B. Sanitärobjekte, die zwar geliefert, aber noch nicht eingebaut sind, schon in das Eigentum des Auftraggebers übergehen, wenn sie sich in dessen Haus und somit seinem Herrschaftsbereich (Besitz) befinden.

Der Auftraggeber sollte also in jedem Fall darauf achten, daß bezüglich des von ihm gelieferten Materials vertraglich oder durch rechtswirksame Einbeziehung von Geschäfsbedingungen, das Eigentum bis zur vollständigen Bezahlung seiner Werklohnforderung vorbehalten bleibt.

Mit Einbau der gelieferten Gegenstände können diese jedoch ▶ *wesentliche Bestandteile* eines Grundstücks oder Gebäudes werden. In diesem Fall schreibt der Gesetzgeber zwingend, d. h. durch anderslautende vertragliche Regelung nicht abdingbar vor, daß der Eigentumsvorbehalt bezüglich dieser eingebauten Gegenstände unwirksam ist. Diese Gegenstände können also vom Auftraggeber bei Nichtbezahlung seiner Rechnung nicht wieder entfernt werden, um dadurch wenigstens einen Teil des erlittenen finanziellen Verlustes auszugleichen.

Wann eingebaute Gegenstände wesentlicher Bestandteil z. B. eines Grundstücks oder Gebäudes werden, hat der Gesetzgeber nur ganz allgemein geregelt: Zu den wesentlichen Bestandteilen eines Gebäudes gehören die zur Herstellung des Gebäudes eingefügten Sachen.

Es war und ist somit in erster Linie Aufgabe der Gerichte, durch zahlreiche Urteile im Einzelfall festzustellen, wann ein eingebauter Gegenstand wesentlicher Bestandteil wird.

Einige typische Beispiele aus der reichhaltigen Rechtsprechung:

»Ja« = wesentlicher Bestandteil, d. h. Eigentumsvorbehalt nach Einbau unwirksam

»Nein« = kein wesentlicher Bestandteil, d. h. Eigentumsvorbehalt auch nach Einbau wirksam.

Wohngebäude, angehakte Heizkörperverkleidung: nein;

Zentralheizungsanlage in modern eingerichtetem Haus: ja;

Einbauküchen: ja;

Hausgrundstück, Warmwasserleitungen, Heizungsanlagen in modernem Wohnhaus: ja, auch wenn nachträglich zur Modernisierung eingebaut;

Badeöfen und Wannen: ja;

Abwaschtische und Waschtische im modernen Miethaus: ja;

Warmwasserbereiter in modernem Haus; ja;

Linoleumbelag: nein;

zusätzliche Ölfeuerungsanlage: nein;

Heizkessel: ja;

eingebaute Fenster und Türen: ja.

Auf dem Gebiet der Sanitär- und Heizungsinstallation werden, wie die vorstehenden Beispiele zeigen, die eingebauten Objekte in der Regel wesentlicher Bestandteil des Gebäudes, so daß sie nicht mehr entfernt werden dürfen, falls die Werklohnforderung des Handwerksbetriebes unbezahlt bleibt.

Dennoch empfiehlt es sich, in jedem Fall vertraglich oder durch entsprechende Geschäftsbedingungen Eigentumsvorbehalte zu vereinbaren, da u. U. die gelieferten aber noch nicht eingebauten Gegenstände, selbst wenn sie sich im Haus des Auftraggebers befinden, zurückgenommen werden können, falls die vereinbarten Zahlungskonditionen nicht eingehalten werden, oder der Auftrag aus einem sonstigen Grunde storniert wird.

Einheitspreis

Sind im Rahmen eines Werkvertrages vom Auftragnehmer technisch und wirtschaftlich einheitliche Teilleistungen zu erbringen, so werden in der Regel hierfür Einheitspreise festgesetzt.

Die Leistungen sind zuvor entweder vom Auftraggeber in der Ausschreibung (▶ *Leistungsverzeichnis*) oder vom Auftragnehmer in seinem Angebot nach Maß, Gewicht oder Stückzahl anzugeben.

Beispiel:
Ein Installateur hat 60 lfd. Meter Rohrleitung zu verlegen.
Ein Klempner soll 50 lfd. Meter Dachrinne neu anbringen.

Die Bestimmung des Einheitspreises beginnt mit der Ermittlung der Teilleistungen nach Maß, Gewicht oder Stückzahl in der ▶ *Leistungsbeschreibung*. Es muß also z. B. ermittelt werden, wieviel qm Dachziegel von bestimmter Größe und Ausführungsart oder wieviel lfdm Zinkeinfassung oder Dachrinne verlangt werden.

Der Einheitspreis wird dann dadurch errechnet, daß der Auftragnehmer den Einzelpreis nach der jeweils maßgeblichen Maß-, Gewichts- oder Stückeinheit festlegt und in die ihm übermittelten Unterlagen einträgt. Daraus folgt für die spätere Abrechnung: Es ist zu jeder Position des Leistungsverzeichnisses die Vergütung nach der tatsächlich ausgeführten und durch Aufmaß ermittelten Leistung in Verbindung mit dem vereinbarten Einheitspreis zu berechnen (sog. Positionspreis).

Die Addition der einzelnen mit Einheitspreisen versehenen Positionen ergibt den Gesamtpreis.

Im Gegensatz zum ▶ *Pauschalpreisvertrag* muß der Gesamtpreis des Angebots mit dem der Endabrechnung nicht unbedingt übereinstimmen, wenn die tatsächlich erbrachten Leistungen den Leistungsumfang im Angebot übersteigen. Die Abrechnung erfolgt immer nach der tatsächlich erbrachten Gesamtleistung unter Berücksichtigung des vereinbarten Einheitspreises für die einzelnen Positionen.

Haben die Vertragspartner bestimmte Einheitspreise vereinbart, so gelten diese als ▶ *Festpreise*, d. h. der Auftragnehmer ist an diese Preise auch im Falle unerwarteter Lohn- oder Materialpreissteigerungen gebunden. Er kann dieses Risiko dadurch mindern, daß er ▶ *Preisgleitklauseln* vertraglich vereinbart, die ihm dann erlauben, die Einheitspreise insbesondere bei langfristigen Bauverträgen dem inzwischen gestiegenen Lohn- und Materialpreisniveau anzupassen.

Mehr- und Minderleistungen, die gegenüber dem vertraglich vereinbarten Leistungsumfang nicht mehr als 10 % abweichen, sind nach dem ursprünglich vereinbarten Einheitspreis zu vergüten.

Wird der im Leistungsverzeichnis angegebene und zunächst vertraglich vereinbarte Mengenansatz bei Fertigstellung der Arbeiten um mehr als 10 % überschritten, so kann sowohl der Auftraggeber als auch der Auftragnehmer in diesem Fall verlangen, daß bezüglich der Mehrleistungen ein neuer Preis vereinbart wird.

Bei der Berechnung des neuen Einheitspreises für die Mehrleistungen dienen die bisherigen Einheitspreise der betreffenden Positionen als Grundlage. Die Parteien können also nicht willkürlich neue Preise festsetzen bzw. verlangen. Bei der Ermittlung der neuen Preise wird

u. U. festzustellen sein, daß eine Erhöhung der Massen zugleich eine Verringerung der Einzelkosten zur Folge hat, so daß eine Verringerung des neuen Einheitspreises gerechtfertigt ist.

Andererseits kann die Massenmehrung für den Auftragnehmer auch einen erhöhten Kostenaufwand bedeuten, wenn z. B. neues und inzwischen teureres Material beschafft werden muß. In diesem Fall wird ein erhöhter Einheitspreis für die Mehrleistungen zu vereinbaren sein.

Wird der vertraglich vereinbarte Mengenansatz um mehr als 10 % unterschritten, so ist auf Verlangen eines der beiden Vertragspartner der Einheitspreis für die tatsächlich ausgeführte Leistung zu erhöhen, soweit der Auftragnehmer nicht durch Erhöhung der Mengen bei anderen Positionen des Leistungsverzeichnisses oder in anderer Weise einen Ausgleich erhält. Die Erhöhung der Einheitspreise soll im wesentlichen dem Mehrbetrag entsprechen, der sich durch Verteilung der Baustelleneinrichtungs- oder Baustellengemeinkosten und der allgemeinen Geschäftskosten auf die verringerte Menge ergibt.

Die vorstehenden Grundsätze über die Preisbildung bei Mehr- und Minderleistungen sind in der *VOB/B* geregelt und gelten somit in erster Linie für Verträge, bei denen die VOB vereinbart wurde. Eine entsprechende Anwendung dieser Grundsätze auf Einheitspreisverträge ohne VOB-Geltung ist jedoch ohne weiteres gerechtfertigt. Häufig wird jedoch in Verträgen des Bauleistungsgewerbes vereinbart, daß bei Mehr- oder Minderleistungen keine Preisveränderungen eintreten. Eine solche Vereinbarung ist rechtswirksam. Die Vertragspartner sind dann auch bei Über- bzw. Unterschreitungen von mehr als 10 % an die ursprünglich vereinbarten Einheitspreise gebunden.

Einstellung der Arbeiten

Die vorübergehende Einstellung der Arbeiten ist eine Maßnahme, die den Auftraggeber veranlassen soll, Teile des Vergütungsanspruchs, mit denen er sich bereits in ▶ *Zahlungsverzug* befindet, an den Auftragnehmer zu zahlen.

In der *VOB* ist die Einstellung der Arbeiten bei Zahlungsverzug des Auftraggebers ausdrücklich in § 16 Abs. 3 VOB/B vorgesehen.

Zur Einstellung der Arbeiten ist der Auftragnehmer jedoch nur dann berechtigt, wenn vertraglich vereinbart worden ist, daß der Auftraggeber schon vor Beendigung der gesamten Handwerksleistung Teilbeträge zu zahlen hat und mit diesen Zahlungsverpflichtungen nach Mahnung und Fristsetzung in Verzug geraten ist.

Beispiel:

Klempnermeister K. soll am Hause des Auftraggebers H. die gesamte Dachrinne erneuern. Der Auftrag wurde mündlich erteilt, eine Vereinbarung über a cto. Zahlungen erfolgte nicht. Die Arbeiten dauern längere Zeit und K. übermittelt H. eine Zwischenrechnung für die verauslagten Materialkosten und den bisher geleisteten Arbeitsaufwand.

Wenn H. diese Rechnung nicht bezahlt, kann K. nicht etwa die Arbeiten einstellen, denn sein Vergütungsanspruch ist – mangels einer anderweitigen vertraglichen Regelung – erst nach Fertigstellung und Abnahme seiner Arbeiten fällig.

Der Schaden, der dem Auftragnehmer durch die Einstellung der Arbeiten entsteht, ist vom Auftraggeber als Verzugsschaden zu ersetzen. Während des Zeitraumes der Einstellung der Arbeiten kann der Auftraggeber den Vertrag nicht kündigen, da in diesem Fall die Gründe für die Verzögerung nicht vom Auftragnehmer zu vertreten sind. Kündigt der Auftraggeber dennoch, so steht dem Auftragnehmer der volle Vergütungsanspruch abzüglich der ersparten Aufwendungen zu (näheres hierzu ▶ *Kündigung durch den Auftraggeber*).

Das Recht zur Einstellung der Arbeiten steht jedoch dem Auftragnehmer nicht nur bei Zahlungsverzug des Auftraggebers zu. Bei vielen Verträgen, insbesondere im Bauleistungsgewerbe, hat der Auftraggeber bestimmte Mitwirkungspflichten zu erfüllen. Es kann z. B. vertraglich vereinbart werden, daß der Auftraggeber bestimmte Teile des einzubauenden Materials selbst beschafft oder dem Auftragnehmer

Ausführungsunterlagen (Detailzeichnungen etc.) zu übergeben hat. Unterläßt der Auftraggeber die ihm vertraglich obliegenden Mitwirkungspflichten, ohne die dem Auftragnehmer die weitere Ausführung des Auftrages unmöglich wird, so hat er den Auftraggeber diesbezüglich in Verzug zu setzen und kann dann zunächst die Arbeiten einstellen und ggf. den gesamten Werkvertrag kündigen (s. auch ▶ *Kündigung des Werksvertrages durch den Auftragnehmer*).

Merksatz:
Die Einstellung der Arbeiten ist ein mitunter recht wirksames Druckmittel des Auftragnehmers, um den Auftraggeber zur Erledigung der ihm obliegenden Mitwirkungspflichten im Rahmen des Werkvertrages zu bewegen. Die Einstellung der Arbeiten kommt jedoch erst dann in Betracht, wenn sich der Auftraggeber mit seiner Leistung im Verzug befindet.

Die Einstellung der Arbeiten wegen Zahlungsverzugs des Auftraggebers kommt nur dann in Betracht, wenn dieser vertraglich verpflichtet ist, schon vor Fertigstellung und Abnahme der Arbeiten Akontozahlungen zu leisten.

Vgl. auch weitere Ausführungen zum Thema ▶ *Fälligkeit.*

Erfüllungsgehilfen

Der Auftragnehmer kann sich zur Erfüllung seiner vertraglich geschuldeten Handwerksleistung sog. Erfüllungsgehilfen bedienen. Für deren Verschulden haftet jedoch der Auftragnehmer in gleichem Umfang wie für eigenes Verschulden.

Beispiel:
Installateurmeister I. erhält den Auftrag, in der Wohnung des Auftraggebers A. ein neues Handwaschbecken anzubringen. Die Arbeit wird vom Gesellen G. fehlerhaft ausgeführt, so daß A. Nachbesserung verlangt. Hier haftet I. für die fehlerhafte Arbeit seines Gesellen und kann die Mängelbeseitigung nicht mit der Begründung ablehnen, er habe die Arbeiten nicht selbst ausgeführt.

Die Haftung für das Verschulden der Erfüllungsgehilfen kommt nur in Betracht, wenn es sich um die Erfüllung einer Verbindlichkeit aus dem Werkvertrag handelt. Die schuldhafte Handlung des Erfüllungsgehilfen muß also in einem sachlichen Zusammenhang mit der ihm vom Handwerksmeister zugewiesenen Aufgabe stehen.

Beispiel:
Bei der Anbringung des Handwaschbeckens beschädigt Geselle (Erfüllungsgehilfe) G. im Badezimmer des A. einen wertvollen Kristallspiegel. Installateurmeister I. ist für den Schaden ebenfalls ersatzpflichtig.

Ein sachlicher Zusammenhang liegt jedoch dann nicht vor, wenn der Erfüllungsgehilfe bei der Ausführung seiner Arbeit eine strafbare Handlung begeht.

Beispiel:
Geselle G. soll bei Auftraggeber A. ein Waschbecken anbringen und stiehlt in der Wohnung des A. eine Geldbörse. In diesem Fall ist Installateurmeister I. für den eingetretenen Schaden (Verlust der Geldbörse) nicht verantwortlich. Er muß allerdings nachweisen, daß er bei der Auswahl seines Gesellen die im Geschäftsverkehr erforderliche Sorgfalt beobachtet hat. War ihm z. B. bekannt, daß G. bereits wegen ähnlicher Diebstahlsdelikte vorbestraft ist, darf er ihn mit derartigen Aufgaben nicht mehr betrauen.

Abgesehen von dem Fall einer strafbaren Handlung ist das Haftungsrisiko des Handwerksmeisters für das Verschulden seiner Erfüllungsgehilfen recht groß. Es sollte deshalb bei jedem Auftrag überprüft werden, ob die mit der Ausführung der Arbeiten beauftragten Gesellen, Helfer oder Lehrlinge, auch fachlich in der Lage sind, die ihnen übertragene Aufgabe zufriedenstellend zu lösen. Darüber hinaus empfiehlt es sich, für Schäden, die während der Ausführung der Arbeiten fahrlässig verursacht werden, eine *Betriebshaftpflichtversicherung* abzuschließen.

Fälligkeit

Der Auftragnehmer kann die Vergütung für seine Handwerksleistung erst dann verlangen, wenn seine Werklohnforderung fällig ist.

Haben die Parteien bei Auftragserteilung keine abweichende Vertragsregelung getroffen, so wird aufgrund gesetzlicher Vorschrift der Vergütungsanspruch des Auftragnehmers erst fällig, wenn seine Leistung vom Auftraggeber *abgenommen* worden ist. Verzögert der Auftraggeber unberechtigt die Abnahme, um u. U. die Fälligkeit der Forderung und damit seine Zahlungsverpflichtung auf die lange Bank zu schieben, so muß der Auftragnehmer ihn bezüglich der Abnahme in Verzug setzen. Der Auftraggeber ist nämlich zur Abnahme der vertragsmäßig erbrachten Handwerksleistung verpflichtet. Nur Arbeiten, die bereits bei Fertigstellung Mängel aufweisen, braucht der Auftraggeber nicht abzunehmen.

Die ▶ *Abnahme* kann auch dadurch erfolgen, daß der Auftraggeber das vom Auftragnehmer im wesentlichen funktionstüchtig hergestellte Werk in Gebrauch nimmt.

Beispiel:
Der Vergütungsanspruch einer Heizungsbaufirma für den Einbau einer Gasetagenheizung ist fällig, wenn der Auftraggeber die Heizung bereits benutzt.

Nicht in jedem Fall liegt jedoch eine Ingebrauchnahme als Ersatz für die Abnahme vor, so daß der Nachweis der Fälligkeit der Vergütungsforderung vom Auftragnehmer nur unter erschwerten Umständen und mit erheblichem Zeitaufwand erbracht werden kann. Es ist deshalb dringend zu empfehlen, die Fälligkeit der Forderung vertraglich zu regeln, da die gesetzlichen Vorschriften über die Fälligkeit des Vergütungsanspruchs abdingbar sind, d. h. sie können von den Vertragsparteien anderweitig vertraglich vereinbart werden.

Bei *Auftragserteilung* sollte der Auftragnehmer – am besten in Schriftform – vereinbaren, daß seine Werklohnforderung z. B. 10 Tage nach Erhalt der (Schluß-) Rechnung zahlbar, d. h. fällig ist. In diesem Fall muß als Nachweis für die Fälligkeit nur noch der Beweis erbracht werden, daß die Rechnung dem Auftraggeber übermittelt wurde. Gegenüber dem Vergütungsanspruch kann dann jedenfalls der Auftraggeber nicht mehr einwenden, er habe die Leistung überhaupt nicht abgenommen.

Einer vertraglichen Vereinbarung bedarf es insbesondere dann, wenn der Auftragnehmer bereits vor Beendigung der Arbeiten Abschlagzahlungen verlangt, denn nach den gesetzlichen Vorschriften ist der Auftraggeber vor Abnahme der Handwerksleistung zu Abschlagzahlungen nicht verpflichtet (s. auch ▶ *Einstellung der Arbeiten*).

Bei *VOB-Verträgen*, also Bauleistungsverträgen mit vertraglicher Vereinbarung der VOB, ist die Fälligkeit gesondert geregelt. Im Gegensatz zum gesetzlichen Werkvertragsrecht kennt die VOB mehrere Arten der Vergütung, nämlich die

Abschlagzahlung
Vorauszahlung
Schlußzahlung.

Der Auftragnehmer kann bei einem VOB-Vertrag Abschlagzahlungen in Höhe der von ihm erbrachten Teilleistungen, die er durch nachprüfbare Aufstellung (▶ *Zwischenrechnung*) nachzuweisen hat, verlangen. Die Abschlagzahlungen sind 12 Tage nach Zugang der Aufstellung über die erbrachten Teilleistungen fällig.

Vorauszahlungen sind auch nach der VOB nur zulässig, wenn sie im Vertrag ausdrücklich vereinbart sind. Auch die Fälligkeit bedarf in diesem Fall einer genauen vertraglichen Regelung.

Die Schlußzahlung ist alsbald nach Prüfung und Feststellung der vom Auftragnehmer vorgelegten Schlußrechnung, spätestens innerhalb von zwei Monaten nach ihrem Zugang, fällig.

Merksatz:
Nach den gesetzlichen Vorschriften des Werkvertragsrechts ist die Vergütung des Auftragnehmers erst fällig, wenn die Handwerksleistung vollständig erbracht und vom Auftraggeber abgenommen worden ist. Eine vertragliche Regelung der Fälligkeit ist daher zu empfehlen. Abschlagzahlungen können nur verlangt werden, wenn diesbezüglich eine vertragliche Vereinbarung getroffen worden ist.

Förmliche Abnahme

Es handelt sich hierbei um eine besondere Form der Abnahme, die in der *VOB* geregelt ist.

Die förmliche Abnahme wird also in der Regel bei Handwerksleistungen im Bereich des Bauwesens durchgeführt, und zwar bei Verträgen, bei denen die VOB vertraglich vereinbart wurde.

In § 12 Nr. 4 VOB/B sind die Voraussetzungen für die förmliche Abnahme enthalten.

Danach hat eine förmliche Abnahme stattzufinden, wenn eine Vertragspartei es verlangt. Sowohl der Auftraggeber als auch der Auftragnehmer können also darauf bestehen, daß eine förmliche Abnahme durchgeführt wird. Für die Aufforderung zur förmlichen Abnahme ist zwar nach VOB keine Schriftform vorgeschrieben, sie sollte jedoch stets – zu etwaigen späteren Beweiszwecken – schriftlich erfolgen. Jede Partei kann auf ihre Kosten einen Sachverständigen zuziehen. Ferner ist ein gemeinsamer Abnahmetermin festzulegen, von dem beiden Vertragsparteien rechtzeitig Kenntnis zu geben ist.

Das Ergebnis der Abnahme, der sog. Abnahmebefund, ist in gemeinsamer Verhandlung schriftlich niederzulegen. In die Niederschrift sind etwaige Vorbehalte wegen bekannter Mängel und wegen Vertragsstrafen aufzunehmen, ebenso etwaige Einwendungen des Auftragnehmers. Jede Partei erhält eine Ausfertigung des Mängelbefundes. Die förmliche Abnahme kann in Abwesenheit des Auftragnehmers stattfinden, wenn der Termin vereinbart war oder der Autraggeber mit genügender Frist dazu eingeladen hatte. Das Ergebnis der Abnahme ist dem Auftragnehmer alsbald mitzuteilen.

Merksatz:
Wegen der nach § 12 Nr. 4 VOB/B einzuhaltenden Formalien gibt es als besondere Form der Abnahme: die sog. förmliche Abnahme.

Sollte bei einem Werkvertrag über Handwerksleistungen auf dem Bausektor die VOB vertraglich vereinbart worden sein und z. B. der Auftraggeber oder dessen Architekt eine förmliche Abnahme verlangen, so empfiehlt es sich, zwecks Einhaltung der Formvorschriften die Voraussetzungen nach § 12 Nr. VOB/B (s. Anhang) zu überprüfen.

Fristen

Aus Gründen der Rechtssicherheit müssen für die Berechnung der in Verträgen oder gesetzlichen Vorschriften festgelegten Zeitbestimmungen klare Verhältnisse geschaffen werden. Der Gesetzgeber hat deshalb im BGB für die einzelnen Fristen und Termine zwingende gesetzliche Vorschriften vorgesehen, die auch durch vertragliche Vereinbarung der Parteien nicht abgeändert werden können.

Fristbeginn:

Ist für den Anfang einer Frist ein bestimmter Tag maßgebend, so wird dieser bei der Berechnung der Frist nicht mitgerechnet. Die Frist beginnt also mit 0 Uhr des folgenden Tages.

Beispiel:
Die Handwerksleistungen des Auftragnehmers werden vom Auftraggeber am 31.5.1978 abgenommen. Die nach VOB vereinbarte Verjährungsfrist für die Gewährleistungsansprüche dauert zwei Jahre. Sie beginnt daher am 1.6.1978 0 Uhr und endet am 31.5.1980 24 Uhr.

Fristende:

Eine Frist, die nach Wochen, Monaten oder Jahren bemessen ist, endet, sofern das für den Fristbeginn maßgebende Ereignis in den Lauf des Tages fällt, mit dem Ablauf des entsprechenden Wochen- oder Monatstages. Ist an einem bestimmten Tag eine Willenserklärung abzugeben oder eine Leistung zu bewirken und fällt der bestimmte Tag oder der letzte Tag der Frist auf einen Samstag, Sonntag oder einen am Erklärungs- oder Leistungsort staatlich anerkannten allgemeinen Feiertag, so tritt an die Stelle eines solchen Tages der nächste Werktag.

Beispiel:
Eine zweijährige Verjährungsfrist für Gewährleistungsansprüche endet am Samstag, den 21. Oktober 1978. In diesem Fall kann der Auftraggeber die zur Unterbrechung der Verjährung erforderlichen Maßnahmen (z. B. schriftliche Mängelrüge bei VOB-Vertrag) noch am darauffolgenden Montag, d. h. am 23. Oktober 1978, erledigen.

Bei der schriftlichen Mängelrüge ist jedoch zu beachten, daß diese dem Auftragnehmer spätestens am letzten Tag der Verjährungsfrist – im vorgenannten Beispiel also am Montag, den 23.10.1978 – bereits zugegangen sein muß. Wenn sie erst am Montag vom Auftraggeber abgesandt wird und den Auftragnehmer erst am Dienstag erreicht, dann ist die Mängelrüge verspätet.

Der *Vergütungsanspruch* des Auftragnehmers verjährt in zwei, bzw. bei gewerblichen Auftraggebern, in vier Jahren. Das Ende der Verjährungsfrist fällt jeweils auf das Jahresende, also den 31.12. des jeweiligen Jahres. Silvester ist kein gesetzlicher Feiertag. Fällt der 31.12 jedoch auf einen Samstag oder Sonntag, dann kann der Auftragnehmer die zur Unterbrechung der Verjährung erforderlichen Maßnahmen, also insbesondere die Klageerhebung oder Beantragung eines Mahnbescheides, noch am 2. Januar des darauffolgenden Jahres veranlassen. Dabei ist allerdings zu beachten, daß die Verjährung nur wirksam unterbrochen wird, wenn der Mahnbescheid demnächst zugestellt werden kann. Näheres hierzu: ▶ *Verjährung*.

Garantiezusage

Der Auftragnehmer ist gesetzlich verpflichtet, das Werk so herzustellen, daß es nicht mit Fehlern behaftet ist, die den Wert oder die Tauglichkeit zu dem gewöhnlichen oder dem nach dem Vertrag vorausgesetzten Gebrauch aufheben oder mindern.

Dieses allgemeine Gewährleistungsrecht steht jedem Auftraggeber während der gesetzlichen oder vertraglich vereinbarten Gewährleistungsfrist zu (▶ *Gewährleistung*).

Darüber hinaus kann in Ausnahmefällen der Auftragnehmer eine besondere Garantie für die von ihm erbrachte Leistung bzw. das von ihm erstellte Werk übernehmen.

Gerade bei Bauverträgen kommen Begriffe, wie »*Gewähr*« oder »*Garantie*« recht häufig vor. Im Bauwesen wird teilweise auch mit übertreibenden Ausdrücken gearbeitet, wie z. B. »Garantieleistung«, »garantiert«, »Garantie auf jeden Fall«, »volle Garantie«.

Derartige Formulierungen sind rechtlich im Streitfall nicht einfach zu beurteilen, da sie die Abgrenzung von normaler Gewährleistungshaftung zur besonderen Garantiezusage verwischen.

Wer die »Garantie« für seine Arbeiten für die Dauer der gesetzlichen Gewährleistungsfrist übernimmt, haftet für Mängel nur im Rahmen der allgemeinen gesetzlichen Gewährleistung. Wird dagegen eine

»Garantie« für eine längere Zeit als die gesetzliche oder nach VOB geltende Gewährleistungsfrist übernommen, so bedeutet dies in der Regel nur die entsprechende Verlängerung der Gewährleistungsfrist.

Die Zusage einer bestimmten Garantie kann aber auch die Übernahme der Gewähr für einen über die Vertragsmäßigkeit hinausgehenden, noch von anderen Faktoren abhängigen wirtschaftlichen oder technichen Erfolg darstellen.

Es kann sich dabei um die Zusicherung einer bestimmten Eigenschaft handeln oder die Zusage eines bestimmten Erfolges im Rahmen des Werkvertrages. Auch die Belastungsfähigkeit des verwendeten Materials oder eine bestimmte Leistungsfähigkeit einer gelieferten Maschine kann in Form einer Garantiezusage vertraglich vereinbart werden.

Garantiezusagen im Bereich des Bauwesens liegen immer dann vor, wenn z. B. ein bestimmter technischer Erfolg unbedingt garantiert wird (z. B. unbedingte Haltbarkeit auf die Dauer von 10 Jahren).

Werden Garantiezusagen gegeben, wobei eine besondere schriftliche Vereinbarung nicht erforderlich ist, d. h. also auch mündliche Zusagen rechtswirksam sind, so hat der Auftragnehmer für den von ihm garantierten besonderen Erfolg auch über das normale gesetzliche Gewährleistungsrecht hinaus einzutreten.

Falls die Garantie nicht erfüllt wird und der Auftraggeber Schadensersatzansprüche geltend macht, kann sich der Auftragnehmer nicht darauf berufen, daß ihn am Nichteintritt der garantierten Eigenschaften bzw. Erfolge kein Verschulden trifft.

Garantiezusagen jeglicher Art sollten deshalb nur in ganz besonderen Ausnahmefällen gegeben werden, da sie eine erhebliche Verschärfung der normalen Gewährleistung bedeuten.

Nicht selten werden auch Werkverträge geschlossen, denen Auftragsbestimmungen und Geschäftsbedingungen des Auftraggebers oder dessen Architekten (z. B. bei Neubauten nach Ausschreibung etc.) zugrunde liegen. In diesem Fall ist besonders darauf zu achten, daß diese Verträge zu Lasten des Auftragnehmers nicht offene oder gar versteckte Garantiezusagen enthalten, die durch Unterzeichnung des

Vertrages vom Auftragnehmer zu erfüllen sind. Eine solche Garantiezusage stellt z. B. auch die Vereinbarung dar, daß die Arbeiten innerhalb einer bestimmten Frist oder bis zu einem bestimmten Datum zu beenden sind. Bevor der Auftragnehmer eine solche Fristen- oder Fertigstellungsgarantie übernimmt, sollte er genauestens prüfen, ob er in der Lage ist, die im Vertrag garantierten Fristen einzuhalten. Zeitlich festgesetzte Fertigstellungsgarantien werden nämlich in der Regel mit ► *Vertragsstrafen* verbunden, so daß der Auftragnehmer bei Übernahme einer Fertigstellungsgarantie oft ein erhebliches finanzielles Risiko eingeht.

Gerichtsstand

Gerichtsstand bedeutet die durch gesetzliche Vorschriften geregelte Pflicht, vor einem bestimmten Gericht zu klagen bzw. verklagt zu werden

Man unterscheidet zwischen der sachlichen und örtlichen Zuständigkeit des Gerichts.

Das Amtsgericht ist *sachlich* zuständig für alle Klagen mit einem Streitwert bis zu 3.000,– DM, wobei der Streiwert identisch ist mit der Höhe der geltend gemachten Werklohnforderung.

Beispiel:
Malermeister M. hat gegen den Hauseigentümer H. einen fälligen Vergütungsanspruch für auftragsgemäß ausgeführte Malerarbeiten in Höhe von 2.500,– DM.

Für den Fall einer gerichtlichen Geltendmachung muß der Rechtsstreit vor dem Amtsgericht geführt werden.

Bei einem Streitwert über 3.000,– DM gehört der Rechtsstreit vor das Landgericht, bei dem die Klage von einem bei dem betreffenden Landgericht zugelassenen Rechtsanwalt erhoben werden muß.

Eine Ausnahme bildet das sog. gerichtliche Mahnverfahren, das ausschließlich von den Amtsgerichten durchgeführt wird. Wenn also ein Antrag auf Erlaß eines Mahnbescheids über einen Forderungsbetrag von 4.000,– DM gestellt wird, so gehört dieser Antrag zunächst ebenfalls vor das Amtsgericht. Nur wenn der Beklagte Widerspruch erhebt, wird der Rechtsstreit an das sachlich zuständige Landgericht abgegeben.

Die Frage der *örtlichen* Zuständigkeit ist dann von besonderem Interesse, wenn die Prozeßparteien ihren Wohn- bzw. Geschäftssitz nicht am gleichen Gerichtsort haben.

Klagt der Auftragnehmer eine fällige Werklohnforderung ein, so ist der Prozeß vor dem für den Wohn- bzw. Geschäftssitz des Auftraggebers örtlich zuständigen Gericht zu führen.

Beispiel:
Auftragnehmer A. aus A-Stadt hat im Hause des Auftraggebers B., der in B-Stadt wohnt, Handwerksleistungen erbracht. Selbst wenn das Haus des B. in A-Stadt liegt, muß A. die vom Auftraggeber nicht bezahlte Rechnung bei dem für B-Stadt örtlich zuständigen Gericht einklagen.

Für die örtliche Zuständigkeit des Gerichts kommt es also nicht auf den Geschäftssitz des Auftragnehmers an, auch nicht, wo die Arbeiten ausgeführt wurden. Für Klagen auf Erfüllung einer Werklohnforderung kommt somit als gesetzlicher Gerichtsstand nur der Wohn- bzw. Geschäftssitz des Auftraggebers infrage.

Auch bei der örtlichen Zuständigkeit bildet das gerichtliche Mahnverfahren wiederum eine Ausnahme, denn der Antrag auf Erlaß eines Mahnbescheides ist zunächst ausschließlich bei dem für den Wohn- bzw. Geschäftssitz des Auftragnehmers zuständigen Amtsgericht einzureichen. Erhebt allerdings der Auftraggeber gegen den Mahnbescheid Widerspruch, so wird der Rechtsstreit an das für den Auftraggeber zuständige Gericht abgegeben.

Klagen vor einem auswärtigen Gericht sind in der Regel mit höheren Prozeßkosten verbunden, denn sie erfordern entweder Informationsreisen zu dem am auswärtigen Gerichtsort ansässigen Rechtsanwalt oder die Einschaltung eines zweiten Rechtsanwalts. Jede Prozeßpartei ist deshalb daran interessiert, den Rechtsstreit möglichst vor dem für den eigenen Wohn- oder Geschäftssitz zuständigen Gericht zu führen. Über die Rechtswirksamkeit vertraglich geregelter ▶ *Gerichtsstandvereinbarungen* s. dort.

Gerichtsstandvereinbarung

Die gesetzlichen Vorschriften über den ▶ *Gerichtsstand* zwingen mitunter den Auftragnehmer, seine Werklohnforderung vor einem auswärtigen Gericht einzuklagen. Dieser Rechtsstreit bringt dem Auftragnehmer zusätzliche Unannehmlichkeiten, denn es muß u. U. ein weiterer Anwalt eingeschaltet werden, oder die Prozeßvorbereitung erfordert Informationsreisen zur Anwaltspraxis des auswärtigen Prozeßbevollmächtigten.

Kaufleute und Handwerksbetriebe haben deshalb immer wieder versucht, durch sog. Gerichtsstandvereinbarungen in ihren Verträgen und Allgemeinen Geschäftsbedinungen den Gerichtsstand am Orte ihres Geschäftssitzes zu vereinbaren. Durch die ab 1.4.1974 geltende Zivilprozeßnovelle sind derartige vertragliche Gerichtsstandvereinbarungen jedoch nur noch in ganz begrenztem Umfang möglich. Danach sind Gerichtsstandvereinbarungen nur rechtswirksam, wenn beide Vertragspartner eines Werkvertrages sog. *Vollkaufleute* sind.

Ob der Inhaber eines Handwerksbetriebes rechtlich als Vollkaufmann gilt, ist nur nach den Umständen des Einzelfalles zu beurteilen. Handwerker, die »bewegliche Sachen (Waren) anschaffen und unverändert oder nach Be- oder Verarbeitung weiterveräußern«, sind kraft Gesetzes zugleich Kaufleute. Erfordert ihr Betrieb jedoch keinen in kaufmännischer Weise eingerichteten Geschäftsbetrieb, so gelten sie als sog. *»Minderkaufleute«* und können somit keine rechtswirksame Gerichtsstandvereinbarung treffen.

Handwerksbetriebe, die nach Art und Umfang ihres Gewerbebetriebes als Firma im Handelsregister eingetragen sind oder in Form einer Gesellschaft (oHG, KG, GmbH, GmbH & Co KG) am Geschäftsleben teilnehmen und aufgrund ihrer Gesellschaftsform ebenfalls im Handelsregister eingetragen sind, können Gerichtsstandvereinbarungen rechtswirksam treffen.

Verbindlich ist die Gerichtsstandvereinbarung jedoch nur dann, wenn auch die andere Vertragspartei, d. h. der Auftraggeber, Vollkaufmann ist. Hauseigentümer, auch wenn sie mehrere Miethäuser besitzen, sind deshalb nicht etwa Vollkaufleute, weil sie ihren Lebensunterhalt aus den Mieteinnahmen bestreiten. Wohnungsbau- und Grundstücksverwaltungs-Gesellschaften, die im Handelsregister eingetragen sind, gelten wiederum als Vollkaufleute.

Beispiel für eine rechtswirksame Gerichtsstandvereinbarung:
Der in A-Stadt ansässige Handwerksbetrieb, als GmbH im Handelsregister eingetragen, schließt mit einer im Handelsregister eingetragenen Handelsfirma in B-Stadt einen Vertrag über die Installation einer Zentralheizungsanlage. In diesem Fall kann der Handwerksbetrieb durch entsprechende vertragliche Regelung das an sich örtlich unzuständige Gericht in A-Stadt durch Gerichtsstandvereinbarung als zuständig vereinbaren.

Die Zuständigkeit eines Gerichts kann schließlich auch vereinbart werden, wenn z. B. der Auftraggeber keinen allgemeinen Gerichtsstand im Inland hat, d. h. wenn der Wohn- oder Geschäftssitz des Auftraggebers im Ausland liegt. Die Vereinbarung muß jedoch schriftlich geschlossen sein, d. h. die Vertragsurkunde muß die Unterschrift beider Vertragspartner enthalten oder die mündlich getroffene Vereinbarung muß vom Auftraggeber schriftlich bestätigt werden.

Handwerksbetriebe, die als Einzelhandelsfirma oder als Gesellschaft im Handelsregister eingetragen sind, sollten die Vorteile der Gerichtsstandvereinbarung insbesondere bei auswärtigen Auftraggebern (Vollkaufleuten!) nach wie vor nutzen.

Eine besondere Form ist für die Gerichtsstandvereinbarung nicht vorgeschrieben. Es ist jedoch aus Beweisgründen stets zu empfehlen, den Gerichtsstand schriftlich zu vereinbaren. Eine entsprechende Regelung in den Geschäftsbedingungen des Auftragnehmers ist ebenfalls rechtswirksam, wenn die Geschäftsbedingungen Vertragsgrundlage des Werkvertrages sind.

Vgl. Gerichtsstandvereinbarung in den Allgemeinen Geschäftsbedingungen Anhang 3.

Gewährleistung

Unter Gewährleistung versteht man die Haftung des Auftragnehmers für die Qualität der von ihm erbrachten Handwerksleistungen sowie des eingebauten Materials.

Entsprechen die Handwerksleistungen nicht den ▶ *anerkannten Regeln der Technik* und sind sie mit Fehlern behaftet, die den Wert mindern oder sogar aufheben, so hat der Auftraggeber zunächst den Anspruch auf ▶ *Nachbesserung*. Verweigert der Auftragnehmer die Nachbesserung oder führt diese nicht zur Beseitigung des Mangels, dann stehen dem Auftraggeber die eigentlichen Gewährleistungsansprüche zu:

1. ▶ *Wandlung*
2. ▶ *Minderung*
3. ▶ *Schadensersatz wegen Nichterfüllung.*

Die vorgenannten Gewährleistungsansprüche kann der Auftraggeber jedoch erst dann geltend machen, wenn er zuvor dem Auftragnehmer Gelegenheit gegeben hat, die mangelhafte Leistung nachzubessern. Einzelheiten zu den Voraussetzungen des ▶ *Nachbesserungsanspruchs* vgl. dort.

Der Auftragnehmer hat nicht nur die Pflicht, sondern auch das Recht, seine mangelhafte Leistung zunächst selbst und auf eigene Kosten nachzubessern.

Kommt eine Nachbesserung nicht mehr in Betracht, wenn z. B. die gesetzte Nachbesserungsfrist ergebnislos abgelaufen ist oder wiederholte Nachbesserungsversuche fehlgeschlagen sind, dann hat der Auftraggeber die Wahl zwischen den ihm zustehenden drei oben genannten Gewährleistungsarten.

Hat sich der Auftraggeber für einen der Gewährleistungsansprüche entschieden und ist z. B. die Wandlung bzw. Minderung vollzogen, so kann er nachträglich nicht mehr zu einem anderen Gewährleistungsanspruch übergehen.

Beispiel:
Auftraggeber A. macht wegen eines nicht behebbaren Mangels einen Minderungsanspruch in Höhe von 15 % der Werklohnforderung geltend. Hiermit erklärt sich Auftragnehmer B. einverstanden, da er den Mangel nur mit unverhältnismäßig hohem Aufwand beseitigen kann. Nach erfolgter Einigung kann es sich Auftraggeber A. nicht mehr anders überlegen und nun Wandlung des gesamten Vertrages oder gar Schadensersatz verlangen.

Bei *VOB-Verträgen* sind die Gewährleistungsansprüche in § 13 VOB/B ausdrücklich geregelt. Im Gegensatz zum BGB-Recht kennt die VOB den Gewährleistungsanspruch der Wandlung nicht. Der Grund liegt offenbar darin, daß bei den Bauleistungsverträgen eine völlige Rückgewähr der vom Auftragnehmer erbrachten Leistung gar nicht mehr möglich ist. Die VOB sieht daher neben dem Anspruch auf Mängelbeseitigung die Gewährleistungsansprüche der Minderung und Schadensersatz wegen Nichterfüllung vor.

Minderung kann jedoch nur verlangt werden, wenn die Beseitigung des Mangels unmöglich ist oder einen unverhältnismäßig hohen Aufwand erfordert und daher vom Auftragnehmer verweigert wird.

Merksatz:
Gewährleistungsansprüche (Wandlung, Minderung, Schadensersatz) kann der Auftraggeber nur geltend machen, wenn zuvor dem Auftragnehmer Gelegenheit gegeben wurde, den Mangel zu beseitigen. Hat sich der Auftraggeber für eine bestimmte Art der Gewährleistung entschieden und ist diese bereits vollzogen, so kann er nicht mehr zu einem anderen Gewährleistungsanspruch übergehen.

Gewährleistungsfristen nach BGB und VOB - Überblick -

1. Gewährleistungsfristen nach *BGB-Recht*:

Herstellung bzw. Reparatur beweglicher Gegenstände, soweit sie nicht Grundstücke oder Bauwerke betreffen:	6 Monate
Arbeiten an einem Grundstück:	1 Jahr
Arbeiten an einem Bauwerk:	5 Jahre

Gleitklausel

2. Gewährleistungsfristen nach *VOB/B*:

Arbeiten an einem Grundstück:	1 Jahr
Arbeiten für die vom Feuer berührten Teile von Feuerungsanlagen (z. B. Schornstein):	1 Jahr
Arbeiten an einem Bauwerk:	2 Jahre
Leistungsmängel infolge Holzerkrankungen:	2 Jahre

Gleitklausel

Der Auftragnehmer ist verpflichtet, die vertraglich vereinbarten Leistungen zu den im Vertrag festgelegten Preisen auszuführen.

Ist zwischen Auftragserteilung und Ausführung der Handwerksleistung ein längerer Zeitraum vergangen, so können inzwischen Lohn- und Materialpreiserhöhungen eingetreten sein, die u. U. eine neue Kalkulation erfordern. Der Auftragnehmer kann jedoch einen höheren Preis nur dann verlangen, wenn der Vertrag eine sog. Lohn- oder Materialpreis-Gleitklausel enthält.

Derartige Preisvorbehalte sollten in größeren Bauverträgen, die stets über einen längeren Zeitraum abgewickelt werden, unter keinen Umständen fehlen. Wenn andererseits dem Auftragnehmer ein vorformulierter Bauvertrag des Auftraggebers vorgelegt wird, ist in der Regel darin eine Klausel enthalten, wonach Lohn- und Materialpreiserhöhungen während der Bauzeit unberücksichtigt bleiben. Der Auftragnehmer muß in diesem Fall sorgfältig prüfen, ob im Falle bevorstehender Lohn- oder Materialpreiserhöhungen seine Preiskalkulation noch aktuell ist.

Bei kleineren Aufträgen, wie z. B. der Durchführung von Sanitär-Reparaturen, ist das Thema Gleitklausel uninteressant. Diese Reparaturen werden meistens umgehend ausgeführt oder es fehlt an einer bindenden Preisvereinbarung, so daß der Auftragnehmer in jedem Fall den zum Zeitpunkt der Ausführung angemessenen Lohn- und Materialpreis verlangen kann.

Handwerksbetrieb als GmbH oder GmbH & Co KG

In den letzten Jahren haben sich immer mehr Handwerksmeister dazu entschlossen, ihre Handwerksbetriebe in Form einer GmbH oder GmbH & Co KG zu betreiben.

GmbH ist die Abkürzung für »Gesellschaft mit beschränkter Haftung«, wobei in den letzten drei Wörtern die wesentlichen Vorteile dieses Gesellschaftstyps zu finden sind.

Der Inhaber eines Handwerksbetriebes haftet für sämtliche Verbindlichkeiten seines Gewerbebetriebes, sowohl mit seinem Geschäfts- als auch mit seinem Privatvermögen, in voller Höhe. Bei kleineren vermögensschwachen Handwerksbetrieben können plötzlich eintretende Auftragsmängel oder finanzielle Verluste durch nicht einbringbare Forderungen (z. B. Konkurs eines großen Auftraggebers) nicht nur zur Aufgabe des Betriebes, sondern auch zum persönlichen finanziellen Ruin führen.

Es ist daher keinem Handwerksmeister zu verdenken, wenn er die finanzielle Haftung für die Verbindlichkeiten des Betriebes von dem privaten Vermögen zu trennen und zu beschränken versucht.

Diese Möglichkeit bietet die GmbH. Sie zählt zu den sog. Kapitalgesellschaften und unterliegt den Vorschriften des GmbH-Gesetzes.

Mit Gründung einer GmbH kann der Handwerksmeister einerseits seine Haftung beschränken, andererseits erlangt sein Betrieb den Status einer Handelsfirma und wird in das Handelsregister eingetragen. Die GmbH wird in die Handwerksrolle eingetragen, wenn der Betriebsleiter die Meisterqualifikation im Sinne des § 7 HandwO hat.

Die GmbH wird durch Abschluß eines *Gesellschaftsvertrages* gegründet. Dieser Vertrag muß vor einem Notar beurkundet werden und ist von allen Gesellschaftern zu unterschreiben. Aufgrund der seit 01. Januar 1981 geltenden Neufassung des GmbH-Gesetzes kann eine GmbH nunmehr auch mit nur einem Gesellschafter (sog. Einmann-Gesellschaft) errichtet werden. Die GmbH entsteht nicht schon mit Abschluß des Gesellschaftsvertrages, sondern erst mit der Eintragung in das Handelsregister.

Bevor der Gesellschaftsvertrag notariell beurkundet wird, müssen sich die zukünftigen Gesellschafter über die wesentlichen Grundlagen ihres Gesellschaftsverhältnisses einigen. Dabei ist zu beachten, daß der Gesellschaftsvertrag folgende gesetzliche Regelungen enthalten muß:

1. Firma (d. h. Name der GmbH) und Sitz der Gesellschaft.
2. Gegenstand des Unternehmens.
3. Betrag des Stammkapitals.
4. Betrag, der von jedem Gesellschafter auf das Stammkapital zu leistenden Einlage (Stammeinlage).

Zu 1) Firma und Sitz der Gesellschaft

Unter Firma versteht man den Namen der Gesellschaft. Dieser Name kann aus dem Gegenstand des Unternehmens entlehnt sein (Sachfirma), oder er muß den Namen der Gesellschafter oder den Namen wenigstens eines derselben mit einem auf das Gesellschaftsverhältnis hinweisenden Zusatz enthalten (Personenfirma).

Beispiel für Sachfirma:
Sanitär-Installation GmbH
Klimatechnik GmbH
Heizungsbau GmbH

Die Namen anderer Personen als der Gesellschafter dürfen in die Firma nicht aufgenommen werden.

Zulässig ist auch eine Zusammensetzung aus Sach- und Personenfirma.

Beispiel: Meyer Sanitär-Installation GmbH
Müller & Schulze Heizungsbau GmbH

Als Sitz der Gesellschaft ist der Ort anzugeben, wo die Gesellschaft ihren Betrieb hat oder der Ort, wo sich die Geschäftsleitung befindet, bzw. die Verwaltung geführt wird.

Zu 2) Gegenstand des Unternehmens

Im Gesellschaftsvertrag ist der Geschäftszweig, dessen Betrieb die Gesellschaft ernstlich beabsichtigt, eindeutig zu bezeichnen.

Zu 3) Betrag des Stammkapitals

Die GmbH ist eine sog. Kapitalgesellschaft und baut sich auf dem Stammkapital auf, das den Gläubigern notfalls zur Befriedigung zur Verfügung steht. Auf das Stammkapital ist die Gesamthaftung der GmbH beschränkt. Die einzelnen Gesellschafter haften nur in Höhe ihrer Stammeinlage, also ihres anteiligen Stammkapitals.

Das Stammkapital muß mindestens 50.000,– DM betragen.

Zu 4) Betrag der von jedem Gesellschafter auf das Stammkapital zu leistenden Einlage (Stammeinlage).

Unter Stammeinlage versteht man die Werte, die jeder einzelne Gesellschafter in die Gesellschaft einzubringen hat. Die Summe der Stammeinlagen ergibt dann das Stammkapital.

Die Stammeinlage jedes Gesellschafters muß mindestens 500,– DM betragen.

Diese unter Ziff. 1) bis 4) genannten Regelungen muß wie gesagt jeder Gesellschaftsvertrag einer GmbH enthalten, da sie zwingend im *GmbH-Gesetz* vorgeschrieben sind, und anderenfalls eine Eintragung in das Handelsregister nicht vorgenommen wird.

Außer diesen Grundvoraussetzungen für die Eintragung sollten im GmbH-Vertrag die rechtlichen Beziehungen der Gesellschafter untereinander, und die Rechtsverhältnisse der Gesellschafter zu Dritten geregelt sein. Hierbei handelt es sich um folgende wesentliche Vertragsvereinbarungen:

a) Geschäftsjahr und Beginn der Gesellschaft
b) Dauer der Gesellschaft
c) Kündigung der Gesellschaft sowie Rechtsfolgen bei Ausscheiden eines Gesellschafters
d) Verfügung über Geschäftsanteile (Verkauf oder Abtretung eines Gesellschafteranteils)
e) Vertretung der Gesellschaft, insbesondere Bestellung eines Geschäftsführers

f) Vorschriften über Gesellschafterversammlung (Form der Einberufung, Stimmrechte)
g) Bilanz, Gewinn- und Verlustrechnung
h) Verteilung von Gewinn und Verlust
i) Rechtsfolgen bei Tod eines Gesellschafters, Erbfolge
j) Gründungskosten, Gerichtsstand

Anhang 7 enthält das Muster eines GmbH-Gründungsvertrages.

Neben der GmbH ist die *GmbH & Co KG* eine im Geschäftsleben immer häufiger anzutreffende Gesellschaftsform.

Es handelt sich hierbei um eine Kommanditgesellschaft, deren persönlich haftende Gesellschafterin (Komplementärin) eine GmbH ist.

Auch bei dieser Gesellschaftsform wird eine Haftungsbeschränkung der Mitglieder der GmbH & Co KG erzielt. Bei einer Kommanditgesellschaft haften die Kommanditisten nur in Höhe ihrer in die Gesellschaft eingebrachten Kommanditeinlage. Nur der persönlich haftende Gesellschafter haftet in voller Höhe. Bei der GmbH & Co KG wird jedoch die Funktion des persönlich haftenden Gesellschafters durch eine GmbH z. B. mit einer Haftungsbeschränkung auf das Mindeststammkapital von 50.000,– DM ausgeübt und damit eine Haftungsbeschränkung erreicht.

In der Regel sind die Gesellschafter der Komplementär-GmbH und die Kommanditisten der KG identisch, was auch gesetzlich zulässig ist.

Die vermögensrechtliche Haftung der einzelnen an der Gesellschaft beteiligten Personen beschränkt sich somit auf deren Kommanditanteile an der KG bzw. den Gesellschaftsanteil an der Komplementär-GmbH.

Beispiel 1 (Haftung für Verbindlichkeiten einer GmbH):

Eleketroinstallateurmeister I. hat zusammen mit seinem Kollegen K. eine GmbH gegründet. Das Stammkapital beträgt 50.000,– DM. Hiervon hat I. eine Stammeinlage von 35.000,– DM und K. eine Stammeinlage von 15.000,– DM übernommen.

I. haftet für Verbindlichkeiten der GmbH (im Falle einer Zwangsvollstreckung etc.) in Höhe von 35.000,– DM, während K. nur in Höhe von 15.000,– DM haftet.

Beispiel 2 (Haftung für Verbindlichkeiten einer GmbH & Co KG):

Malermeister M. und sein langjähriger Geselle G. gründen eine GmbH mit einem Stammkapital von 50.000,– DM. Hiervon hat M. eine Stammeinlage von 35.000,– DM und G. eine Stammeinlage von 15.000,– DM übernommen.

Die GmbH wird nur zu dem Zweck gegründet, die Funktion der persönlich haftenden Gesellschafterin in der noch zu gründenden Kommanditgesellschaft zu übernehmen. Unmittelbar danach schließen M. und G. einen Kommanditgesellschaftsvertrag mit einer Kommanditeinlage des M. in Höhe von 50.000,– DM und einer Kommanditeinlage des G. in Höhe von 10.000,– DM.

Gleichzeitig wird die zuvor gegründete GmbH als persönlich haftende Gesellschafterin – mit dem auf 50.000,– DM beschränkten Stammkapital – in die Kommanditgesellschaft aufgenommen.

Bei Verschuldung der GmbH & Co KG ergeben sich für die beiden Beteiligten M. u. G. folgende Haftungsverpflichtungen:

M. haftet als Kommanditist in Höhe seiner Kommanditeinlage also bis zu 50.000,– DM. Ferner haftet er in seiner Eigenschaft als Gesellschafter der Komplementär-GmbH in Höhe seiner dortigen Einlage von 35.000,– DM, insgesamt also mit einem Betrag von 85.000,– DM.

G. haftet als Kommanditist in Höhe seiner Kommanditeinlage von 10.000,– DM, ferner als Gesellschafter der Komplementär-GmbH in Höhe seiner dortigen Einlage von 15.000,– DM, insgesamt also mit einem Betrag von 25.000,– DM.

Bei Gründung einer GmbH & Co KG bedarf der Gesellschaftsvertrag der KG nicht der notariellen Beurkundung, während der GmbH-Vertrag der Komplementär-GmbH beurkundet werden muß.

Es ist zweckmäßig, zunächst die GmbH zu gründen und diese in die anschließend gegründete KG als persönlich haftende Gesellschafterin aufzunehmen.

Die Eintragung der GmbH § Co KG in die Handwerksrolle kann erfolgen, wenn die Komplementär-GmbH einen Betriebsleiter mit Meister-Qualifikation im Sinne des § 7 HandwO aufweist.

Bei der Anmeldung einer neu gegründeten GmbH mit einem Stammkapital von 50.000,– DM muß der Geschäftsführer gegenüber dem Handelsregister versichern, daß mindestens 25.000,– DM voll eingezahlt sind und endgültig der Gesellschaft zur freien Verfügung stehen.

GmbH, GmbH & Co KG

Bei der Gründung einer Einmann-Gesellschaft mit einem Stammkapital von 50.000,– DM muß ferner der Nachweis geführt werden, daß der alleinige Gesellschafter bezüglich der restlichen 25.000,– DM des Stammkapitals eine geeignete Sicherheit gestellt hat.

Besondere gesetzliche Vorschriften gelten nunmehr für den Geschäftsführer einer GmbH. Dieser muß bei der Anmeldung gegenüber dem Handelsregister versichern, daß er in den letzten 5 Jahren nicht wegen eines Konkursdelikts bestraft wurde und ihm ferner nicht durch Gerichts- oder Verwaltungsbehörde die Ausübung eines Berufs oder Berufszweiges, Gewerbes oder Gewerbezweiges untersagt worden ist.

Hausverwaltung
(Auftragserteilung durch einen Hausverwalter)

Die Erteilung eines Handwerksauftrages durch einen Hausverwalter ist rechtlich nicht unproblematisch und hat schon häufig Anlaß zu Rechtsstreitigkeiten gegeben.

Für den Auftragnehmer geht es um die Frage, wer als sein Vertragspartner in Betracht kommt und von wem er seine Handwerkerrechnung bezahlt verlangen kann. Der Hausverwalter hat zwar den Auftrag erteilt, aber der Eigentümer des Hauses zieht den Nutzen aus der geleisteten Arbeit und er ist auch letzten Endes für sämtliche Arbeiten, die an seinem Haus vorgenommen werden, finanziell verantwortlich.

Die Frage nach dem Vertragspartner des Auftragnehmers ist einfach zu beantworten:

Vertragspartner und damit für die Bezahlung der Werklohnforderung verantwortlich ist in jedem Fall der Hausverwalter. Voraussetzung ist jedoch, daß dieser den Auftrag in *eigenem Namen* erteilt, wozu er durch seinen Hausverwalter-Vertrag in der Regel ermächtigt ist.

Beispiel:

Klempnermeister K. erhält vom Hausverwalter H. den Auftrag, am Hause des Hauseigentümers E. die Dachrinne zu erneuern. Nach Beendigung und Abnahme der Arbeiten übermittelt K. dem H. seine Rechnung. Dieser bezahlt nicht, so daß K. seine Forderung gegen H. einklagen muß. Im Prozeß wendet H. ein, er könne überhaupt nicht in Anspruch genommen werden, da er den Auftrag nur im Namen des Hauseigentümers E. erteilt habe.

In diesem Fall muß K. nachweisen, daß H. den Auftrag im eigenen Namen und nicht als Vertreter für E. erteilt hat (▶ *Beweislast*!).

Wird hingegen bei Auftragserteilung deutlich zum Ausdruck gebracht, daß der Vertrag nur in Vertretung, d. h. im Namen und für Rechnung eines bestimmten Hauseigentümers geschlossen wird, so ist der Hauseigentümer der eigentliche Vertragspartner. Auf ihn muß in diesem Fall die Rechnung ausgeschrieben werden und er ist für die Regulierung der Werklohnforderung verantwortlich.

Bei Erstaufträgen durch eine dem Handwerksbetrieb bisher noch unbekannte Hausverwaltung sollte sich der Auftragnehmer vergewissern, ob eine entsprechende Bevollmächtigung durch den Hauseigentümer vorliegt. Unter Umständen hat nämlich der Hausverwalter im Rahmen seines Hausverwalter-Vertrages gar nicht die Befugnis, insbesondere größere Aufträge zu vergeben. In diesem Fall muß sich der Auftragnehmer davon überzeugen, daß der Hausverwalter tatsächlich im Rahmen seiner Vollmacht gehandelt hat. Stellt sich heraus, daß der Hausverwalter seine Kompetenzen überschritten hat, oder gar der Hausverwalter-Vertrag bereits bei Auftragserteilung erloschen war, so handelt er als „Vertreter ohne Vertretungsmacht" und ist für die Bezahlung der Werklohnforderung allein und persönlich verantwortlich.

Erteilt hingegen ein Hausverwalter des öfteren für einen bestimmten Hauseigentümer Aufträge, so ist der Auftragnehmer nicht bei jeder Auftragserteilung verpflichtet, die Vertretungsbefugnis des Hausverwalters erneut zu überprüfen. Hier gilt dann der rechtliche Grundsatz der ▶ *Anscheinsvollmacht*. Der Auftragnehmer kann in diesem Fall davon ausgehen, d. h. er darf nach Treu und Glauben darauf vertrauen, daß der Hausverwalter auch die weiteren Aufträge in rechtswirksamer

Vertretungsbefugnis erteilt, so daß der Hauseigentümer für die Begleichung der Werklohnforderung verantwortlich ist.

In der Praxis werden die meisten Aufträge im eigenen Namen des Hausverwalters erteilt. Er ist somit auch persönlich und mit seinem Vermögen für die Begleichung der Rechnung verantwortlich. Kommt es zu einem Rechtsstreit, so ist der Hausverwalter und nicht der Hauseigentümer zu verklagen.

Es besteht keine Verpflichtung für den Auftragnehmer, den Hausverwalter bei der Auftragsverhandlung zu befragen, ob er den Auftrag in eigenem Namen oder nur in Vertretung des betreffenden Hauseigentümers erteilt. Die Entscheidung, ob der Auftrag eigenverantwortlich erteilt wird, liegt ausschließlich beim Hausverwalter. Wird in einem Rechtsstreit vom Hausverwalter bestritten, daß er den Auftrag im eigenen Namen erteilt hat, so ist der *Auftragnehmer* für diese Behauptung beweispflichtig.

Wichtig ist also bei Auftragserteilung – insbesondere wenn diese telefonisch (► *Telefonauftrag*) erfolgt – daß der Telefonnotizzettel einen besonderen Vermerk darüber enthält, daß der Hausverwalter den Auftrag im eigenen Namen erteilte und der Name des Hauseigentümers nicht genannt wurde und somit dem Auftragnehmer überhaupt nicht bekannt war.

Als zusätzliche Beweise für die eigenverantwortliche Auftragserteilung durch den Hausverwalter dienen auch Zahlungsbelege, aus denen sich ergibt, daß bereits frühere Rechnungen des Auftraggebers vom Konto des Hausverwalters reguliert worden sind.

Merksatz:
Bei Werkverträgen, die zwischen Auftragnehmer und Hausverwalter geschlossen werden, ist unbedingt darauf zu achten, ob die Auftragserteilung im eigenen Namen des Hausverwalters oder nur in Vertretung des betreffenden Hauseigentümers, dessen Name und Anschrift in diesem Fall vom Hausverwalter genannt werden müssen, erteilt wird.

Höhere Gewalt

Der Auftragnehmer trägt bis zur ▶ *Abnahme* die Gefahr der zufälligen Verschlechterung und des zufälligen Untergangs seiner Handwerksleistung. Ihm steht also in diesem Fall kein Vergütungsanspruch zu.

Beispiel:
Auftraggeber A. liefert Schneidermeister S. einen Stoff zur Anfertigung eines Maßanzugs. Der bereits zugeschnittene Anzugstoff wird bei S. gestohlen. In diesem Fall steht S. kein Vergütungsanspruch für die bereits geleistete Arbeit zu. Andererseits ist er gegenüber A. nicht verpflichtet, einen neuen Stoff zu besorgen oder Schadensersatz zu leisten.

Das relativ hohe Risiko des Auftragnehmers bezüglich seines Vergütungsanspruchs ist begründet in der Erfolgsbezogenheit des Werkvertrages. Bei zufälliger Verschlechterung oder Untergang des vom Auftraggeber gelieferten Materials beim Auftragnehmer entsteht also grundsätzlich kein Vergütungsanspruch für die geleistete Arbeit. Das Haftungsrisiko ist jedoch auf den Vergütungsanspruch beschränkt. Sofern den Auftragnehmer kein Verschulden trifft, ist er nicht verpflichtet, für das zufällig verschlechterte oder untergegangene Material des Auftraggebers Schadensersatz zu leisten.

Gegenüber diesem strengen Vergütungsrisiko bei BGB-Werkverträgen bringt die *VOB* unter Berücksichtigung der besonderen Verhältnisse im Bauwesen für die *Bauhandwerker* eine Besserstellung. Im Gegensatz zu den sonstigen Werkleistungen sind insbesondere die Bauleistungen wesentlich schlechter vor Gefahren, Beschädigungen oder Zerstörungen zu schützen. Das dadurch entstehende höhere Vergütungsrisiko wird durch Sondervorschriften der VOB gemindert.

In § 7 Ziff. 1 VOB/B ist geregelt:

Wird die Bauleistung vor der Abnahme durch höhere Gewalt, Krieg, Aufruhr oder andere unabwendbare, vom Auftragnehmer nicht zu vertretene Umstände beschädigt oder zerstört, so kann dieser für die ausgeführten Teile der Leistung seine Vergütung verlangen.

Höhere Gewalt ist ein von außen einwirkendes außergewöhnliches Ereignis, das unvorhersehbar ist und auch bei Anwendung äußerster Sorgfalt ohne Gefährdung des wirtschaftlichen Erfolges des Auftragnehmers nicht abgewendet weıden kann.

Schon geringstes eigenes Verschulden des Auftragnehmers bei der Entstehung des außergewöhnlichen Ereignisses schließt jedoch die höhere Gewalt aus. Ferner muß es sich um ein äußeres, d. h. also betriebsfremdes Ereignis handeln. Es darf also nicht in Zusammenhang mit der Handwerksleistung und den damit zusammenhängenden Gegebenheiten stehen.

In der Regel werden Fälle höherer Gewalt immer bei außergewöhnlichen Naturereignissen vorliegen, wie z. B. Erdbeben, Überschwemmung, Orkan, Blitzschlag.

Aber nicht nur Naturereignisse, sondern auch unvorhersehbare Handlungen dritter Personen, wie z. B. Brandstiftung, Explosion, Diebstahl und mutwillige Sachbeschädigung, gelten ebenfalls im weiteren Sinne als höhere Gewalt.

Doch nicht alle während der Bauzeit eintretenden ungünstigen Witterungseinflüsse können als höhere Gewalt angesehen werden. Starke Regenfälle, die z. B. Rohrleitungsgräben überfluten und Beschädigungen am halbfertigen Rohrleitungssystem hervorrufen, sind keine höhere Gewalt. Auch ein wolkenbruchartiger Regen zählt in diesem Fall zum Risiko des Auftragnehmers, so daß dieser den Schaden auf eigene Kosten beseitigen muß.

Ein Dachdecker muß insbesondere im Frühjahr oder Herbst mit größeren Windstärken rechnen. Sturm in der Stärke von 9 ist nicht ungewöhnlich. Es müssen deshalb z. B. bei der Neueindeckung eines Daches geeignete Schutzmaßnahmen getroffen werden, um die bereits erbrachten Teilleistungen vor Sturmschäden zu schützen.

Liegen die in § 7 Ziff. 1 VOB/B genannten Voraussetzungen der höheren Gewalt vor, so hat der Auftraggeber die Gefahr für den Untergang, die Beschädigung oder Verschlechterung der Handwerksleistung zu tragen, d. h. er muß dem Auftragnehmer die bis dahin erbrachte Leistung vergüten. Der Auftragnehmer bleibt ferner verpflichtet, die vereinbarte Handwerksleistung in vollem Umfang zu erbringen. Der Auftraggeber hat daher die beschädigten oder zerstörten Teile, die nochmals auszuführen sind, zusätzlich zu vergüten.

Beispiel:
Heizungsbaufirma H. hat im Neubau des Auftraggebers A. Heizkörper einer Zentralheizungsanlage bereits teilweise angebracht. Durch eine von H. nicht verschuldete Explosion auf der Baustelle werden zahlreiche bereits eingebaute Heizkörper beschädigt. H. kann in diesem Fall für die bisher erbrachte Leistung die volle Vergütung verlangen. Die Arbeiten zur Beseitigung des Schadens, Anschaffung neuer Heizkörper und deren Neuanbringung sind vom Auftraggeber A. zusätzlich zu vergüten.

Soweit jedoch Stoffe und Bauteile zerstört oder beschädigt werden, die noch nicht eingebaut sind, kann vom Auftragnehmer eine Entschädigung nicht verlangt werden.

Die vorstehenden Ausführungen zeigen eindeutig, welche Vorteile die VOB dem Auftragnehmer insbesondere bezüglich des Vergütungsrisikos vor Abnahme seiner Handwerksleistung bringt. Voraussetzung ist jedoch, daß die VOB bei Abschluß des Vertrages zwischen den Parteien vereinbart wird. Ferner hat der Auftragnehmer darauf zu achten, ob ggf. in Formularverträgen des Auftraggebers zwar die VOB vereinbart, die Vorschrift des § 7 VOB/B jedoch ausdrücklich ausgeschlossen ist. In diesem Fall trifft den Auftragnehmer auch bei Handwerksleistungen im Bauwesen das volle Vergütungsrisiko nach BGB-Recht!

Inkassobüro

Überträgt ein Handwerksbetrieb seine ausstehenden Forderungen einem Inkassobüro zur Eintreibung, so muß er auf folgende rechtliche Konsequenzen achten:

Die Kosten eines Inkassobüros sind nach herrschender Rechtssprechung nur bis zur Höhe von Rechtsanwaltskosten vom Schuldner (Auftraggeber) zu erstatten.

Manche Handwerksbetriebe beauftragen Inkassobüros in der Meinung, daß dadurch weniger Kosten als bei einem Rechtsanwalt entstehen.

Mit der Beauftragung eines Inkassobüros verpflichtet sich der Handwerksbetrieb, die dort entstehenden Kosten voll zu tragen. Liegen die Kosten über denen eines Rechtsanwalts, so hat der Schuldner nur die Kosten zu erstatten, die an einen Rechtsanwalt zu zahlen gewesen wären, den Rest muß also der Handwerksmeister aus der eigenen Tasche begleichen.

Noch ungünstiger wird die Situation, wenn zunächst ein Inkassobüro vergeblich die Beitreibung der Forderung versucht hat, und anschließend ein Rechtsanwalt mit der gerichtlichen Geltendmachung beauftragt wird. Hier besagt die Rechtsprechung eindeutig, daß vom Schuldner zusätzlich zu den Kosten eines Rechtsanwalts die Kosten eines Inkassobüros nicht zu erstatten sind.

Beispiel:
Dachdeckermeister D. hat eine fällige Werklohnforderung gegen Hauseigentümer H. in Höhe von 10.000,– DM. Nachdem sich H. bereits im Zahlungsverzug befindet, beauftragt D. ein Inkassobüro mit der Eintreibung der Forderung. Hierdurch entstehen Kosten in Höhe von ca. 500,– DM. Nachdem H. auf die Abmahnung des Inkassobüros nicht reagiert, muß der Forderungsbetrag schließlich durch einen Rechtsanwalt beim Landgericht eingeklagt werden. D. erhält in diesem Fall nur die Prozeßkosten, d. h. die Kosten des Rechtsanwalts sowie die verauslagten Gerichtskosten erstattet. Die Kosten des Inkassobüros muß er hingegen aus der eigenen Tasche bezahlen, denn diese sind aufgrund der Rechtsprechung nicht noch zusätzlich erstattungsfähig.

Wer also unbedingt mit einem Inkassobüro zusammenarbeiten will, sollte sich zuvor informieren, ob die Inkassogebühren die Kosten eines Rechtsanwalts übersteigen und er sollte sich darüber im klaren sein, daß die Tätigkeit eines Inkassobüros nur dann sinnvoll sein kann, wenn einiges dafür spricht, daß der Schuldner die Forderung ohne Einleitung gerichtlicher Maßnahmen bezahlen wird.

Kostenanschlag

Wird vom Auftragnehmer vor Abschluß eines Vertrages über Handwerksleistungen ein Kostenanschlag erstellt, so kommt es häufig zu Rechtsstreitigkeiten, wenn die Rechnungssumme höher ausfällt als der im Kostenanschlag ermittelte Angebotspreis. Für den Auftragnehmer entsteht dann die Frage, ob und ggf. in welchem Umfang er an die Preise seines Kostenanschlags gebunden ist.

Das Gesetz geht davon aus, daß der Kostenanschlag lediglich eine unverbindliche fachmännische Berechnung der voraussichtlichen Kosten bedeutet. Der Kostenanschlag ist somit, rechtlich gesehen, nur Geschäftsgrundlage und nicht Vertragsbestandteil des Werkvertrages.

An die im Kostenanschlag ermittelten Preise ist der Auftraggeber nur dann gebunden, wenn er einen sog. *verbindlichen* Kostenanschlag abgibt, bei dem die ermittelten Preise dem Auftraggeber durch besondere Vereinbarung garantiert werden müssen.

Andererseits darf auch bei einem unverbindlichen Kostenanschlag der nach Ausführung der Arbeiten ermittelte Preis von der Summe des Kostenanschlages nicht wesentlich abweichen. Wann eine Überschreitung wesentlich ist, wird im Zweifel der Richter ermitteln müssen. Eine Überschreitung von 15 bis 20 % kann je nach Lage des Falles noch als vertretbar angesehen werden. Maßgebend ist, ob der veranschlagte Endpreis überschritten ist, eine Abweichung in den Einzelpositionen ist ohne Belang.

Stellt ein Auftragnehmer während der Ausführung der Arbeiten fest, daß die Summe des Kostenanschlags wesentlich, d. h. um mehr als 15 bis 20 % überschritten wird, so ist er verpflichtet, dem Auftraggeber die voraussichtliche Überschreitung der Kosten mitzuteilen. Der Auftraggeber hat in diesem Fall das Recht, den Vertrag zu kündigen. Nach der Kündigung ist der Auftraggeber nur verpflichtet, die bisher geleisteten Arbeiten zu vergüten.

Unterläßt es der Auftragnehmer, die drohende wesentliche Überschreitung der Kosten dem Auftraggeber mitzuteilen, so macht er sich diesem gegenüber schadensersatzpflichtig.

Keine Überschreitung der Kostenanschlagsumme liegt vor, wenn der Auftragnehmer nachträglich in Auftrag gegebene Positionen berechnet und dadurch ein höherer Endpreis entsteht. Der Auftragnehmer ist in diesem Fall nicht verpflichtet, dem Auftraggeber die Überschreitung des Kostenanschlags anzuzeigen, er muß jedoch im Zweifel den Nachweis erbringen, daß ihm nachträglich und in Erweiterung des ursprünglichen Kostenangebots noch zusätzliche Positionen in Auftrag gegeben wurden.

Die Frage, ob der Auftragnehmer für die Anfertigung seines Kostenanschlags – insbesondere, wenn ihm anschließend der Auftrag nicht erteilt wird – eine besondere Vergütung verlangen kann, ist einfach zu beantworten:

Eine Vergütung für die Anfertigung seines Kostenanschlags kann der Auftragnehmer nur verlangen, wenn er diesbezüglich eine *vertragliche Vereinbarung* mit dem Auftraggeber getroffen hat.

Beispiel:
Hauseigentümer H. beauftragt die Malerfirma M. mit der Erstellung eines Kostenanschlags für die Renovierung von 10 Dreizimmerwohnungen in seinem Miethaus. Dazu ist zunächst ein Ortstermin erforderlich, um die Räume aufzumessen. Anschließend wird in mehrstündiger Arbeit der Kostenanschlag im Firmenbüro erstellt. Bereits bei den ersten Vertragsverhandlungen muß die Firma M. mit H. vereinbaren, daß für den Kostenanschlag eine angemessene Vergütung zu zahlen ist, falls es nicht zur Auftragserteilung kommt. Anderenfalls steht M. keinerlei Vergütungsanspruch für den Kostenanschlag zu, auch wenn dieser erheblichen Arbeit- und Unkostenaufwand verursacht hat.

Das vorstehende Beispiel zeigt eindeutig, wie wichtig es für jeden Handwerksbetrieb ist, bei umfangreichen und arbeitsaufwendigen Kostenanschlägen eine Preisvereinbarung für den Fall zu treffen, daß der Auftrag anschließend nicht erteilt wird.

Kündigung des Werkvertrages durch den Auftraggeber

Der Auftragnehmer ist grundsätzlich verpflichtet, die vertraglich vereinbarte Handwerksleistung in vollem Umfang zu erbringen und kann nur unter bestimmten Voraussetzungen vom Vertrag zurücktreten (vgl. ▶ *Kündigung des Werkvertrages durch den Auftragnehmer*), da er sich anderenfalls schadensersatzpflichtig macht.

Der Auftraggeber hingegen kann den Werkvertrag bis zur ▶ *Abnahme* der Handwerksleistung jederzeit, und zwar ohne Kündigungsfrist und ohne Angabe von Gründen, kündigen.

Dieses Kündigungsrecht des Auftraggebers folgt aus dem Wesen des Werkvertrages, da an der Herstellung des Werkes in der Regel nur der Besteller ein Interesse hat.

Kündigt der Auftraggeber den Werkvertrag, so ist der Auftragnehmer jedoch berechtigt, die vereinbarte Vergütung zu verlangen, und zwar ohne Rücksicht darauf, ob oder in welchem Umfang er zum Zeitpunkt der Kündigung seine Leistung bereits erbracht hat.

Die vom Auftraggeber geschuldete volle Vergütung vermindert sich jedoch um die Beträge, die der Auftragnehmer

a) infolge der Aufhebung des Vertrages an Aufwendungen erspart, oder

b) durch anderweitige Verwendung seine Arbeitskraft erwirbt, oder

c) zu erwerben böswillig unterläßt.

Die vorstehenden gesetzlichen Vorschriften bedeuten ganz allgemein, da der Auftragnehmer durch die Kündigung finanziell nicht schlechter, aber auch nicht besser gestellt werden soll, als wenn er die vertraglich vereinbarte Leistung durchgeführt hätte. Daraus ergeben sich im einzelnen folgende Konsequenzen:

Zu a):
Bei weiterer Durchführung des Vertrages wären dem Auftragnehmer Kosten entstanden, die er durch die Kündigung und den Abbruch der Arbeiten eingespart hat. Zu diesen Kosten gehören in erster Linie die eigentlichen Unkosten des gekündigten Werkvertrages, wie z. B. Materialkosten, Löhne, Gehälter und besondere Aufwendungen im Zusammenhang mit der Einrichtung und Unterhaltung der Baustelle. Allgemeine Geschäftsunkosten sowie alle Kosten im Handwerksbetrieb des Auftragnehmers, die unabhängig von der Kündigung des Vertrages ohnehin entstanden wären, sind nicht abzuziehen. Die eingesparten Kosten können sich ferner nur auf den im Zeitpunkt der Kündigung noch nicht fertiggestellten Leistungsteil beziehen. Das bereits angeschaffte Material ist vom Auftraggeber voll zu bezahlen.

Zu b):
Durch die Kündigung des Vertrages hat der Auftragnehmer u. U. die Möglichkeit, die eigene oder die Tätigkeit seiner Arbeitskräfte anderweitig gewinnbringend einzusetzen. Allerdings ist Voraussetzung, daß der Auftragnehmer gerade durch die Kündigung die Möglichkeit hatte, einen anderen Auftrag auszuführen. Konnte der Betrieb des Auftragnehmers neben dem gekündigten Auftrag zugleich noch weitere Aufträge ausführen, sind diese nicht anzurechnen. Der durch den sog. »Ersatzvertrag« erzielte Vermögenszuwachs ist somit von der Vergütung des gekündigten Werkvertrages abzuziehen.

Beispiel:
Hauseigentümer H. beauftragt Klempnermeister K. mit der Ausführung von Zinkarbeiten an seinem Neubau. Nachdem die Arbeiten etwa zu einem Drittel fertiggestellt sind, entzieht H. dem K. den Auftrag, ohne dafür Gründe anzugeben (z. B. weil die Baufinanzierung ins Stocken geraten ist). Der vereinbarte Auftragspreis beträgt 20.000,– DM. Wenn H. in diesem Fall nachweisen kann, daß K. unmittelbar nach der Kündigung des Vertrages mit den von der Baustelle abgezogenen Arbeitskräften einen anderen Auftrag ausgeführt hat, der ihm einen Gewinn von 8.000,– DM brachte, so muß er sich diesen Gewinn auf seinen Vergütungsanspruch gegenüber H. anrechnen lassen.

Zu c):
Abzuziehen ist ferner auch ein Gewinn, den der Auftragnehmer böswillig, d. h. in der Absicht, den Auftraggeber vorsätzlich zu schädigen, nicht erzielt hat.

Der vom Gesetzgeber aufgestellte Grundsatz, daß der Auftragnehmer den vollen Vergütungsanspruch unter Berücksichtigung der vorstehenden Grundsätze (Buchst. a) bis c)) verlangen kann, ist abdingbar, d. h. die Vertragsparteien können anderweitige Regelungen treffen. Auch hier sollte also der Auftragnehmer die ihm z. B. bei größeren Bauleistungsverträgen zur Unterschrift vorgelegten Formularverträge und dazugehörigen Geschäftsbedingungen sorgfältig durchlesen. Rechtlich zulässig ist z. B. die vertragliche Vereinbarung, daß der Auftraggeber im Falle der Kündigung des gesamten Vertrages dem Auftragnehmer nur die bis zur Kündigung geleisteten Arbeiten zu vergüten hat. Andererseits sind eine vertragliche Vereinbarung oder auch Allgemeine Geschäftsbedingungen nichtig, wenn sie dem Auftragnehmer bei Kündigung den vollen Vergütungsanspruch ohne Rücksicht auf die erbrachten Leistungen und ohne Anrechnung ersparter Unkosten und eines anderweitigen Gewinns zubilligen.

Bei *VOB-Verträgen* muß die Kündigung des Werkvertrages durch den Auftraggeber aufgrund der zwingenden Vorschrift des § 8 Ziff. 5 VOB/B *schriftlich* erfolgen. Eine im Rahmen eines VOB-Vertrages vom Auftraggeber mündlich ausgesprochene Kündigung ist daher rechtlich unwirksam.

Die vorstehenden Ausführungen gelten selbstverständlich nur für den Fall, daß der Auftragnehmer durch sein Verhalten dem Auftraggeber keine Veanlassung zur Kündigung des Vertrages gegeben hat.

Völlig anders ist jedoch die rechtliche Situation zu beurteilen, wenn der Werkvertrag vom Auftraggeber aus wichtigem Grund gekündigt wird. Hat der Auftragnehmer durch ein den Vertragszweck gefährdendes Verhalten Anlaß zur Kündigung des Werkvertrages gegeben, so kann er allenfalls die vereinbarte Vergütung für den bisher erbrachten Leistungsteil verlangen.

Bei VOB-Verträgen kann der Auftraggeber den Vertrag – aus *wichtigem Grund* – kündigen, wenn

a) der Auftragnehmer seine Zahlungen einstellt, das Vergleichsverfahren beantragt oder in Konkurs gerät;

b) der Auftragnehmer der Pflicht zur Beseitigung von Mängeln, die bereits vor Abnahme der Leistungen aufgetreten sind und zu deren Beseitigung der Auftraggeber eine angemessene Frist gesetzt hatte, nicht nachkommt;

c) der Auftragnehmer den Beginn der Ausführung verzögert oder mit der Vollendung seiner Handwerksleistung in Verzug gerät, nachdem ihm der Auftraggeber zuvor eine angemessene Frist zur Vertragserfüllung gesetzt hat.

Beispiel:

Klempnermeister K. erhält vom Hauseigentümer H. den Auftrag zur Ausführung von Zinkarbeiten (Dachrinne, Regenrohre etc.) an dessen Neubau.

K. setzt nur unqualifizierte Hilfskräfte ein, so daß die Arbeiten von Anfang an fehlerhaft ausgeführt werden.

H. fordert sofort schriftlich zur Nachbesserung auf und kündigt schließlich den Auftrag aus wichtigem Grund.

Grundsätzlich hat K. in diesem Fall einen Vergütungsanspruch in Höhe der bis zur Kündigung erbrachten Leistungen. Wenn diese jedoch insgesamt fehlerhaft sind und durch eine andere Firma nachgebessert werden müssen, so steht K. überhaupt keine Vergütung zu.

Nach der Entziehung des Auftrages ist der Auftraggeber berechtigt, den noch nicht vollendeten Teil der Leistung zu Lasten des Auftragnehmers durch einen Dritten ausführen zu lassen. Daneben bleiben seine Ansprüche auf Ersatz des etwa entstehenden weiteren Schadens bestehen. Der Auftraggeber ist aber auch berechtigt, auf die weitere Ausführung zu verzichten und Schadensersatz wegen Nichterfüllung zu verlangen, wenn die Ausführung aus den Gründen, die zur Entziehung des Auftrages geführt haben, für ihn kein Interesse mehr hat.

Die Kündigung des Werkvertrages aus wichtigem Grund muß vom Auftraggeber schriftlich erklärt werden. Ist der Werkvertrag rechtswirksam gekündigt worden, so kann der Auftragnehmer Aufmaß und Abnahme der von ihm ausgeführten Leistungen alsbald nach der Kündigung verlangen. Er hat seinerseits unverzüglich eine prüfbare Rechnung über die ausgeführten Leistungen vorzulegen.

Kündigung des Werkvertrages durch den Auftragnehmer

Während der Auftraggeber den Vertrag jederzeit und ohne Angabe von Gründen kündigen kann (▶ *Kündigung des Werkvertrages durch den Auftraggeber*), steht dem Auftragnehmer nur unter bestimmten Voraussetzungen ein Kündigungsrecht zu.

Bei Werkverträgen, insbesondere im Bauleistungsgewerbe, hat der Auftraggeber mitunter bestimmten Mitwirkungspflichten zu erfüllen.

Einige **Beispiele** der Mitwirkungspflicht des Auftraggebers:

Sicherstellen der Finanzierung des Bauvorhabens,

rechtzeitige Übergabe von Ausführungsunterlagen,

Herbeiführung der öffentlich-rechtlichen Genehmigungen,

Aufrechterhaltung der allgemeinen Ordnung auf der Baustelle,

vertraglich übernommene Verpflichtung der Materiallieferung.

Verletzt der Auftraggeber die ihm vertraglich obliegenden Mitwirkungspflichten und wird dadurch für den Auftragnehmer die Durchführung des Auftrages unzumutbar, so kann er seinerseits den Vertrag fristlos kündigen. Zuvor hat er jedoch dem Auftraggeber eine angemessene Frist zur Erfüllung der Mitwirkungspflicht zu setzen. Die Erklärung muß ferner erkennen lassen, daß nach ergebnislosem Ablauf der Frist der Vertrag als aufgehoben gilt. Bei dieser eindeutigen Formulierung bedarf es keiner besonderen Kündigungserklärung nach Ablauf der Nachfrist, d. h. der Vertrag gilt als aufgehoben, wenn der Auftraggeber die von ihm verlangten Leistungen innerhalb der Frist nicht nachholt.

Ein Kündigungsrecht steht dem Auftragnehmer insbesondere auch dann zu, wenn der Auftraggeber mit bereits fälligen Teilzahlungen in Verzug gerät. Ist z. B. in einem Werkvertrag vereinbart, daß ein Drittel der Auftragssumme 10 Tage nach Auftragserteilung zu zahlen ist, so gerät der Auftraggeber mit der Zahlung in Verzug, wenn er nach Ablauf der vereinbarten Zahlungsfrist vom Auftragnehmer abgemahnt wird. Der Auftragnehmer hat nach Eintritt des Zahlungsverzuges das Recht, dem Auftraggeber eine angemessene Nachfrist zur Zahlung zu setzen, kann aber gleichzeitig ankündigen, daß er den Vertrag nach ergebnislosem Ablauf der Nachfrist kündigen werde.

Auch bei *VOB-Verträgen* kann der Auftragnehmer unter folgenden Voraussetzungen den Vertrag kündigen:

a) Wenn der Auftraggeber eine ihm obliegende Handlung unterläßt und dadurch den Auftragnehmer außerstand setzt, die Leistung auszuführen,

b) wenn der Auftraggeber eine fällige Zahlung nicht leistet oder sonst in Schuldnerverzug gerät.

Im Gegensatz zum BGB-Werkvertrag gilt der Vertrag bei Vereinbarung der VOB nach Ablauf der dem Auftraggeber gesetzten Nachfrist nicht als aufgehoben, sondern es bedarf noch einer besonderen Kündigung, die in jedem Fall *schriftlich* zu erfolgen hat. Die Schriftform der Kündigung ist bei VOB-Verträgen nicht nur eine Formvorschrift, sondern eine echte Wirksamkeitsvoraussetzung.

Bei Verträgen, die nicht den Vorschriften der VOB unterliegen, gilt hingegen der Vertrag als aufgehoben, wenn die Nachfrist abgelaufen ist. Bei der Nachfristsetzung muß jedoch der Auftragnehmer unter allen Umständen darauf hinweisen, daß er den Vertrag kündigen werde.

Nach wirksam erfolgter Kündigung kann der Auftragnehmer die Vergütung für die bisher von ihm erbrachten Leistungen verlangen. Dabei werden die vertraglich vereinbarten Preise zugrunde gelegt. Außerdem gewährt das Gesetz dem Auftragnehmer einen Anspruch auf angemessene Entschädigung. Dieser Anspruch ist rechtlich nicht als Schadensersatzanspruch, sondern als Abfindung zu werten. Er soll den Auftragnehmer dafür entschädigen, daß er Arbeitskraft und Kapital bereitgehalten hat, und daß durch den vorzeitigen Abbruch der Arbeit die zeitliche Disposition des Handwerksbetriebes durchkreuzt und die Erwartung hinsichtlich des Gesamtgewinns zerstört worden ist.

Die Höhe der Entschädigung bestimmt sich einerseits nach der Dauer des Verzuges und der Höhe der vereinbarten Vergütung, andererseits nach demjenigen, was der Auftragnehmer infolge des Verzuges an Aufwendungen erspart oder durch anderweitige Verwendung seiner Arbeitskräfte erwerben kann.

Beispiel:
Heizungsbaufirma H. hat mit dem Hauseigentümer E. einen Vertrag über den Einbau einer Zentralheizungsanlage geschlossen. Es wurde ein Gesamtpreis von 45.000,– DM vereinbart. Die Werklohnforderung sollte in drei Raten von je 15.000,– DM gezahlt werden. Nachdem E. bereits mit der 1. Zwischenzahlung in Verzug geriet, kündigte H. den Vertrag.

H. kann in diesem Fall die Vergütung für die bisher erbrachten Leistungen und das angeschaffte Material (soweit er dieses nicht auf einer anderen Baustelle einbaut!) verlangen. Ferner kann er einen angemessenen Abfindungsbetrag für den entgangenen Gewinn beanspruchen.

Leistungsbeschreibung

Bei der Leistungsbeschreibung handelt es sich um einen Fachbegriff aus dem Bauwesen. Wenn ein Auftraggeber (Bauherr) für sein geplantes Bauobjekt Angebote einholt, so muß er den sich bewerbenden Bau- und Handwerksfirmen eine genaue Beschreibung der von ihm verlangten Bauleistungen übermitteln.

Aufgrund dieser, nach den verschiedenen Gewerken getrennten, Leistungsbeschreibungen können die Bewerber ihre Angebotsunterlagen ausarbeiten und insbesondere ihre Preisangebote abgeben. Hat ein Bewerber den Auftrag erhalten, so bildet die Leistungsbeschreibung in Form des Leistungsverzeichnisses in der Regel die Grundlage des Werkvertrages und damit auch die Grundlage für den Vergütungsanspruch des Auftragnehmers.

Die wesentlichen rechtlichen Grundlagen der Leistungsbeschreibung und des Leistungsverzeichnisses sind in § 9 VOB/A aufgeführt. Wegen ihrer grundsätzlichen Bedeutung sind diese Vorschriften auch auf Verträge ohne VOB-Geltung entsprechend anzuwenden.

Der allgemeine Grundsatz für die Leistungsbeschreibung lautet:

> »Die Bau (Handwerks-)leistung soll so eindeutig und erschöpfend beschrieben sein, daß alle Bewerber die Beschreibung im gleichen Sinne verstehen müssen und ihre Preise sicher und ohne umfangreiche Vorarbeiten berechnen können.«

Um diese Forderung zu erfüllen, hat der Auftraggeber bzw. der von ihm beauftragte Architekt oder Ingenieur gründliche Vorarbeit zu leisten, denn unklare und nicht vollständige Leistungsverzeichnisse führen mit Sicherheit zu Unzuträglichkeiten und sogar Rechtsstreitigkeiten.

Werden vom Auftraggeber bzw. dessen Beauftragten in der Leistungsbeschreibung schuldhaft unrichtige Angaben gemacht oder erhebliche Umstände bewußt verschwiegen, so macht sich der Auftraggeber gegenüber dem Auftragnehmer wegen »*Verschuldens bei Vertragsabschluß*« schadensersatzpflichtig. Der Auftragnehmer kann ferner einen bereits abgeschlossenen Vertrag, der auf einer vom Auftraggeber schuldhaft unrichtig abgegebenen Leistungsbeschreibung beruht, wegen Irrtums oder arglistiger Täuschung anfechten und auch dabei den ihm entstandenen Schaden ersetzt verlangen. Etwas anders ist die Situation, wenn die Leistungsbeschreibung die wesentlichen Umstände für den Bewerber erkennbar nur lückenhaft angibt. In diesem Fall stehen dem Auftragnehmer keine Schadensersatzansprüche zu, da er aufgrund seiner Fachkenntnisse die Lückenhaftigkeit der Leistungsbeschreibung erkennen, und die Zweifelsfragen noch vor Abgabe seines Angebots mit dem Auftraggeber klären kann.

Es ist nicht notwendig, daß alle technischen Einzelheiten der auszuführenden Leistungen beschrieben werden, denn dies kann dem fachkundigen Handwerksbetrieb überlassen werden. Erforderlich ist jedoch, daß die Leistungsbeschreibung alle notwendigen technischen Angaben enthält, um die verlangte Leistung ausreichend zu kennzeichnen.

Die Leistungsbeschreibung erfolgt nach der Vorschrift des § 9 VOB/A in Form der allgemeinen Baubeschreibung und des Leistungsverzeichnisses. Die Baubeschreibung soll eine allgemeine Übersicht über die gewünschte Bau(Handwerks-)leistung enthalten. Man kann sie als eine Art Vorbemerkung zum Leistungsverzeichnis bezeichnen.

Das *Leistungsverzeichnis* hingegen ist eine Art Liste, welche die einzelnen Positionen der geforderten Leistung enthält. Diese Einzelpositionen müssen so eindeutig und vollständig beschrieben sein, daß der Bewerber seine Angebotspreise einwandfrei ermitteln und einsetzen kann.

Bei der Beschreibung der Leistung sind die verkehrsüblichen Bezeichnungen anzuwenden und ggf. die einschlägigen Normen (DIN-Bezeichnungen) zu benennen. Innerhalb des Leistungsverzeichnisses ist die Leistung derart aufzugliedern, daß unter einer Ordnungszahl (Position) nur solche Leistungen aufgenommen werden, die nach ihrer technichen Beschaffenheit und für die Preisbildung als in sich gleichartig anzusehen sind.

§ 9 VOB/A enthält ferner noch eine Reihe weiterer wichtiger Merkmale, die bei der Aufstellung eines Leistungsverzeichnisses zu beachten sind, wie z. B. Bodenverhältnisse, besondere Verhältnisse der Baustelle, Kosten für die Einrichtung und Räumung größerer Baustellen etc. Es ist deshalb zu empfehlen, bei Entgegennahme einer Leistungsbeschreibung anhand des VOB-Textes zu überprüfen, ob im konkreten Einzelfall sämtliche im Vertrag und bei der Preisgestaltung zu berücksichtigenden Umstände in der Leistungsbeschreibung berücksichtig wurden.

Leistungsverweigerungsrecht des Auftraggebers

Wenn die vom Auftragnehmer ausgeführte Handwerksleistung Mängel aufweist und somit dem Auftraggeber ein Mängelbeseitigungsanspruch zusteht, so kann dieser die Bezahlung der Vergütung so lange verweigern, bis die Nachbesserung durchgeführt ist.

Das Leistungsverweigerungsrecht gilt somit als Druckmittel für den *Auftraggeber*, eine möglichst schnelle und ordnungsgemäße Nachbesserung durchzusetzen. Allerdings kann der Auftraggeber nicht die Zahlung der *gesamten* Vergütung verweigern. Der Kostenaufwand für die Mängelbeseitigung und die Höhe der einbehaltenen Zahlung müssen in einem gewissen Verhältnis zueinander stehen.

Beispiel:
Auftraggeber A. schuldet Auftragnehmer B. einen Gesamtwerklohnbetrag von 8.000,– DM. Für die Beseitigung einiger Mängel sind ca. 1.000,– DM aufzuwenden. Hier kann A. nicht etwa die Zahlung der gesamten 8.000,– DM bis zur Nachbesserung verweigern. Nach der Rechtssprechung ist er allerdings berechtigt, einen etwas höheren Betrag als den tatsächlichen Aufwand für die Mängelbeseitigung einzubehalten. Etwa 1.500,– DM bis 3.000,– DM kann daher im vorliegenden Fall A. bis zur ordnungsgemäßen Mängelbeseitigung einbehalten.

Das Leistungsverweigerungsrecht entfällt, wenn die Mängel vom Auftragnehmer ordnungsgemäß beseitigt worden sind. Da der Auftragnehmer nicht nur eine Nachbesserungspflicht, sondern auch ein Nachbesserungsrecht hat, entfällt das Leistungsverweigerungsrecht des Auftraggebers auch dann, wenn er dem Auftragnehmer keine Gelegenheit zur Nachbesserung gibt oder diese sogar verweigert.

Beispiel:
Auftragnehmer M. hat an den von ihm ausgeführten Malerarbeiten einige Nachbesserungen auszuführen. M. hat dem Auftraggeber A. bereits zwei Termine zur Durchführung der Nachbesserungsarbeiten mitgeteilt, die beide von A. grundlos abgelehnt wurden. In diesem Fall kann man davon ausgehen, daß A. bezüglich seiner Mitwirkungspflicht im Verzug ist, bzw. die Nachbesserung überhaupt ablehnt, so daß er gegenüber dem Vergütungsanspruch des M. nun kein Leistungsverweigerungsrecht mehr geltend machen kann.

Die gesetzlichen Vorschriften über das Leistungsverweigerungsrecht sind vertraglich abdingbar. Insbesondere bei Bauleistungsverträgen wird deshalb das Leistungsverweigerungsrecht des Auftraggebers häufig vertraglich ausgeschlossen.

Nach Inkrafttreten des Gesetzes über die Allgemeinen Geschäftsbedingungen (*AGB-Gesetz*) ist der Ausschluß des Leistungsverweigerungsrechts in Formular-Verträgen oder allgemeinen Geschäftsbedingungen des Auftragnehmers nicht mehr zulässig (▶ *Allgemeine Geschäftsbedingungen*).

Der Auftraggeber kann das Leistungsverweigerungsrecht sogar noch dann geltend machen, wenn seine Gewährleistungsansprüche gegenüber dem Auftragnehmer bereits verjährt sind. Voraussetzung ist allerdings, daß er den Mangel bereits vor Ablauf der Gewährleistungsfrist angezeigt oder die Mängelanzeige an den Auftragnehmer abgesandt hat. Das gleiche gilt, wenn der Auftraggeber noch vor Ablauf der Gewährleistungsfrist ein gerichtliches ▶ *Beweissicherungsverfahren* eingeleitet hat.

Beispiel:
Zwei Wochen vor Ablauf einer zweijährigen Gewährleistungsfrist tritt an der von der Heizungsbaufirma H. installierten Zentralheizungsanlage ein Mangel auf. Hauseigentümer A. schickt sofort eine schriftliche Mängelanzeige an A. ab. Ist die Handwerkerrechnung noch nicht oder nur teilweise bezahlt, kann A. auch nach Ablauf der Gewährleistungsfrist bis zur ordnungsgemäßen Nachbesserung sein Leistungsverweigerungsrecht geltend machen.

Mängel

Der Auftragnehmer hat die vertraglich vereinbarten Handwerksleistungen so zu erbringen, daß sie »*nicht mit Fehlern behaftet sind, die den Wert oder die Tauglichkeit zu dem gewöhnlichen oder dem nach dem Vertrag vorausgesetzten Gebrauch aufheben oder mindern.*«

Soweit die gesetzliche Definition des Mängelbegriffs, der durch einige Beispiele noch etwas erläutert werden soll.

Fehler können entweder an der Handwerksleistung selbst oder an dem eingebauten oder verarbeiteten Material auftreten.

Beispiel:
Klempnermeister K. soll an einem Altbau die Dachrinne erneuern. Die einzelnen Dachrinnenteile werden unsachgemäß verlötet, so daß sich innerhalb kurzer Zeit undichte Stellen (sog. Leckagen) bilden.

In diesem Fall ist nicht das Material fehlerhaft, sondern die Arbeiten wurden mangelhaft ausgeführt – der Auftragnehmer ist zur Nachbesserung verpflichtet. In der Regel wird man auch davon ausgehen können, daß die fehlerhaft ausgeführte Handwerksleistung vom Auftragnehmer zu vertreten ist, so daß dem Auftraggeber nach ergebnislosem Ablauf der Nachbesserungsfrist Gewährleistungsansprüche wie ▶ *Minderung*, ▶ *Wandlung* oder ▶ *Schadensersatz wegen Nichterfüllung* zustehen.

In vielen Fällen kann der Inhaber eines Handwerksbetriebes eine fehlerhafte Arbeitsleistung schon von vornherein dadurch vermeiden, daß er sorgfältig auswählt, welcher Mitarbeiter seines Betriebes die betreffende Handwerksleistung ausführt. Der Einsatz von Lehrlingen und Hilfskräften darf nicht wahllos und keinesfalls ohne gleichzeitige Anwesenheit eines facherfahrenen Gesellen oder Meisters erfolgen. Ein großer Teil der fehlerhaft ausgeführten Arbeiten wird von nicht genügend ausgebildeten oder fachlich unerfahrenen Arbeitskräften verursacht.

Der Auftragnehmer haftet jedoch nicht nur für die Qualität der ausgeführten Arbeiten, sondern auch für das verarbeitete oder eingebaute Material.

Beispiel:
Vom Installationsbetrieb I. wird in einem Einfamilienhaus ein von I. geliefertes Gas-Warmwassergerät angeschlossen. Die Installationsarbeiten sind ordnungsgemäß ausgeführt. Durch vorzeitige Materialermüdung tritt jedoch nach 1/4 Jahr am Brenner des Gerätes ein Mangel auf, so daß das Gerät völlig ausfällt.

Auch in diesem Fall ist der Auftragnehmer, obwohl er seinerseits ordentliche Arbeit geleistet hat, zur Nachbesserung verpflichtet, und kann den Auftraggeber wegen der geltend gemachten Gewährleistungsansprüche nicht etwa an den Produzenten bzw. das Herstellerwerk des defekten Materials oder Aggregates verweisen, denn zwischen dem Herstellerwerk und dem Auftraggeber bestehen keinerlei Vertragsbeziehungen.

Nur in Ausnahmefällen, wenn z. B. das Herstellerwerk eine Fehlkonstruktion auf den Markt gebracht hat oder falsche Einbauanweisungen herausgegeben wurden, kann sich der Auftraggeber wegen des ihm entstandenen Schadens direkt an das Herstellerwerk halten.

Rechtlich kompliziert wird es für den Handwerksbetrieb insbesondere dann, wenn z. B. ein Materialfehler erst nach einem Jahr auftritt. Handelt es es sich um einen Defekt am Gerät, der nicht durch unsachgemäße Benutzung entstanden ist, so ist der Auftragnehmer auch noch zu diesem Zeitpunkt (nach VOB/B bis zu 2 Jahren, nach BGB-Recht u. U. sogar bis zu 5 Jahren!) zur Nachbesserung verpflichtet.

Die Gewährleistungsfrist im Rahmen des zwischen dem Handwerksbetrieb und dem Herstellerwerk (oder Großhändler) abgeschlossenen Kaufvertrages über das fehlerhafte Material (z. B. das oben genannte Warmwassergerät) war jedoch nach gesetzlichen Vorschriften schon nach 6 Monaten abgelaufen. Rechtlich wäre in diesem Fall der Hersteller nicht mehr verpflichtet, das defekte Gerät oder Teile desselben auszutauschen. In der Praxis wird es jedoch kaum einen namhaften Hersteller geben, der ein nachweisbar fehlerhaftes Stück seiner Serienprodukion nicht auch noch nach Ablauf der kurzen sechsmonatigen Verjährungsfrist austauscht.

Einige Herstellerwerke haben ferner mit Zentralverbänden verschiedener Handwerksinnungen sog. Gewährleistungsvereinbarungen abgeschlossen, wonach der Hersteller dem Handwerksbetrieb in der Regel für die Dauer von 2 Jahren (VOB Gewährleistungsfrist), in einigen Fällen sogar bis zu 5 Jahren (falls BGB-Recht mit 5-jähriger Gewährleitungsfrist in Betracht kommt) Schäden ersetzt, die dem Auftragnehmer durch den Einbau eines mangelhaften Produkts entstanden sind.

Es werden z. B. folgende Gewährleistungsverpflichtungen vom Herstellerwerk übernommen:

a) Kostenlose Ersatzlieferung der für die Behebung des Schadens notwendigen Teile.

b) Übernahme der notwendigen Aus- und Einbaukosten einschl. der Kosten für die Wiederherstellung des ursprünglichen Gebäudezustandes und Übernahme der sonstigen unmittelbaren Folgeschäden bis zu einem Höchstbetrag von DM 20.000,– je Schadensfall.

Beispiel:
Installationsfirma I. verlegt im Hause des Auftraggebers A. für die Wasserversorgung Rohre der Herstellerfirma H.

Nach 1 1/2 Jahren platzt ein Wasserrohr aufgrund vorzeitiger Materialermüdung und im Hause des A. entsteht ein erheblicher Wasserschaden.

Aufgrund einer bestehenden Gewährleistungsvereinbarung ersetzt das Herstellerwerk das defekte Material, übernimmt sämtliche Kosten des Aus- und Einbaus, worunter auch die Kosten der Maurer- und Malerarbeiten für die einwandfreie

Wiederherstellung des baulichen Zustandes des Hauses zu verstehen sind. Wenn ferner durch den Wasseraustritt ein wertvoller Perserteppich total beschädigt und wertlos geworden ist, haftet die Herstellerfirma aufgrund der Gewährleistungsvereinbarung auch für diesen sog. unmittelbaren Folgeschaden.

Einige Hersteller behalten sich jedoch vor, die aufgetretenen Schäden selbst zu beseitigen.

Es ist deshalb für den Handwerksbetrieb unbedingt erforderlich, bei einem Materialschaden zunächst beim Herstellerwerk oder seiner betreffenden Handwerkerinnung in Erfahrung zu bringen, ob entsprechende Gewährleistungsvereinbarungen bestehen und was in Bezug auf die Nachbesserung im einzelnen zu beachten ist.

Für den Fachbereich Sanitär-Heizung-Klima hat der Zentralverband Sanitär-Heizung-Klima eine Zusammenstellung der mit verschiedenen Herstellerfirmen geschlossenen Gewährleistungsvereinbarungen herausgegeben.

Die einzelnen Gewährleistungsvereinbarungen werden von den Innungen oder dem Herstellerwerk auf Anforderung zur Verfügung gestellt.

Mängelbeseitigung

Der Auftragnehmer hat die vertraglich vereinbarte Handwerksleistung so zu erbringen, daß sie die zugesicherten Eigenschaften hat, den anerkannten Regeln der Technik entspricht und nicht mit Fehlern behaftet ist, die den Wert oder die Tauglichkeit des hergestellten Werks aufheben oder mindern.

Tritt während der Ausführung der Arbeiten oder nach der Abnahme, innerhalb der gesetzlichen oder vertraglich vereinbarten Gewährleistungsfrist, ein Mangel auf, so ist der Auftragnehmer zur Mängelbeseitigung (Nachbesserung) verpflichtet.

Bei dem Anspruch des Auftraggebers auf Mängelbeseitigung kommt es lediglich darauf an, ob ein Mangel objektiv vorhanden ist. Ob der Mangel vom Auftragnehmer zu vertreten, d. h. also verschuldet worden ist, spielt hierbei keine Rolle. Wenn z. B. ein Mangel durch vorzeitige

Materialermüdung eintritt, ohne daß der Auftragnehmer bei Ausführung der Arbeiten einen Materialfehler erkennen konnte, so ist er zur Nachbesserung, notfalls Auswechselung des fehlerhaften Materialstücks, verpflichtet.

Der Auftragnehmer hat nicht nur die Pflicht, sondern auch das *Recht*, die Mängel seiner Handwerksleistung selbst zu beseitigen. Zunächst muß der Auftraggeber schriftlich oder mündlich (auch telefonische Mängelrüge genügt) dem Auftragnehmer mitteilen, daß ein oder mehrere Mängel aufgetreten sind (▶ *Mängelrüge*). Gleichzeitig muß dem Auftragnehmer eine angemessene Frist zur Mängelbeseitigung eingeräumt werden. Innerhalb dieser Frist hat der Auftragnehmer nunmehr Gelegenheit, den Mangel zu beseitigen, wobei es ihm zu überlassen ist, auf welche Weise er die Nachbesserung durchführt.

Der Auftragnehmer ist jedoch nicht in jedem Fall und unter allen Umständen zur Mängelbeseitigung verpflichtet. So ist er z. B. berechtigt, die Mängelbeseitigung zu verweigern, wenn sie einen unverhältnismäßig hohen Aufwand erfordert. Eine Nachbesserung wird z. B. immer dann abzulehnen sein, wenn Arbeit und Kosten der Mängelbeseitigung in keinem vernünftigen Verhältnis zu der damit erzielten Besserung stehen. In diesem Fall ist zwar der Auftragnehmer von seiner Nachbesserungspflicht befreit, er muß sich jedoch u. U. gefallen lassen, daß der Auftraggeber nunmehr Gewährleistungsansprüche, wie z. B. ▶ *Wandlung,* ▶ *Minderung* oder ▶ *Schadensersatz* geltend macht. In Anbetracht dieser Rechtssituation sollte der Auftragnehmer unter allen Umständen das ihm zustehende Nachbesserungsrecht ausnutzen.

Das Recht des Auftragnehmers auf Mängelbeseitigung erlischt, wenn er die Nachbesserung wegen des unverhältnismäßig hohen Kostenaufwandes abgelehnt hat, oder die ihm gesetzte angemessene Nachbesserungsfrist ergebnislos abgelaufen ist. Erst nach erfolgter Ablehnung der Nachbesserung oder nach Ablauf der Nachbesserungsfrist kann der Auftraggeber den Mangel auf Kosten des Auftragnehmers durch eine andere Firma beseitigen lassen, oder die oben genannten Gewährleistungsansprüche geltend machen.

Da der Auftragnehmer nicht nur die Pflicht, sondern auch das Recht hat, die Mängel seiner Handwerksleistung selbst zu beseitigen, ist der

Auftraggeber nicht berechtigt, etwaige Mängel selbst zu beseitigen oder beseitigen zu lassen, ohne zuvor den Auftragnehmer hierzu aufgefordert zu haben. Hat der Auftraggeber, ohne dem Auftragnehmer eine angemessene Nachbesserungsfrist zu setzen, eine andere Firma mit der Nachbesserung beauftragt, so ist der Auftragnehmer nicht verpflichtet, die dadurch entstandenen Kosten zu ersetzen, auch wenn ihm dadurch eine eigene Nachbesserung erspart bleibt. Die voreilige Beauftragung einer anderen Firma bedeutet andererseits nicht, daß der Auftraggeber dadurch seinen Nachbesserungsanspruch und ggf. sogar seine weiteren Gewährleistungsansprüche verliert.

Bleibt der Nachbesserungsversuch einer vom Auftraggeber voreilig beauftragten Firma erfolglos, so kann der Auftraggeber anschließend noch Nachbesserung vom Auftragnehmer verlangen. Dieser kann allerdings die Nachbesserung ablehnen, wenn durch den vorangegangenen erfolglosen Nachbesserungsversuch eine sachgerechte Nachbesserung unmöglich gemacht oder erheblich erschwert wurde.

Bei *VOB-Verträgen* ist die Mängelbeseitigung in § 13 Nr. 5 VOB/B geregelt. Es ergeben sich allerdings keine wesentlichen Unterschiede zum allgemeinen Werkvertragsrecht im BGB und damit zu den vorstehenden Ausführungen zur Mängelbeseitigung. Auch beim VOB-Vertrag ist der Auftragnehmer verpflichtet, alle während der Verjährungsfrist hervortretenden Mängel, die auf vertragswidrige Leistung zurückzuführen sind, auf seine Kosten zu beseitigen, wenn es der Auftraggeber vor Ablauf der Gewährleistungsfrist schriftlich verlangt. Die Mängelrüge soll bei VOB-Verträgen nach Möglichkeit *schriftlich* erfolgen. Eine mündliche Mängelrüge ist jedoch nicht völlig gegenstandslos. Die in der VOB vorgesehene Schriftform ist jedoch unbedingt erforderlich, um die Verjährungsfrist der Gewährleistung (in der Regel zwei Jahre) zu unterbrechen (▶ *schriftliche Mängelrüge*).

Nach § 4 Nr. 7 S. 1 VOB/B kann der Auftraggeber bereits vor Abnahme der Handwerksleistung eine Mängelbeseitigung verlangen, wenn schon während der Ausführung der Arbeiten bestimmte Leistungen als mangelhaft oder vertragswidrig erkannt werden.

Wie bereits unter dem Stichwort ▶ *Mängel* ausgeführt wurde, haftet der Auftragnehmer nicht nur für die Qualität der ausgeführten Arbeiten, sondern auch für das eingebaute Material.

Wird ein Mangel jedoch durch fehlerhaftes Material hervorgerufen, so muß sich der Auftragnehmer zunächst erkundigen, ob evtl. mit dem Lieferanten oder dem Herstellerwerk eine sog. Gewährleistungsvereinbarung abgeschlossen wurde. Durch derartige Vereinbarungen kommen zwar die Hersteller für den entstandenen Schaden auf, sie behalten sich jedoch andererseits vor, den Schaden selbst zu beseitigen.

Ist also ein Schaden durch Einbau fehlerhaften Materials entstanden, so sollte der Auftragnehmer – falls eine Gewährleistungsvereinbarung besteht – umgehend Kontakt mit dem Herstellerwerk aufnehmen, um zu klären, wer die Nachbesserung im Einzelfall durchführen soll.

Merksatz:
Weisen die vom Auftragnehmer erbrachten Handwerksleistungen nicht die vertraglich zugesicherten Eigenschaften auf, oder sind sie mit Mängeln behaftet, die den Wert oder die Tauglichkeit mindern oder aufheben, so ist der Auftragnehmer zur Mängelbeseitigung verpflichtet. Die Mängelbeseitigung ist gleichzeitig auch ein Recht des Auftragnehmers, das ihm vor der Geltendmachung von Gewährleistungsansprüchen (Minderung, Wandlung, Schadensersatz) unter angemessener Fristsetzung vom Auftraggeber eingeräumt werden muß.

Mängelrüge

Der Auftragnehmer ust im Rahmen des vereinbarten Vertrages verpflichtet, seine Leistungen einschließlich des gelieferten und eingebauten Materials so zu erbringen, d. h. das Werk so herzustellen, daß es die zugesicherten Eigenschaften hat und nicht mit Fehlern behaftet ist, die den Wert oder die Tauglichkeit zu dem gewöhnlichen oder dem vertraglich vereinbarten Gebrauch aufheben oder mindern (so die gesetzliche Definition des Mangels).

Dem Auftraggeber steht ein Nachbesserungsanspruch zu, falls ein Mangel nach Abnahme oder mitunter schon vor Abnahme des Werkes vorhanden ist. Dieser Nachbesserungsanspruch muß jedoch vom Auftraggeber in Form einer sog. Mängelrüge geltend gemacht werden. Dabei wird eine eindeutige und inhaltlich zweifelsfreie, empfangsbedürftige Willenserklärung des Auftraggebers gegenüber dem Auftragnehmer verlangt.

Vom Auftraggeber ist ferner genau zu bezeichnen, welcher Mangel aufgetreten ist und beseitigt werden soll. Hierbei sind allerdings mangels der erforderlichen Sachkenntnis des Auftraggebers nicht allzu große Anforderungen zu stellen. Es genügt allerdings nicht, die erbrachte Handwerksleistung schlechthin als mangelhaft zu bezeichnen. Die beanstandeten Mängel müssen vielmehr - ohne daß es irgendeiner fachlichen Bezeichnung bedarf - so präzisiert werden, daß der Auftragnehmer zweifelsfrei ersehen kann, was im einzelnen beanstandet wird.

Beispiel:
Bei der Installation einer Heizungsanlage genügt es für eine ordnungsgemäße Mängelrüge, wenn der Auftraggeber beanstandet, daß die Heizung „nicht richtig warm werde", denn die Ursachen hierzu kann er als Nichtfachmann nicht im einzelnen beurteilen.

Bei der gegenüber einem Dachdecker erhobenen Mängelrüge reicht es aus, wenn der Auftraggeber beanstandet, daß an einer oder mehreren Stellen seines neu eingedeckten Daches Feuchtigkeit in den Dachstuhl eindringt.

Es genügt also, wenn die äußere Erscheinungsform des Mangels nach Art und Lage vom Auftraggeber hinreichend dargetan wird. Die Benennung der Mängelursache ist hingegen nicht erforderlich, denn sie setzt u. U. bestimmte Fachkenntnisse voraus. In jedem Fall muß jedoch die Mängelrüge mit Bestimmtheit erkennen lassen, daß der Auftraggeber die Beseitigung des Mangels verlangt.

Eine besondere Bedeutung kommt der Mängelrüge im Zusammenhang mit der ▶ *Verjährung von Gewährleistungsansprüchen* zu. Sind die Gewährleistungsansprüche verjährt, so ist eine nach Ablauf der Verjährungsfrist erhobene Mängelrüge für den Auftragnehmer unbeachtlich.

Ist die Werklohnforderung noch nicht voll bezahlt, so kann der Auftraggeber die restliche Vergütung zunächst einbehalten, wenn er noch vor Ablauf der Verjährungsfrist den Mangel angezeigt, oder die Mängelanzeige an den Auftragnehmer abgesandt hat.

Beispiel:
Auftraggeber A. hat von der Rechnung des Auftragnehmers B. in Höhe von insgesamt 5.000,– DM noch einen Restbetrag in Höhe von 1.000,– DM zu zahlen. Die Gewährleistungsfrist beträgt zwei Jahre. Kurz vor Ablauf der Frist zeigt A. dem B. an, daß Mängel aufgetreten sind. In diesem Fall Kann A. die Bezahlung der Restforderung so lange zurückstellen, bis die Mängel behoben sind, auch wenn die Verjährung inzwischen eingetreten ist.

Der Auftragnehmer sollte darauf achten, daß seine Rechnung voll bezahlt wird, da bei ausstehender Restforderung bereits eine mündliche oder schriftliche Mängelrüge Gewährleistungsansprüche auch noch nach Ablauf der Gewährleistungsfrist bestehen läßt.

Ist die Werklohnforderung des Auftraggebers hingegen voll bezahlt, dann kann der Auftraggeber nach Ablauf der Verjährungsfrist Nachbesserung (ebenso auch Minderung, Wandlung und Schadensersatz) nicht mehr verlangen, auch wenn er die Mängelrüge vor Ablauf der Verjährungsfrist erhoben hat. In diesem Fall kann die Verjährung nur durch Klageerhebung oder Antrag auf Einleitung des ▶ *Beweissicherungsverfahrens* unterbrochen werden.

Sonderregelungen für die Mängelrüge gelten bei den *VOB-Verträgen.* Der Auftraggeber ist bei einem VOB-Vertrag verpflichtet, alle während der Verjährungsfrist hervortretenden Mängel *schriftlich* zu rügen. Nachbesserungs- und Gewährleistungsansprüche stehen dem Auftraggeber aber auch dann zu, wenn er die Mängelrüge mündlich geltend macht.

Im Gegensatz zum allgemeinen Werkvertragsrecht im BGB kann der Auftraggeber beim VOB-Vertrag Nachbesserung auch nach Ablauf der Verjährungsfrist verlangen, wenn er den Mangel vor Fristablauf schriftlich angezeigt hat. Dadurch bleibt ihm zwar die Klageerhebung bzw. Einleitung des Beweissicherungsverfahrens vor Ablauf der Verjährungsfrist erspart, andererseits ist jedoch die Schriftform unbedingt erforderlich. Eine mündlich erhobene Mängelrüge kann auch beim VOB-Vertrag die Verjährungsfrist nicht unterbrechen.

Beispiel:
Auftragnehmer A. erhält vom Auftraggeber B. den Auftrag zur Ausführung div. Installationsarbeiten im Sanitärbereich. Die Vertragspartner haben die VOB vereinbart. Die Gewährleistungsfrist beträgt also 2 Jahre. 1 Woche vor Ablauf der Gewährleistungsfrist treten Mängel auf. B. rügt die Mängel sofort schriftlich. In diesem Fall ist A. zur Nachbesserung auch dann verpflichtet, wenn inzwischen die Gewährleistungsfrist abgelaufen ist.

Mahnschreiben

Befindet sich der Auftraggeber mit der Bezahlung fälliger Rechnungsbeträge im Verzug, so hat er auch die Kosten der Mahnschreiben des Auftragnehmers zu ersetzen.

Es kann vertraglich oder durch allgemeine Geschäftsbedingungen vereinbart werden, daß für jede schriftliche Mahnung ein bestimmter Pauschalbetrag vom Schuldner zu zahlen ist.

Aber auch ohne vertragliche Vereinbarung ist die Geltendmachung eines Kostenbetrages von ca. 3,– DM für jedes Mahnschreiben nach Eintritt des Zahlungsverzuges gerechtfertigt. Voraussetzung ist jedoch, daß sich der Schuldner bereits mit der Zahlung im *Verzug* befindet. Ohne eine anderslautende vertragliche Vereinbarung kann also für das erste Mahnschreiben keine Mahngebühr verlangt werden.

Muster eines Mahnschreibens s. Anhang 6.

Mahnung

Wird eine fällige Werklohnforderung vom Auftraggeber nicht bezahlt, so kann der Auftragnehmer diesen durch eine Mahnung in Verzug setzen. Unter dem Begriff Mahnung versteht man rechtlich eine einseitige empfangsbedürftige und formlose Aufforderung an den Schuldner (Auftraggeber), den fälligen Rechnungsbetrag zu begleichen.

Die Mahnung muß nicht unbedingt schriftlich erfolgen. Da der Auftragnehmer im Streitfall den Zahlungsverzug jedoch nachweisen muß, ist es zu empfehlen, eine Mahnung in *Schriftform* abzufassen. Aus der schriftlichen Mahnung muß sich eindeutig entnehmen lassen, welcher Werklohnbetrag gefordert wird, wobei die Höhe der Forderung, das Rechnungsdatum und ggf. die Rechnungs-Nr. stets anzugeben sind.

Es ist gesetzlich nicht vorgeschrieben, daß die Mahnung eine Fristsetzung zur Zahlung enthalten muß. Um jedoch eindeutig klarzustellen, von welchem Tage an die Verzugsfolgen (▶ *Verzugszinsen*, ▶ *Verzugsschaden*) eintreten, sollte ein Zahlungsdatum niemals fehlen.
Muster eines Mahnschreibens s. Anhang 6.

Eine Mahnung ist nur dann entbehrlich, wenn bereits vertraglich eine datenmäßig bestimmbare Zahlungsfrist vereinbart worden ist. Dies ist jedoch bei Handwerksleistungen unüblich und bei Arbeiten, die während eines längeren Zeitraumes erbracht werden, praktisch undurchführbar. Darüber hinaus wäre es wohl auch dem Auftraggeber gegenüber unkulant, die Einbeziehung einer fälligen Werklohnforderung ohne jegliche Mahnung gleich einem Rechtsanwalt oder einem Inkassobüro zu übertragen.

Die Kosten eines Mahnschreibens hat der Auftraggeber zu zahlen, wenn er sich im Zahlungsverzug befindet. Die erste Mahnung des Auftragnehmers löst jedoch den Verzug erst aus. Die Kosten des ersten Mahnschreibens hat somit der Schuldner noch nicht zu erstatten. Für jede weitere Mahnung kann in der Regel ein Unkostenbetrag von 3,– DM in Ansatz gebracht werden.

Wie oft ein säumiger Zahlungsschuldner abzumahnen ist, bleibt den Gepflogenheiten jedes einzelnen Handwerksbetriebes vorbehalten. In keinem Fall sind jedoch unbedingt drei Mahnungen erforderlich, um den Rechnungsbetrag danach von einem Anwalt und ggf. im Prozeßwege einziehen zu lassen.

Merksatz:
Selbst wenn die Handwerkerrechnung ein bestimmtes Zahlungsdatum enthält, muß der Schuldner nach ergebnislosem Ablauf der Zahlungsfrist durch eine schriftliche Mahnung in Verzug gesetzt werden. Diese Mahnung sollte eine datenmäßig bestimmte Zahlungsfrist sowie den Hinweis enthalten, daß nach ergebnislosem Ablauf dieser Frist die Einziehung der Forderung durch einen Anwalt oder auf gerichtlichem Wege erfolgt. Bleibt die gesetzte Zahlungsfrist unbeachtet, so hat der Auftraggeber zu erkennen gegeben, daß er entweder zahlungsunfähig oder zahlungsunwillig ist. Nur selten wird das Geld noch nach der zweiten oder dritten Mahnung überwiesen oder gezahlt. Es ist somit rechtlich zulässig und wirtschaftlich durchaus vertretbar, daß nach einer Mahnung mit angemessener Zahlungsfrist (etwa 10 Tage) die Angelegenheit einem Anwalt bzw. dem Gericht übergeben wird.

Mehrwertsteuer

Der Auftragnehmer ist nach den Bestimmungen des seit 1967 geltenden Umsatzsteuer-Gesetzes verpflichtet, seine Leistungen gegenüber dem Auftraggeber mit dem gültigen MWSt-Satz zu belasten und die vereinnahmte Mehrwertsteuer abzuführen.

In den Rechnungen ist gemäß § 14 UStG die Mehrwertsteuer nach Steuersatz und DM-Betrag gesondert auszuweisen.

Unabhängig von den vorgenannten steuerrechtlichen Bestimmungen ergibt sich die Frage, ob der Auftragnehmer in jedem Fall bei Abschluß eines Werkvertrages die Mehrwertsteuer auch ohne ausdrücklichen Hinweis auf die vereinbarten Preise aufschlagen kann. Dies wird man in der Regel verneinen müssen.

Beispiel:
Auftragnehmer A. hat mit dem Auftraggeber B. für bestimmte Handwerksleistungen einen Pauschalpreis von 1.500,– DM ohne besonderen Hinweis auf die Mehrwertsteuer vereinbart.

Diese Vereinbarung ist rechtlich dahin auszulegen, daß die Mehrwertsteuer in dem vorgenannten Pauschalbetrag enthalten ist!

Auch bei Abschluß eines Vertrages zu ▶ *Einheitspreisen* (z. B. Bauvertrag) verstehen sich die vereinbarten Einheitspreise incl. Mehrwertsteuer, sofern der Auftragnehmer nicht ausdrücklich darauf hinweist, daß seinen Angebotspreisen die Mehrwertsteuer hinzuzurechnen ist.

Ferner sollte der Auftragnehmer auch bei Erstellung von Kostenanschlägen darauf achten, daß ein entsprechender Hinweis auf die zusätzlich zu berechnende Mehrwertsteuer enthalten ist.

Merksatz:
Wenn bei Abschluß eines Werkvertrages bereits feste Preise vereinbart sind (Pauschalpreis-, Einheitspreisvertrag), so verstehen sich diese Preise incl. Mehrwertsteuer. Der Auftragnehmer muß deshalb bei Preisabsprachen darauf achten, daß auch die zusätzliche Berechnung der Mehrwertsteuer vertraglich vereinbart wird.

Nach den Vorschriften der Preisangaben-Verordnung hat der Handwerksbetrieb bei Preisanfragen seiner Kunden oder in der Werbung sämtliche Preise einschließlich der geltenden MWSt anzugeben.

Minderung

Das Recht auf Minderung der Werklohnforderung gehört zu den sog. Gewährleistungsansprüchen des Auftraggebers. Das Minderungsrecht setzt zunächst voraus, daß zwischen den Vertragspartnern ein Werkvertrag wirksam zustande gekommen ist und noch besteht. Ferner muß die Leistung bzw. das Werk des Auftragnehmers mit einem Mangel behaftet sein. In diesem Fall kann der Auftraggeber unter bestimmten Voraussetzungen die Vergütung des Auftragnehmers herabsetzen, d. h. mindern.

Der Auftraggeber kann den Vergütungsanspruch bei fehlerhafter Handwerksleistung nur mindern, wenn er dem Auftragnehmer eine Frist zur Beseitigung des festgestellten Mangels gesetzt und gleichzeitig erklärt hat, daß er nach Ablauf der Frist die Beseitigung des Mangels ablehne, und wenn tatsächlich bis zum Fristablauf die Mängelbeseitigung nicht erfolgt ist.

Das Recht auf Minderung der Werklohnforderung steht dem Auftraggeber jedoch dann nicht zu, wenn er zwar dem Auftragnehmer eine angemessene Frist zur Nachbesserung gesetzt, aber vergessen hat, darauf hinzuweisen, daß er die Nachbesserung nach ergebnislosem Ablauf der Frist ablehne (*Ablehnungsandrohung*).

Nur wenn die Beseitigung des Mangels objektiv unmöglich ist, oder vom Auftragnehmer ausdrücklich verweigert wird, kann der Auftraggeber auch ohne Fristsetzung und Ablehnungsandrohung den Vergütungsanspruch mindern.

Die Berechnung des Minderpreises ergibt sich aus dem Verältnis von mangelfreiem zu mangelhaftem Wert der Leistung, und zwar zum Zeitpunkt der Fertigstellung bzw. Abnahme.

Der geminderte Lohn ergibt sich aus der Formel:

$$\frac{\text{mangelfreier Wert}}{\text{mangelhafter Wert}} : \frac{\text{vereinbarter Werklohn}}{\text{x (geminderter Werklohn)}}$$

Ist der objektive Wert ohne Mangel 6.000,– DM und der festgestellte mangelhafte Wert 4.000,– DM, dann ergibt dies bei einem vereinbarten Werklohn von 4.500,– DM einen geminderten Werklohn von 3.000,– DM.

Für die Ermittlung des Minderwertes ist zunächst festzustellen, welchen Wert die Leistung im Zeitpunkt der Fertigstellung in mangelfreiem Zustand gehabt hätte. Dieser Wert kann mit der vertraglich vereinbarten Werklohnforderung übereinstimmen. Von der Vergütung ist dann der Betrag abzuziehen, der erforderlich ist, um die Mängel zu beseitigen.

Beispiel:
Heizungsbaufirma H. berechnet für den Einbau einer Gas-Etagenheizung einen Gesamtbetrag in Höhe von 30.000,– DM. Ein Sachverständiger stellt fest, daß die Anlage fehlerhaft installiert worden ist und die Nachbesserungskosten ca. 5.000,– DM betragen. Verweigert in diesem Fall H. eine ordnungsgemäße Nachbesserung, so kann Auftraggeber A. die Rechnung um 5.000,– DM mindern.

Ist die Beseitigung eines Mangels technisch objektiv unmöglich oder mit unverhältnismäßig hohem Kostenaufwand verbunden, kann der Minderwert nicht einfach dadurch ermittelt werden, daß er den Kosten für eine Nachbesserung durch eine andere Firma gleichgesetzt wird. In diesem Fall sollte der Auftragnehmer darauf bestehen, daß der Minderwert durch ein Sachverständigengutachten ermittelt wird.

Ist die vom Auftragnehmer erbrachte Leistung völlig wertlos, so kann das Minderungsrecht sogar dazu führen, daß der Auftraggeber die gesamte Rechnung nicht bezahlen muß oder die Rückzahlung der bereits geleisteten Vergütung verlangen kann.

Das Minderungsrecht ist vollzogen, wenn sich der Auftragnehmer auf Verlangen des Auftraggebers mit der Minderung einverstanden erklärt hat. Danach kann der Auftraggeber zu anderen Gewährleistungsansprüchen nicht mehr übergehen, d. h. er kann nicht mehr ▶ *Schadensersatz* fordern oder die ▶ *Wandlung* erklären. Selbstverständlich kann er auch nachträglich nicht mehr die Nachbesserung verlangen, wenn er sich bereits für die Minderung entschieden hat.

Sind bei einem Werkvertrag die Vorschriften der *VOB* vereinbart worden, so gibt es insgesamt nur drei Möglichkeiten, bei denen der Auftraggeber anstelle der Nachbesserung die Minderung der Vergütung verlangen kann:

a) Die Beseitigung des Mangels muß objektiv unmöglich sein, d. h. auch durch Beauftragung einer anderen Fachfirma kann der Mangel nicht beseitigt werden.

b) Der Auftragnehmer verweigert die Nachbesserung, weil diese nur mit unverhältnismäßig hohem Aufwand vorgenommen werden kann.

c) Der Auftraggeber kann ausnahmsweise Minderung verlangen, wenn die Beseitigung des Mangels für ihn unzumutbar ist, z. B. wenn bereits mehrere Nachbesserungsversuche ohne Erfolg geblieben sind.

Merksatz:
Nach allgemeinem Werkvertragsrecht steht dem Auftraggeber ein Recht auf Minderung der Vergütung zu, wenn dem Auftragnehmer eine angemessene Frist zur Nachbesserung verbunden mit einer Ablehnungsandrohung, gesetzt wurde und ergebnislos abgelaufen ist.

Bei VOB-Verträgen entsteht das Minderungsrecht zu Gunsten des Auftraggebers nur in den oben unter Buchst. a) bis c) genannten Fällen.

Montagewagen

Bei bestimmten Handwerksbranchen, wie z. B. Gas-, Wasser-, Elektroinstallation, Heizungsbau, Klempnerei etc. wird in der Regel die vertraglich geschuldete Arbeitsleistung nicht im Betrieb des Auftragnehmers, sondern in der Wohnung, dem Haus oder auf der Baustelle des Auftraggebers erbracht. Die Aufträge, insbesondere wenn es sich um Reparaturarbeiten handelt, sollen möglichst schnell durchgeführt werden. Wenn z. B. eine Gastherme oder ein Elektrospeicher defekt werden oder ein Wasserrohrbruch eintritt, dann ist der Auftraggeber daran interessiert, daß der Schaden möglichst schnell und wenn es irgend geht, auch an Ort und Stelle und nicht erst nach Demontage in der Werkstatt des Auftragnehmers repariert wird.

Derartige Aufträge können jedoch nur dann ohne zusätzliche An- und Abfahrtzeiten für das Heranschaffen von Material, Reparaturteilen und Handwerkszeug ausgeführt werden, wenn der Auftragnehmer über einen Werkstatt- oder Montagewagen verfügt.

Diese Fahrzeuge sind – in der Regel wird es sich um einen Klein-Lkw z. B. VW-Bus etc. handeln – nicht nur in der Anschaffung nicht billig, sondern sie müssen natürlich auch mit dem erforderlichen Werkzeug ausgestattet sein. Ein Schweißgerät, komplettes Rohrlegerwerkzeug, Gewindeschneidemaschine, Bock für Gewindeschneider, Lötzeug, div. Spezialschlüssel für Sanitärobjekte, Bohrmaschine und Kabellampe sind nur einige wichtige Bestandteile eines gut ausgerüsteten Montagewagens. Hinzu kommt eine genügende Auswahl des für die anfallenden Reparatur- oder Installationsarbeiten erforderlichen Materials und nicht zuletzt ein gutes Sortiment der am häufigsten benötigten Ersatzteile. Natürlich kann der betreffende Installateur nicht sämtliche Ersatzteile der auf dem Markt gängigen Elektro-, Gasgeräte und sonstigen zahlreichen Sanitärobjekte in seinem Montagewagen anhäufen. Hier wird es im Einzelfall darauf ankommen, ob bereits bei Auftragserteilung für den Auftragnehmer erkennbar ist, um welches Gerät es sich im einzelnen handelt und welche Ersatzteile dafür benötigt werden. Anderenfalls muß der Defekt erst an Ort und Stelle überprüft und dabei festgestellt werden, welche Ersatzteile benötigt werden, die dann zu beschaffen sind.

Unabhängig von der Beschaffung spezieller Ersatzteile bietet jedoch ein gut ausgestatteter Montagewagen dem Auftraggeber erhebliche Vorteile, da auch ein größeres Werkzeug sofort zur Stelle ist und ohne zusätzliche Fahrtzeiten von der Baustelle zum Handwerksbetrieb zum Einsatz gebracht werden kann.

Es ist deshalb wirtschaftlich und auch rechtlich vertretbar, daß in die Rechnung des Auftragnehmers zusätzlich zu den Materialkosten sowie zum Stundenlohn (einschl. der An- und Abfahrtzeit) eine Position für den Einsatz des Montagewagens mit aufgenommen wird. Ein Pauschalbetrag von 30,– DM bis 40,– DM für einen gut ausgerüsteten größeren Montagewagen ist in jedem Fall pro Krunde und pro Tageseinsatz gerechtfertigt.

Montagezettel

Montagezettel oder auch *Stundenlohnzettel* genannt, bilden nicht nur die Grundlage zur Anfertigung von Rechnungen nach Beendigung des Auftrages, sie sind auch in rechtlicher Hinsicht wichtige *Beweisstücke*. Im Falle eines Rechtsstreits dienen sie dem Handwerker, der die betreffenden Arbeiten ausgeführt hat und vielleicht nach Jahr und Tag vor Gericht als Zeuge vernommen wird, als wertvolle Gedächtnisstütze.

Montagezettel sollten deshalb selbst bei Ausführung kleinerer Reparaturarbeiten sorgfältig geführt und natürlich auch aufbewahrt werden.

Folgende Angaben sollte jeder Montagezettel enthalten:

Name und Anschrift des Handwerksbetriebes

Datum der ausgeführten Arbeiten

Name und Anschrift des Auftraggebers

Genaue Bezeichnung des Leistungsortes (bei Miethäusern Lage der Wohnung)

Name des Wohnungsmieters (falls der Auftrag vom Hauseigentümer oder -Verwalter erteilt wurde)

Name des Handwerkers – Erfüllungsgehilfen – (Geselle, Helfer, Lehrling)

Genaue Bezeichnung der ausgeführten Arbeiten und des verbrauchten Materials (Eine Preisangabe für das Material erleichtert zwar die Rechnungslegung, ist aber ansonsten im Montagezettel nicht unbedingt erforderlich).

Anzahl der Arbeitsstunden, und zwar aufgeteilt auf die einzelnen an der Arbeitsstelle anwesenden Handwerker

An- und Abfahrtzeit

Da die Abnahme der Arbeiten immer wieder Anlaß zu Rechtsstreitigkeiten gibt, sollte der Montagezettel folgenden Schlußvermerk enthalten:

»Die Richtigkeit der vorstehenden Angaben und die Abnahme der ordnungsgemäß ausgeführten Leistungen wird bescheinigt«.

Ein *Muster* eines ordnungsgemäßen und auch rechtlich verwertbaren Montagezettels befindet sich im Anhang zu 5.

Als wichtiges rechtliches Beweisstück muß der Montagezettel nicht nur sorgfältig ausgefüllt sein, sondern er muß unter allen Umständen auch die *Unterschrift* des *Auftraggebers* oder dessen Bevollmächtigten tragen.

Ein nicht unterschriebener Montagezettel hat so gut wie keinen Beweiswert, denn er kann theoretisch später nachgeschrieben worden sein, und enthält insbesondere nicht das rechtlich so wichtige Anerkenntnis des Auftraggebers, daß dieser z. B. die Anzahl der geleisteten Stunden und die Abnahme der Arbeiten anerkennt.

Wichtig ist in diesem Zusammenhang ferner, daß die Unterschrift des Auftraggebers unter sämtliche Angaben des Montagezettels gesetzt wird. Werden z. B. auf der Rückseite eines Montagezettels noch div. Materialien aufgeführt, so ist darauf zu achten, daß der Auftraggeber ggf. den Montagezettel auch noch auf der Rückseite, und zwar unter der Materialaufstellung unterschreibt.

Ein vom Auftraggeber unterschriebener Montagezettel hat die rechtliche Wirkung eines sog. bestätigenden Schuldanerkenntnisses. Das bedeutet, daß der Auftraggeber nicht unter allen Umständen verpflichtet ist, überhöhte oder vielleicht gar nicht ausgeführte Stundenlohnarbeiten zu bezahlen. Durch seine Unterschrift tritt jedoch eine Beweislastumkehr ein, d. h. der Auftraggeber muß im Falle eines Rechtsstreits nunmehr beweisen, daß die Ansätze in der Stundenlohnabrechnung oder einzelne Positionen aus der Materialzusammenstellung nicht zutreffend sind (vgl. auch ▶ *Beweislast*).

Beispiel:
Auftraggeber A. hat einen Stundenlohnzettel des Auftragnehmers B. über 17 Stunden erbrachte Handwerksleistung unterschrieben. Nach Erhalt der Rechnung behauptet A., die Arbeit sei in höchstens 10 Stunden ausgeführt worden. In diesem Fall ist A. nicht allein schon durch Unterzeichnung des Montagezettels verpflichtet, eine Arbeitszeit von 17 Stunden zu bezahlen. Er muß jedoch den Beweis führen, daß nur 10 Stunden gearbeitet wurde.

Im Falle einer Beweisaufnahme vor Gericht hat B. die weitaus günstigere Position. Wenn seine Zeugen bestätigen, daß 17 Stunden gearbeitet wurde, so ist A. auch bei gegenteiligen Aussagen seiner Zeugen beweisfällig geblieben, da ihn in diesem Fall die ▶ *Beweislast* trifft.

Allein dieses Beispiel zeigt, wie wichtig insbesondere für den Fall eines Rechtsstreits ordnungsgemäß ausgefüllte und vor allem *unterschriebene* Montagezettel für den Auftragnehmer sind.

Merksatz:
Nicht nur zur Anfertigung von Handwerkerrechnungen, sondern insbesondere im Falle von Rechtsstreitigkeiten sind Montagezettel wichtige Beweisstücke. Sie sollten von den betreffenden Handwerkern sorgfältig ausgefüllt werden und insbesondere muß stets darauf geachtet werden, daß die Montagezettel von dem Auftraggeber bzw. seinem bevollmächtigten Vertreter unterschrieben sind.

Nachtragsauftrag

Ist zwischen einem Handwerksbetrieb und einem Auftraggeber ein bestimmter Werkvertrag geschlossen worden, so kommt es nicht selten vor, daß während der Ausführung der Arbeiten, z. B. auf der Baustelle, noch zusätzliche Arbeiten in Auftrag gegeben werden. Hierbei handelt es sich dann um sog. Nachtragsaufträge, deren rechtliche Bedeutung darin liegt, daß sie in einem örtlichen, zeitlichen und leistungsmäßigen Zusammenhang mit dem bereits erteilten Hauptauftrag stehen müssen.

Auch Änderungswünsche des Auftraggebers können dazu führen, daß der Auftrag in der ursprünglich vorgesehenen Form und den dafür vereinbarten Preisen nicht mehr ausgeführt werden kann.

Diesen auf der Baustelle geäußerten Änderungswünschen und zusätzlich erteilten Aufträgen muß eine erhöhte Aufmerksamkeit gewidmet werden, denn auch sie geben immer wieder Anlaß zu Rechtsstreitigkeiten. Es muß sichergestellt sein, daß der Auftragnehmer auch die Nachtragsaufträge im Falle einer gerichtlichen Auseinandersetzung unter Beweis stellen kann.

Liegt einem Auftrag ein Kostenanschlag zugrunde, so sind die nach Beginn der Arbeiten geäußerten Änderungswünsche oder erteilten zusätzlichen Aufträge darin nicht enthalten. Es ist zu empfehlen, daß in der Schlußrechnung die geänderten Leistungspositionen und insbesondere die zusätzlich in Auftrag gegebenen Positionen besonders gekennzeichnet werden.

Ist bereits bei Erteilung der Nachtragsaufträge zu erkennen, daß diese den ursprünglich vereinbarten Werklohn erheblich verteuern, so sollte der Auftragnehmer sich die Auftragserweiterung schriftlich bestätigen lassen.

Wird die Erteilung weiterer Aufträge später vom Auftraggeber bestritten, so ist der Auftragnehmer für die zusätzliche Auftragserteilung beweispflichtig. Stehen hierfür keine schriftlichen Unterlagen zur Verfügung, so kann der Auftragnehmer nur hoffen, daß sich sein ▶ *Erfüllungsgehilfe*, der den Auftrag auf der Baustelle entgegengenommen hat, mit Sicherheit an diesen Vorgang noch erinnert und eine glaubwürdige Zeugenaussage vor Gericht abgibt.

Noch ungünstiger wird die Beweissituation, wenn der Nachtragsauftrag dem Inhaber des Handwerksbetriebes persönlich erteilt wurde. Der Auftragnehmer selbst ist in einem etwaigen Prozeß Partei und kann sich zum Beweis für die von ihm behauptete Auftragserteilung nur auf die Parteivernehmung des Auftraggebers, d. h. seines jetzigen Prozeßgegners, berufen. Daß diese Aussage nicht unbedingt zu Gunsten des Auftragnehmers ausfallen wird, dürfte kein Geheimnis sein.

Auf einen Prozeß wird es jedoch der Auftraggeber gar nicht erst ankommen lassen, wenn ihm schon vorher eine schriftliche Vereinbarung über die Änderung bzw. Erweiterung des Auftrages vorgelegt werden kann.

Merksatz:
Änderungswünsche und zusätzlich erteilte Aufträge während der Ausführung der Arbeiten sollte sich der Auftragnehmer grundsätzlich schriftlich bestätigen lassen oder zumindest Sorge dafür tragen, daß im Falle eines späteren Rechtsstreits geeignete Zeugen für die Erteilung etwaiger Nachtragsaufträge zur Verfügung stehen.

Nebenleistungen

Insbesondere bei Werkverträgen auf dem Gebiete des Bauwesens hat der Auftragnehmer neben den im Bauleistungsvertrag näher bezeichneten Handwerksleistungen auch sog. Nebenleistungen zu erbringen, die u. U. einen nicht unerheblichen Mehraufwand an Arbeit erfordern. Es entsteht daher die Frage, ob der Auftragnehmer auch für die Nebenleistungen eine Vergütung verlangen kann. Diese Frage ist grundsätzlich zu verneinen, denn sämtliche Nebenleistungen gehören zur vertraglichen Leistung und sind durch den vereinbarten Preis abgegolten.

Was im einzelnen unter Nebenleistung zu verstehen ist, ergibt sich insbesondere für den *VOB-Vertrag* aus den allgemeinen technischen Vorschriften der VOB Teil C. Dort sind jeweils im Abschnitt 4 die Nebenleistungen der jeweiligen Gewerke genannt, so daß für den VOB-Vertrag durch diese Bestimmungen eine klare Abgrenzung zu den Nebenleistungen vorgenommen wurde.

Insbesondere folgende Leistungen sind als Nebenleistungen anzusehen und somit durch den vereinbarten Preis abgegolten:

a) Messungen für das Ausführen und Abrechnen der Arbeiten einschließlich des Vorhaltens der dafür erforderlichen Meßgeräte und des Stellens der Arbeitskräfte.

b) Heranbringen von Wasser, Gas und Strom von den vom Auftraggeber angegebenen Anschlußstellen auf der Baustelle zu den Verwendungsstellen.

c) Vorhalten der Kleingeräte und Werkzeuge.

d) Befördern aller Stoffe und Bauteile, auch wenn sie vom Auftraggeber beigestellt werden, zu den Lagerstellen auf der Baustelle, zu den Verwendungsstellen und etwaiges Rückbefördern.

e) Beseitigen aller von den Arbeiten des Auftragnehmers herrührenden Verunreinigungen und des von ihm verursachten Bauschutts.

Weitere, speziell auf die einzelnen Handwerkszweige bezogene Nebenleistungen ergeben sich aus Ziff. 4 ff. der jeweils in Frage kommenden DIN-Vorschriften der VOB Teil C. Dort sind ferner auch unter Ziff. 4.2 die Leistungen angegeben, die als Nebenleistungen anzusehen sind, wenn sie nicht durch besondere Ansätze in der Leistungsbeschreibung erfaßt sind. Schließlich sind unter Ziff. 4.3 noch zusätzliche Leistungen aufgeführt, die jedoch nicht als Nebenleistungen gelten und somit wiederum besonders zu vergüten sind, falls sie im Rahmen des Werkvertrages von dem Auftragnehmer auftragsgemäß ausgeführt wurden.

Parteigutachten

Unter dem Begriff «Parteigutachten» oder «*Privatgutachten*» versteht der Jurist ein Sachverständigengutachten, das von einer Vertragspartei außerhalb eines gerichtlichen Prozeßverfahrens in Auftrag gegeben wird. Derartige Gutachten werden häufig vom Auftraggeber eingeholt, um dem Auftragnehmer z. B. Mängel an der ausgeführten Handwerksleistung, zuviel in Rechnung gestellter Arbeitszeit oder unangemessen hohe Preise zu «beweisen».

Der rechtliche Beweiswert dieser Privatgutachten, selbst wenn sie durch Vermittlung der Handwerkskammer von einem öffentlich bestellten und vereidigten Sachverständigen angefertigt werden, ist erfahrungsgemäß leider nur gering. Insbesondere wenn der Auftragnehmer zu einem vom Sachverständigen angesetzten Ortsbesichtigungstermin nicht geladen wird, sollte er dem anschließenden Privatgutachten mit gebotener Skepsis begegnen. In der Regel wird natürlich ein Sachverständiger auch bei einem Privatgutachten beide Vertragsparteien zum Ortstermin laden. Wenn jedoch eine Partei ohne Angabe von Gründen nicht erscheint, gibt sie damit schon zu erkennen, daß sie sich mit dieser Art der Beweiserhebung nicht einverstanden erklärt.

Sollte das Ergebnis des Gutachtens zu Ungunsten des Auftragnehmers ausfallen, so ist dieser keineswegs verpflichtet, sich den Feststellungen des Sachverständigen zu unterwerfen. Wenn der Auftragnehmer nach nochmaliger eingehender Überprüfung seiner erbrachten Leistung und aufgrund seiner eigenen Facherfahrung zu dem Ergebnis gelangt, daß seine Arbeit in Ordnung ist, muß er ggf. seine Zahlungsansprüche gerichtlich durchsetzen. In dem Prozeßverfahren kann der Auftragnehmer in jedem Fall der Verwertung des vorher vom Auftraggeber eingeholten Parteigutachtens widersprechen.

Über die Frage, ob die vom Auftragnehmer erbrachte Werkleistung Mängel aufweist oder der eingesetzte Werklohn unangemessen hoch ist, muß dann das Gericht durch eine selbständige gerichtliche Beweisaufnahme entscheiden. Es wird in diesem Fall ein vom Gericht bestimmter öffentlicher Sachverständiger durch Gerichtsbeschluß zur Anfertigung eines entsprechenden Gutachtens bestellt. Das vorher eingeholte Privatgutachten darf der gerichtliche Sachverständige bei seiner Begutachtung gegen den Willen der Prozeßparteien nicht verwerten.

Der Sachverständige ist verpflichtet, beide Prozeßparteien zum Ortstermin zu laden, und das Ergebnis seines Gutachtens darf sich nur auf die während der gerichtlichen Beweisaufnahme getroffenen Feststellungen stützen.

Ein gerichtlicher Sachverständiger, der zuvor bereits für eine Partei ein Privatgutachten (u. U. sogar noch in der gleichen Angelegenheit) erstellt hat, kann vom Prozeßgegner abgelehnt werden. Aus diesem Grunde ist dem Auftragnehmer abzuraten, ein Privatgutachten einzuholen, wenn er Wert darauf legt, die Qualität seiner Arbeiten durch einen Sachverständigen bestätigen zu lassen. Die rechtliche Praxis beweist täglich, daß sich derjenige, zu dessen Ungunsten das Parteigutachten ausfällt, mit dem Ergebnis des Gutachtens nicht einfach abfindet, sondern versuchen wird, sein Recht bei Gericht durchzusetzen. Und gerade hier ist das Parteigutachten als gültiges Beweismittel nicht mehr zu verwenden.

Merksatz:
Nur ein ordnungsgemäß eingeholtes gerichtliches Sachverständigengutachten hat – rechtlich gesehen – einen Beweiswert, da das Gericht in der Regel das Ergebnis dieses Gutachtens seinem Urteilsspruch zugrunde legen wird.

Pauschalpreisvertrag

Eine Preisvereinbarung aufgrund eines Pauschalvertrages bildet bei Werkverträgen die Ausnahme und sollte als solcher stets besonders gekennzeichnet sein. Nicht selten bieten Pauschalpreisverträge, abgesehen von den wirtschaftlichen Risiken für den Auftragnehmer, Anlaß zur Rechtsstreitigkeiten. Der Auftragnehmer sollte sich deshalb zum Abschluß eines Pauschalpreisvertrages nur dann entschließen, wenn zwei wesentliche Voraussetzungen vorliegen:

a) Die geforderte Leistung muß nach Ausführungsart und Umfang genau bestimmt sein,

b) darüber hinaus darf mit einer Änderung sowohl der Leistung als auch der Ausführungsart nicht zu rechnen sein.

Zu Streitigkeiten im Zusammenhang mit Pauschalverträgen kommt es immer dann, wenn sich die Vertragspartner, meist nach Fertigstellung der Arbeiten, über Art und Umfang der Leistungen nicht einig sind, oder wenn sich die zunächst bei Abschluß des Vertrages angenommenen Leistungen ändern.

Es ist deshalb unbedingt erforderlich, daß alle wesentlichen Gesichtspunkte, die Gegenstand des Leistungsverzeichnisses (– Leistungsbeschreibung) oder eines detaillierten Kostenangebots geworden sind, genau bestimmt werden. Dies bezieht sich insbesondere auch auf Positionen, die bei der Kalkulation des Auftragnehmers in Bezug auf Ausführungsart und -umfang mitbestimmend sind.

Verhandlungen bei Pauschalpreisverträgen müssen deshalb besonders sorgfältig geführt werden. Sollten sich dabei irgendwelche Zweifelspunkte ergeben, müssen diese im Angebot und insbesondere auch im Vertrag besonders bezeichnet werden und es sollte zusätzlich vermerkt werden, daß sie auf das Pauschalangebot und den Pauschalvertrag nicht einwirken.

Einer weiteren sorgfältigen Prüfung bedarf die Frage, ob während der Ausführung der Arbeiten mit einer Änderung sowohl der Ausführungsart sowie des Leistungsumfanges nicht zu rechnen ist. Hier muß sich der Auftragnehmer bereits bei Abgabe seines Angebots, spätestens jedoch bei Vertragsabschluß genau überlegen, ob alle Umstände, die für ihn bei Vertragsabschluß maßgebend sind, auch so lange fortbestehen werden, bis die vertraglichen Verpflichtungen in vollem Umfang erfüllt sind.

In der Risikosphäre des Auftragnehmers liegen sämtliche technischen, kaufmännischen, personellen und sonstigen rein innerbetrieblichen Fragen und etwaige sich daraus ergebenden Schwierigkeiten.

Hat sich z. B. der Auftragnehmer bei Abgabe seines Pauschalpreiangebots hinsichtlich einzelner Positionen geirrt, so geht dies grundsätzlich zu seinen Lasten, denn es liegt in diesem Fall ein rechtlich unbeachtlicher Kalkulationsirrtum vor. Nur bei einem erheblichen Mißverhältnis zwischen der irrtümlich angebotenen Leistung und dem Pauschalpreis kann ausnahmsweise nach Treu und Glauben eine Anpassung des Pauschalpreises in Betracht kommen. Aber auch Themen, wie die Einhaltung der Bauzeit, die möglichen Witterungsverhältnisse und die allgemeine Preisgestaltung auf dem jeweiligen Handwerksgebiet muß der Auftragnehmer sorgfältig in seine Überlegungen bei Abschluß eines Pauschalpreisvertrages einbeziehen.

Kommt es nach Abschluß eines Pauschalvertrages zu einer Änderung der ursprünglich vereinbarten Ausführungsart oder des Leistungsumfanges, so sollten diese Änderungen unbedingt schriftlich vereinbart werden, falls nicht bereits im Pauschalvertrag – was ausdrücklich zu empfehlen ist – bereits vorgesehen ist, daß sämtliche Änderungen der vereinbarten Ausführungsart und des Leistungsumfangs der Schriftform bedürfen.

Zulässig ist ferner auch, nach Abschluß des Pauschalvertrages die einmal getroffene Preisabsprache zu ändern. Von der Pauschalpreisvereinbarung kann sich jedoch nicht ein Vertragspartner einseitig lösen, sondern es bedarf auch hierzu einer eindeutigen übereinstimmenden Willenserklärung *beider* Vertragspartner.

Bei *VOB-Verträgen* sind spezielle Vorschriften für den Pauschalpreisvertrag in § 2 Ziff. 7 VOB/B enthalten. Auch bei einem VOB-Vertrag bleibt grundsätzlich die Vergütung unverändert, wenn eine Pauschalsumme vereinbart ist. Weicht jedoch die ausgeführte Leistung von der vertraglich vorgesehenen Leistung so erheblich ab, daß ein Festhalten an der Pauschalsumme nicht zumutbar ist, (§ 242 BGB) so ist auf

Verlangen ein Ausgleich unter Berücksichtigung der Mehr- oder Minderkosten zu gewähren. Für die Bemessung des Ausgleichs ist von den Grundlagen der Preisermittlung auszugehen.

Projektierung

Bei Werkverträgen insbesondere auf dem Gebiet des Bauwesens (z. B. Erstellung einer Zentralheizungsanlage, Sanitär- oder Elektroinstallation) sind vom Auftragnehmer mitunter umfangreiche zeichnerische und rechnerische Vorarbeiten zu erbringen, die man allgemein als Projektierung bezeichnen kann.

Für den Auftragnehmer geht es in diesem Zusammenhang, ähnlich wie beim ▶ *Kostenanschlag*, um die Frage, ob er seinen Arbeitsaufwand für die Projektierung vom Auftraggeber bezahlt verlangen kann, falls es nicht zur Erteilung des Hauptauftrages kommt.

Ebenso wie bei der Anfertigung eines aufwendigen Kostenanschlages gilt auch bei der Projektierung der Grundsatz, daß der Auftragnehmer die zur Anbahnung geschäftlicher Beziehungen getätigten Aufwendungen ohne besondere vertragliche Vereinbarung nicht ersetzt bzw. die geleistete Arbeit nicht bezahlt verlangen kann.

> **Merksatz:**
> Bei der Durchführung von Projektierungsarbeiten, d. h. zeichnerischer und rechnerischer Vorbereitung eines Auftrages, sollte der Auftragnehmer stets vertraglich vereinbaren, daß die von ihm erbrachten Leistungen auch dann zu vergüten sind, wenn ihm der Hauptauftrag nicht erteilt wird.

Zu vergüten sind die vom Auftragnehmer geleisteten Projektierungsarbeiten in jedem Fall, d. h. auch ohne vertragliche Vereinbarung, wenn der Auftraggeber diese später verwendet und dadurch einen finanziellen Vorteil erlangt.

Beispiel:
Hauseigentümer H. will in sein Miethaus für 20 Mietwohnungen eine neue Zentralheizungsanlage einbauen lassen. Er beauftragt die Heizungsbaufirma F. mit der Erstellung eines Kostenanschlages sowie Durchführung der Projektierung des beabsichtigten Heizungsobjekts. Die Vorarbeiten werden von F. ausgeführt. Es kommt

jedoch nicht zur Auftragserteilung. Andererseits benutzt jedoch H. anschließend die Zeichnungen und Berechnungen von F., um eine behördliche Genehmigung für die Anlage, die nun von einer anderen Firma gebaut werden soll, zu erlangen.

In dem vorliegenden Fall wird man dem Auftragnehmer einen Vergütungsanspruch für die von ihm erbrachten und vom Auftraggeber verwendeten Leistungen auch ohne ausdrückliche vertragliche Vereinbarung schon deshalb zuerkennen müssen, weil der Auftraggeber erkennbar davon ausgehen mußte, daß die umfangreichen Vorarbeiten, die er dann sogar noch zu seinem Vorteil verwenden konnte, nicht umsonst erbracht werden.

Die Höhe der Vergütung für Projektierungsarbeiten richtet sich nach Art und Umfang der Leistung. Handelt es sich speziell um Arbeiten, die in das Leistungsbild von Ingenieurarbeiten nach der Honorarordnung für Architekten und Ingenieure (HOAI) eingestuft werden können, so kann eine Vergütung in entsprechender Anwendung der Vergütungsgrundsätze der HOAI berechnet werden.

In der Regel wird es für den Auftragnehmer einfacher sein, für die von ihm bzw. dem betreffenden qualifizierten Mitarbeiter seines Betriebes erbrachten Leistungen nach Stundensätzen zu berechnen und daneben die Auslagen (Fotokopierkosten etc.) gesondert in Rechnung zu stellen.

Im Falle einer gerichtlichen Auseinandersetzung über derartige Vergütungsansprüche ist natürlich der Auftragnehmer für den Umfang der von ihm erbrachten Projektierungsarbeiten voll beweispflichtig. Es empfiehlt sich daher trotz Aushändigung von Zeichnungen, Plänen, Rechnungen usw. an den Auftraggeber, noch genügend eigene Unterlagen in Form von Duplikaten oder Fotokopien aufzubewahren, um im Streitfall nachweisen zu können, in welchem Umfang die Vorarbeiten erbracht wurden.

Prüfvermerk des Architekten

Bei größeren Bauleistungsverträgen, z. B. im Zusammenhang mit der Erstellung eines Neubaus, werden auch die Rechnungen der am Bau beteiligten Handwerksfirmen in der Regel von einem Architekten geprüft und mit einem sog. Prüfvermerk versehen.

Dieser Vermerk lautet z. B.:

»Sachlich und rechnerisch richtig«

oder

»Als sachlich und rechnerisch richtig anerkannt«

Daraus ergibt sich für den Auftragnehmer die Frage, ob der Auftraggeber gegenüber einer vom Architekten geprüften und mit einem Prüfvermerk versehenen Rechnung überhaupt später noch Einwendungen vorbringen kann. Um diese Frage zu beantworten, muß zunächst die rechtliche Bedeutung des Prüfvermerks erläutert werden.

Der vom Auftraggeber (Bauherrn) beauftragte Architekt hat bei der Rechnungsprüfung die Aufgabe, die vom Auftragnehmer eingesetzten Rechnungspositionen mit dem tatsächlich erbrachten Leistungsumfang zu vergleichen. Ferner sind die Rechnungspositionen rechnerisch zu überprüfen und zu addieren. Der Architekt erfüllt mit der Rechnungsprüfung eine Aufgabe, die ihm aufgrund seines Architektenvertrages gegenüber dem Auftragnehmer obliegt.

Prüfung und Feststellung der Rechnung bedeutet also lediglich die inhaltliche Nachprüfung der Rechnungsangaben des Auftragnehmers durch Gegenüberstellung der einzelnen Positionen zu dem tatsächlich erbrachten Leistungsumfang. Der auf die Rechnung gesetzte Prüfvermerk hat somit nur die rechtliche Bedeutung, daß der Architekt die Rechnungsangaben des Auftragnehmers geprüft und festgestellt hat. Eine weitergehende Bedeutung kommt diesem Vermerk jedoch nicht zu. Der Prüfvermerk enthält insbesondere kein ▶ *Anerkenntnis*, d. h. er bedeutet nicht, daß der Auftraggeber die Arbeiten bereits durch den Vermerk als vertragsgemäß ausgeführt und damit mangelfrei anerkennt. Auch gelten die Leistungen durch den Vermerk nicht als abgenommen.

Ob der Prüfvermerk des Architekten u. U. jedoch auch die rechtliche Bedeutung eines *Anerkenntnisses* haben kann, soll anhand des folgenden Beispiels erläutert werden.

Beispiel:
Installationsbetrieb I. erhält vom Architekten A. den Auftrag, im Miethaus des Eigentümer E. sechs Duschkabinen zu errichten. Während der Ausführung der Arbeiten erweitet A. den Auftrag um zwei weitere Duschkabinen. Die Schlußrechnung des I., die auch eine Abrechnung über die zusätzlich in Auftrag gegebenen Duschkabinen enthält, wird von dem Architekten mit dem Prüfvermerk „als sachlich und rechnerisch richtig anerkannt" versehen. E. weigert sich jedoch, die zwei zusätzlich in Auftrag gegebenen Duschkabinen zu bezahlen und behauptet, er habe den Architekten hierzu niemals bevollmächtigt.

Ein Architekt, dem die technische und geschäftliche Oberleitung bei der Bauerrichtung vom Auftraggeber übertragen worden ist, kann auch die Vollmacht haben, Rechnungen der betr. Bau- und Handwerksfirmen anzuerkennen. Diese Vollmacht ergibt sich jedoch noch nicht allgemein aus dem Architektenvertrag. Das Bestehen der Vollmacht muß im Streitfall vom Auftragnehmer bewiesen werden.

Im vorstehenden Beispiel hat jedoch der Architekt den Auftrag für die beiden zusätzlichen Duschkabinen erteilt, so daß nach den Grundsätzen der ▶ *Anscheinsvollmacht* der Auftraggeber die Auftragserteilung seines Architekten gegen sich gelten lassen muß.

Wenn hingegen für die vom Auftragnehmer zusätzlich erbrachten Leistungen vom Architekten kein Auftrag erteilt wurde, so wird die Vergütung für die Leistungen durch den Prüfvermerk nur dann anerkannt, wenn der Auftragnehmer nachweisen kann, daß der Architekt die besondere Vollmacht hatte, Rechnungen des Auftragnehmers anzuerkennen.

Merksatz:
Der Prüfvermerk des Architekten auf Rechnungen des Auftragnehmers bedeutet nur, daß diese geprüft und festgestellt wurden, d. h. die Rechnungsangaben stimmen mit dem tatsächlich erbrachten Leistungsumfang überein. Eine Abnahme der Arbeiten und ordnungsgemäße Ausführung werden dadurch nicht bestätigt. Zusätzlich ausgeführte und abgerechnete Arbeiten werden durch den Prüfvermerk nur dann anerkannt, wenn dem Architekten hierzu vom Auftraggeber eine besondere Vollmacht erteilt worden ist.

Rechnung

Mit der Rechnung erteilt der Auftragnehmer dem Auftraggeber eine detaillierte Aufstellung über die von ihm erbrachten Leistungen und die dafür zu entrichtende Vergütung (Werklohnforderung).

Übersichtlichkeit und Vollständigkeit der Rechnungsaufstellung sind zwei wesentliche Gebote, die auch bei kleineren Rechnungen stets beachtet werden sollten.

Wer z. B. eine Rechnung mit folgendem Wortlaut aufstellt:

»Lieferung und Montage eines Warmwassergerätes: 500,– DM«

wird mit Sicherheit im Falle eines Rechtsstreits den Kürzeren ziehen, da zunächst eine ordnungsgemäße Rechnung erstellt werden müßte.

Die erbrachte Handwerksleistung und die dafür verlangte Vergütung müssen aufgeschlüsselt in übersichtlicher und nachprüfbarer Form in der Rechnung enthalten sein, so daß diese dem Auftraggeber eine Möglichkeit zur echten Kontrolle bietet.

Andererseits hat die Rechnung nicht die rechtliche Eigenschaft eines Vertrages. Werden versehentlich einzelne Positionen bezüglich des gelieferten Materials oder der erbrachten Leistungen in der Rechnung nicht richtig oder gar nicht angegeben, so ist der Auftragnehmer jederzeit (d. h. bis spätestens zur ▶ *Verjährung* seiner Forderung) berechtigt, die Rechnung entsprechend zu korrigieren. Mit Ausstellung der Rechnung erkennt der Auftragnehmer also keineswegs an, auf die versehentlich nicht berechneten Leistungsteile zu verzichten.

Für Rechnungen, die im Rahmen eines *VOB-Vertrages* erstellt werden, sind die vorgenannten Grundsätze in § 14 VOB/B weiter präzisiert. Danach hat der Auftragnehmer »die Rechnungen übersichtlich aufzustellen und dabei die Reihenfolge der Posten einzuhalten und die in den Vertragsbestandteilen enthaltenen Bezeichnungen zu verwenden. Die zum Nachweis von Art und Umfang der Leistung erforderlichen Massenberechnungen, Zeichnungen und anderen Belege sind beizufügen. Änderungen und Ergänzungen des Vertrages sind in der Rechnung besonders kenntlich zu machen; sie sind auf Verlangen getrennt abzurechnen«.

Im Rahmen eines VOB-Vertrages ist der Vergütungsanspruch des Auftragnehmers nicht bereits mit ▶ *Abnahme* der Arbeiten, sondern erst nach Vorlage einer prüfungsfähigen Rechnung fällig.

Die für den VOB-Vertrag geltenden Grundsätze sind natürlich nur bedingt auf die nach BGB-Recht zu beurteilenden Werkverträge anzuwenden. Zeichnungen, Massenberechnungen oder andere Belege müssen in diesem Fall nicht beigefügt werden. Dies würde insbesondere bei kleineren Aufträgen einen unvertretbaren zusätzlichen Arbeitsaufwand für den Auftragnehmer bedeuten. Sind jedoch derartige Unterlagen, die während der Ausführung des Auftrages angefertigt und zur Erstellung einer ordnungsgemäßen Rechnung verwendet wurden, noch vorhanden, so empfiehlt es sich, diese bis zur vollständigen Bezahlung der Rechnung aufzubewahren. Dies gilt insbesondere für die ▶ *Montagezettel*, die bei gerichtlichen Auseinandersetzungen stets als wichtiges Beweismittel benötigt werden.

Die Rechnung muß ferner auf die Person des ▶ *Auftraggebers* ausgestellt sein, wobei darauf zu achten ist, daß dieser mit **Vor- und Zunamen** zu bezeichnen ist. Damit können von vornherein Verzögerungen bei einer etwaigen späteren gerichtlichen Geltendmachung der Werklohnforderung vermieden werden.

Es kommt immer wieder vor, daß Auftragnehmer, die einen Auftrag von einem Mieter erhalten, sich auf dessen Wunsch bereit erklären, die Rechnung nicht auf dessen Namen, sondern auf den Namen des Hauseigentümers auszuschreiben. Erklärt sich jedoch der Hauseigentümer mit der Bezahlung der Rechnung nicht einverstanden, weil er, wie er zu Recht behauptet, überhaupt keinen Auftrag erteilt hat, so muß der Auftragnehmer doppelte Arbeit leisten und die Rechnung nunmehr auf den Namen des Mieters ausstellen. Bevor sich also der Auftragnehmer bereit erklärt, die Rechnung direkt auf den Namen des Hauseigentümers auszustellen, sollte er zuvor dessen Einwilligung einholen, um sicher zu sein, daß sich der Hauseigentümer auch tatsächlich für die ausgeführte Reparatur verantwortlich zeigt und die Rechnung bezahlt.

Wie schon eingangs erwähnt wurde, hat die Rechnung nicht die rechtliche Eigenschaft eines Vertrages, so daß durch bestimmte Rechnungsaufdrucke mangelnde vertragliche Vereinbarungen nicht ersetzt werden können. Der in die Rechnung aufgenommene Hinweis, daß das gelieferte Material bis zur Bezahlung der Rechnung Eigentum des Auftragnehmers bleibt, ist unbeachtlich, wenn nicht zuvor ein entsprechender ▶ *Eigentumsvorbehalt* vertraglich vereinbart worden ist. Ebenso verhält es sich mit dem in der Rechnung enthaltenen Hinweis auf die Geltung allgemeiner Geschäftsbedingungen des Auftragnehmers. ▶ *Allgemeine Geschäftsbedingungen* können nur durch vertragliche Vereinbarung zum Gegenstand eines Werkvertrages gemacht werden. Enthält lediglich die Rechnung einen entsprechenden Hinweis auf die Geschäftsbedingungen des Auftragnehmers, so sind diese auch dann nicht Vertragsgegenstand geworden, wenn der Auftraggeber nach Erhalt der Rechnung den Geschäftsbedingungen nicht widerspricht.

Obwohl nach den gesetzlichen Vorschriften die Vergütung des Auftragnehmers bereits nach Abnahme seiner Handwerksleistungen fällig wird, sollte die Rechnung eine Zahlungsfrist enthalten. Zum Eintritt der Verzugsfolgen (▶ *Zahlungsverzug des Auftraggebers*) reicht es jedoch nicht aus, wenn der Auftragnehmer ein bestimmtes Zahlungsdatum, z. B. zahlbar bis 15.10.1978, in die Rechnung aufnimmt. Nach Ablauf der in der Rechnung enthaltenen Zahlungsfrist muß, um die Verzugsfolgen eintreten zu lassen, eine ▶ *Mahnung* erfolgen.

Merksatz:
Form und Inhalt der Handwerkerrechnung geben häufig Anlaß zu Rechtsstreitigkeiten. Der Auftragnehmer sollte deshalb darauf achten, daß die von ihm erbrachte Handwerksleistung und die dafür verlangte Vergütung in übersichtlicher und nachprüfbarer Form in der Rechnung enthalten ist und somit dem Auftraggeber eine Möglichkeit zur echten Kontrolle geboten wird. Neben dem reinen Vergütungsanspruch ist der jeweils geltende MWSt-Satz gesondert auszuweisen.

Die Rechnung muß auf den Namen des Auftraggebers ausgestellt sein, es sei denn, dieser hat sich ausdrücklich damit einverstanden erklärt, daß die Rechnung auf eine dritte Person ausgeschrieben wird und diese sich auch mit der Bezahlung einverstanden erklärt.

Rechnungen müssen immer den **Vor**- u. Zunamen des Auftraggebers enthalten.

Rechtsanwalt, Rechtsanwaltskosten

Es gibt Handwerksbetriebe, die den Gang zum Rechtsanwalt auch heute noch als sog. «letztes Mittel» ansehen, um zu ihrem Recht zu kommen.

Hat ein Handwerksbetrieb jahrelang mit einem Kunden gut zusammengearbeitet und kommt es mal zu einer kleinen rechtlichen Auseinandersetzung, oder wird die Handwerkerrechnung vom Auftraggeber nicht sofort nach der ersten Mahnung bezahlt, so würde die sofortige Beauftragung eines Anwalts u. U. die Beendigung dieser ansonsten zufriedenstellenden und nicht zuletzt auch für den Auftragnehmer finanziell interessanten Geschäftsverbindung bedeuten. Hier sollte sich also der Inhaber des Handwerksbetriebes sorgfältig überlegen, ob die voreilige Beauftragung des Rechtsanwalts den mit Sicherheit zu erwartenden Verlust des Kunden aufwiegt.

Andererseits darf bei allem Verhandlungsgeschick und mitunter auch einigen juristischen Grundkenntnissen eines Handwerksmeisters nicht unerwähnt bleiben, daß durch eine verspätete Beauftragung des Rechtsanwalts rechtliche und vor allem auch finanzielle Nachteile entstehen können.

Folgendes Beispiel, das in der Praxis gar nicht so selten vorkommt, soll dies erläutern:

Beispiel:
Ein Handwerksbetrieb stellt einem Kunden für auftragsgemäß geleistete Arbeiten eine Rechnung über 3.000,– DM aus, die dem Auftraggeber zwar übersandt, aber anschließend nicht mehr angemahnt wird. Nach einem Jahr erhält schließlich der Rechtsanwalt den Auftrag, die Forderung geltend zu machen. Dabei muß dieser feststellen, daß mangels einer Mahnung mit Fristsetzung für das bereits vergangene Jahr keine Verzugszinsen verlangt werden können. Es geht jedoch nicht allein um den Zinsverlust. Wenn der Rechtsanwalt die Rechnung unter Fristsetzung erstmals abmahnt und der Auftraggeber innerhalb der Zahlungsfrist die Werklohnforderung reguliert, dann gehen die Kosten des Anwalts zu Lasten des Handwerksbetriebes!

Nicht nur der Zinsverlust, sondern auch die aus der eigenen Tasche zu zahlenden Anwaltskosten verringern somit den Rechnungsbetrag nicht unerheblich.

Mitunter ist der Rat eines Rechtsanwalts sogar schon angebracht, bevor der Auftragnehmer überhaupt einen Vertrag unterschrieben hat. Erhält der Auftragnehmer z. B. bei der Vergabe von Bauaufträgen ein finanziell verlockendes Angebot, so muß er in der Regel einen seitenlangen Bauleistungsvertrag mit zusätzlichen und besonderen Vertragsbedingungen unterschreiben. Diese Verträge sind garantiert von erfahrenen Juristen und Architekten ausgearbeitet und allein die Tatsache, daß der Bauherr großen Wert darauf legt, daß *seine* Verträge vom Handwerksbetrieb unterschrieben werden, beweist, daß darin Vertragsbedingungen enthalten sind, über deren Bedeutung sich auch der Auftragnehmer rechtlich aufklären lassen sollte. Hier hat eine rechtzeitige juristische Beratung so manchem Handwerksbetrieb viel Ärger und Geld erspart.

Ein wesentlicher Grund für die oft späte, manchmal aber auch leider schon zu späte Beauftragung des Rechtsanwalts sind gerade die entstehenden Kosten, von denen die Handwerksbetriebe nur vage Vorstellungen und im Falle eines verlorenen Prozesses, auch recht unangenehme Erfahrungen haben. Es ist daher erforderlich, an dieser Stelle einige grundsätzliche Erklärungen zum Entstehen und zur Höhe der Rechtsanwaltskosten abzugeben.

Beauftragt der Handwerksbetrieb zur Geltendmachung eigener Ansprüche oder zur Abwehr gegen ihn erhobener Ansprüche einen Rechtsanwalt, so entstehen Anwaltskosten, wenn der Auftrag von diesem angenommen wird und er in irgendeiner Weise für seinen Mandanten tätig wird. Diese Tätigkeit kann mitunter nur in einer kurzen Beratung bestehen, aber auch in einer Prozeßvertretung, die z. B. 3 Jahre dauert.

Obwohl es einem Rechtsanwalt nicht verboten ist, in einer entsprechenden Honorarvereinbarung seine Tätigkeit nach Zeitaufwand und nach der Bedeutung der Sache in Rechnung zu stellen, bildet diese Art der Berechnung des Anwaltshonorars nach wie vor die Ausnahme. Die Höhe der Anwaltskosten richtet sich in der Regel nicht nach dem geleisteten Arbeitsaufwand, sondern nach dem *Wert des Streitgegenstandes.*

Ähnlich wie bei der Gebührenrechnung der Architekten und Ingenieuren, bei denen die Bausumme als Berechnungsgrundlage dient, werden die Gebühren des Rechtsanwalts aufgrund von Gebührentabellen auf der Grundlage des Streitwertes ermittelt. Hierbei muß der Handwerksbetrieb als Mandant wissen, daß der Rechtsanwalt für die Abfassung eines kurzen Schreibens bei der außergerichtlichen Geltendmachung eines Werklohnbetrages in Höhe von 15.000,– DM Anwaltsgebühren von 548,55 DM! verlangen kann. Wird der vorgenannte Werklohnbetrag jedoch nicht sofort gezahlt und ergibt sich in der Folgezeit eine weitere umfangreiche Korrespondenz, so erhöhen sich dadurch die Gebühren des Rechtsanwalts nicht.

Für einen vor dem Amtsgericht ein Jahr lang geführten Prozeß mit mehreren Verhandlungsterminen und Beweisaufnahme über eine Werklohnforderung von 400,– DM kann der Anwalt am Ende der Instanz Gebühren in Höhe von 139,92 DM verlangen. Allein die Bürounkosten (Schreibkraft etc.) dürften bei einer einjährigen Prozeßdauer das verdiente Anwaltshonorar bei weitem übersteigen.

Im Falle einer gerichtlichen Auseinandersetzung wird im Urteil auch darüber entschieden, wer die Kosten zu tragen hat. Wer den Prozeß gewinnt, ist zwar zunächst verpflichtet, die Kosten des eigenen Anwalts zu regulieren. Diese Kosten sind jedoch anschließend von dem unterlegenen Prozeßgegner zu erstatten.

Für den Fall außergerichtlicher Rechtsstreitigkeiten hat der Auftraggeber die Kosten des Rechtsanwalts nur dann zu erstatten, wenn er sich mit der Bezahlung der Werklohnforderung im ▶ *Zahlungsverzug* befindet, oder wenn er sonst durch schuldhaftes Verhalten die Beauftragung eines Rechtsanwalts veranlaßt hat.

Der Handwerksbetrieb hat jedoch eine einfache Möglichkeit, dem Risiko einer Kostenbelastung sowohl für gerichtliche als auch außergerichtliche Rechtsstreitigkeiten von vornherein aus dem Weg zu gehen, indem er eine ▶ *Rechtsschutzversicherung* abschließt, die bei außergerichtlichen Rechtsstreitigkeiten die Anwaltskosten auch dann übernimmt, wenn der Auftragnehmer zur Kostenerstattung nicht verpflichtet ist, oder wenn im Falle einer gerichtlichen Auseinandersetzung der Prozeß verloren geht.

Rechtsschutzversicherung

Wohl kaum ein Handwerksbetrieb kommt heute ohne den Einsatz eines oder mehrerer Kraftfahrzeuge aus. Der tägliche Einsatz der Fahrzeuge (z. B. Montagewagen) erhöht die Unfallgefahr. Es kann deshalb schon als allgemein bekannt vorausgesetzt werden, daß der Abschluß einer Kfz-Rechtsschutzversicherung für die Firmenfahrzeuge erhebliche wirtschaftliche Vorteile mit sich bringt.

Nicht bei jedem Unfall ist nur der Andere schuld. Bei ungeklärter Schuldfrage kann der Handwerksbetrieb sofort einen Rechtsanwalt beauftragen, denn dessen Kosten werden von der Rechtsschutzversicherung übernommen, falls sie nicht bereits von der Haftpflichtversicherung des Unfallgegners zu erstatten sind.

Im Rahmen der Kfz-Rechtsschutzversicherung werden auch Anwalts- und Gerichtskosten erstattet, die durch die Verteidigung des (berechtigten) Fahrers des versicherten Fahrzeugs im Falle einer Verkehrsstraftat oder eines Bußgeldverfahrens entstehen.

Den Anwalt kann sich der Versicherte selbst aussuchen. Nur wenn er die Anwaltswahl der Rechtsschutzversicherung überläßt, wird der Fall einem Rechtsanwalt übertragen, der ständig mit der Versicherung zusammenarbeitet und natürlich auch spezielle Kenntnisse auf dem betreffenden Fachgebiet haben muß.

Rechtsschutzversicherungen bieten jedoch nicht nur Versicherungsschutz für Kraftfahrzeuge an. Insbesondere für Handwerksbetriebe ist der Abschluß einer Rechtsschutzversicherung für die Fachgebiete Arbeitsrecht und Allgemeines Vertragsrecht durchaus zu empfehlen.

Bereits bei einem oder zwei Arbeitsgerichtsprozessen im Jahr (in diesem Fall hat grundsätzlich jede Prozeßpartei in der I. Instanz die Kosten des eigenen Rechtsanwalts selbst zu tragen!) zahlt sich die geleistete Jahresprämie voll aus, wenn die gesamten Gerichts- und Anwaltskosten von der Rechtsschutzversicherung und nicht aus der eigenen Tasche bezahlt werden müssen.

Ähnlich verhält es sich bei dem Allgemeinen Vertragsrechtsschutz. Wird z. B. eine fällige Werklohnforderung gerichtlich geltend gemacht und stellt sich heraus, daß der Schuldner über keine finanziellen Mittel verfügt, d. h. die Zwangsvollstreckung fruchtlos ausfällt, so bezahlt in diesem Fall die Rechtsschutzversicherung die vom Handwerksbetrieb verauslagten Gerichts-, Anwalts- und Zwangsvollstreckungskosten. Bei Prozessen, die eine Beweisaufnahme durch Sachverständigengutachten erfordern, werden selbstverständlich auch die in der Regel sehr hohen Sachverständigen-Kosten von der Rechtsschutzversicherung in jedem Fall, d. h. also auch im Falle eines verlorenen Prozesses, in vollem Umfang übernommen. Nähere Einzelheiten über den Abschluß und die einzelnen Konditionen einer Rechtsschutzversicherung sollte jeder Inhaber eines Handwerksbetriebes bei der betreffenden Versicherung bzw. dessen Vertreter genau erfragen. Auch wenn sich die Bedingungen noch so günstig anhören, vor Abschluß einer Rechtsschutzversicherung sollte unbedingt überprüft werden, welche Versicherungsleistungen der Handwerksbetrieb im Ernstfall tatsächlich erwarten kann, und welche Risiken die Versicherung ausschließt.

Gibt es mal Ärger mit einer Versicherung, wendet man sich am besten an das »Bundesaufsichtsamt für das Versicherungswesen«, 1000 Berlin 15, Ludwigkirchplatz 3.

Natürlich sind Rechtsschutzversicherungen nicht dazu da, Entschädigungen zu zahlen oder Strafen und Geldbußen für die Versicherten zu übernehmen. Sie sorgen jedoch dafür, daß Streitigkeiten und gerichtliche Auseinandersetzungen ohne Prozeßkostenrisiko ausgetragen werden können.

Ganz allgemein läßt sich also ohne Übertreibung sagen, daß der Abschluß einer Rechtsschutzversicherung insbesondere für die Gebiete Kfz-Rechtsschutz, Arbeitsgerichts-, Sozial-Rechtsschutz, Mietrechtsschutz und Allgemeiner Vertragsrechtsschutz erhebliche Vorteile auf dem Weg zu »Ihrem guten Recht« bringt.

Sachverständigengutachten

Bei Streitigkeiten über die Qualität der vom Auftragnehmer erbrachten Leistungen, aber auch über die Höhe der in Rechnung gestellten Vergütung, werden oft Sachverständigengutachten in Auftrag gegeben.

Die Handwerkskammern benennen auf Anfrage für die jeweiligen Gewerke die geeigneten vereidigten Sachverständigen. Im Branchen-Fernsprechbuch sind ebenfalls zahlreiche Sachverständige für die einzelnen Fachgebiete aufgeführt.

Es soll Fälle geben, bei denen sich die Vertragspartner nach Einholung eines außergerichtlichen Sachverständigengutachtens (▶ *Parteigutachten*) dessen Ergebnis unterworfen haben, ohne daß es zu einer gerichtlichen Auseinandersetzung kam. Die rechtliche Praxis beweist jedoch das Gegenteil, d. h. die meisten außergerichtlichen Gutachten führen nicht zur gütlichen Beilegung eines Streites zwischen Auftraggeber und Auftragnehmer, so daß sich die Frage nach dem rechtlichen Sinn und Wert solcher außergerichtlicher Privatgutachten erhebt.

Unterwerfen sich die Vertragsparteien nicht freiwillig dem Ergebnis eines solchen Privatgutachtens, dann ist dieses rechtlich relativ wertlos, da ein Privatgutachten, auch wenn es vom fachlichen Inhalt her nicht anzuzweifeln ist, im Falle einer gerichtlichen Auseinandersetzung grundsätzlich nicht als vollgültiges Beweismittel anerkannt wird.

Widerspricht also der Vertragspartner, der das Gutachten nicht in Auftrag gegeben hat, der Verwertung im Prozeß, so muß das Gericht im Rahmen der Beweisaufnahme erneut einen Sachverständigen beauftragen, falls bestimmte Streitpunkte nur durch einen Sachverständigen geklärt werden können.

Bei der Geschäftsbeziehung zwischen dem Handwerksbetrieb und seinem Auftraggeber kann man in der Regel davon ausgehen, daß der Auftragnehmer als Fachmann die Qualität seiner Arbeit beurteilen kann. Sachverständigengutachten werden somit fast ausschließlich vom Auftraggeber eingeholt. In diesem Fall sollte der Auftragnehmer wissen, daß er sich einem außergerichtlich eingeholten ▶ *Parteigutachten* nicht unterwerfen muß, falls das Ergebnis zu seinem Nachteil ausfällt.

Der Auftragnehmer kann darauf bestehen, daß die Feststellungen eines Sachverständigen nur im Rahmen eines ▶ *gerichtlichen Beweissicherungsverfahrens* oder im Rahmen eines Gerichtsverfahrens von einem durch das Gericht beauftragten Sachverständigen getroffen werden.

Wird hingegen in einem Zivilprozeß ein gerichtliches Sachverständigengutachten eingeholt, so ist die rechtliche Situation völlig anders zu beurteilen. Das gerichtliche Sachverständigengutachten ist ein echtes zivilprozessuales Beweismittel und nach dessen Ergebnis kann ein Prozeß zu Gunsten oder zu Ungunsten einer Partei entschieden werden.

Ein vom Gericht durch entsprechenden Beweisbeschluß beauftragter Sachverständiger kann von einer Prozeßpartei nur abgelehnt werden, wenn aufgrund bestimmter Umstände glaubhaft gemacht wird, daß der Sachverständige aufgrund persönlicher Beziehungen zu einer Partei nicht genügend objektiv und völlig neutral ist. Hierzu ist glaubhaft zu machen, daß der Sachverständige z. B. ständig Privatgutachten für die am Prozeß beteiligte Gegenpartei erstellt hat.

Eine mangelnde fachliche Qualifikation genügt jedoch nicht, um den gerichtlichen Sachverständigen von vornherein abzulehnen. Enthält jedoch ein Gutachten offenkundige und schwerwiegende Fehler und Widersprüche, so sind die Parteien berechtigt, die Mängel des Gutachtens aufzudecken und dem Gericht mitzuteilen. In solchen Fällen gilt es auch, das Gericht davon zu überzeugen, daß aufgrund eines fehlerhaften und widersprüchlichen Gutachtens kein Urteil gefällt werden darf, so daß das Gericht die Möglichkeit hat, ein sog. Obergutachten von einem anderen Sachverständigen einzuholen.

Bei der Einholung eines gerichtlichen Sachverständigengutachtens erhält der Sachverständige die Prozeßakten und lädt die Prozeßparteien zu einem gemeinsamen Ortsbesichtigungstermin. Die persönliche Anwesenheit der Parteien ist jedoch nicht zwingend vorgeschrieben, so daß der Sachverständige seine Feststellungen auch ohne die eine oder andere Partei treffen kann. Wer aus wichtigen Gründen daran gehindert ist, den vom Sachverständigen angesetzten Ortsbesichtigungstermin wahrzunehmen, sollte sich rechtzeitig mit dem Sachverständigen in Verbindung setzen, damit der Termin ggf. verschoben werden kann. Der Sachverständige wird bei wichtigen Gründen einer Terminsverlegung in jedem Fall zustimmen.

Die Kosten eines gerichtlichen Sachverständigengutachtens gehören zu den Prozeßkosten und sind also in der Regel von der im Prozeß unterlegenen Partei zu tragen. Bevor ein Sachverständigengutachten vom Gericht in Auftrag gegeben wird, ist auf die zu erwartenden Kosten des Sachverständigen ein angemessener Vorschuß zu zahlen. Dieser Vorschuß ist von der Prozeßpartei aufzubringen, die für eine bestimmte Tatsache, die durch Sachverständigengutachten geklärt werden soll, beweispflichtig ist (▶ *Beweislast*).

Beispiel:
Für die vom Auftraggeber behaupteten *Mängel* der Handwerksleistung ist der Auftraggeber beweispflichtig. Vorschußpflichtig ist also der Auftraggeber.

Behauptet der Auftraggeber, die in Rechnung gestellte Arbeitszeit oder der Stundenlohnsatz seien unangemessen hoch, so ist er für diese Behauptung beweispflichtig. Vorschußpflichtig ist also auch in diesem Fall der Auftraggeber.

Da die Kosten des Sachverständigengutachtens in vollem Umfange zu den Prozeßkosten gehören, sollte bei Abschluß eines Prozeßvergleichs auch darauf geachtet werden, daß z. B. bei Teilung der Kosten ein solcher Vergleich nicht etwa unwirtschaftlich wird, da in diesem Fall neben den Kosten des eigenen Anwalts die Hälfte der Gerichtskosten und die Hälfte der Sachverständigenkosten übernommen werden müssen.

Schadensersatz wegen Nichterfüllung

Neben ▶ *Wandlung* und ▶ *Minderung* ist der Anspruch auf Schadensersatz das dritte – vom Gesetzgeber vorgesehene – *Gewährleistungsrecht* des Auftraggebers. Im Gegensatz zu den beiden erstgenannten Gewährleistungsansprüchen kann der Auftraggeber Schadensersatz wegen Nichterfüllung jedoch nur dann verlangen, wenn die Handwerksleistung einen Mangel aufweist, den der Auftragnehmer (bzw. seine Erfüllungsgehilfen) zu vertreten, also verschuldet hat.

Der Auftragnehmer hat dafür einzustehen, daß er die allgemeinen Regeln der Technik seines Handwerks beherrscht, wobei er auch für die Arbeiten seiner Gesellen, Helfer und Lehrlinge, die als sog. ▶ *Erfüllungsgehilfen* gelten, haftet.

Ist dagegen ein Mangel in den von einem Lieferanten bezogenen Rohstoff, Material, Fertig- oder Einzelteil begründet, so hat der Auftragnehmer diesen Mangel nur dann zu vertreten, wenn er ihn aufgrund seiner eigenen Fachkunde bei der Verarbeitung oder beim Einbau erkennen mußte.

Beispiel:
Heizkörper sind vom Herstellerwerk fehlerhaft verschweißt worden, so daß sie nach dreimonatiger Benutzung undicht werden. Die Heizungsbaufirma, die diese Heizkörper eingebaut hat, trifft nur dann ein Verschulden, das zu Schadensersatzansprüchen führen kann, wenn sie fehlerhafte Schweißnähte bereits beim Einbau hätte erkennen können.

Bevor der Auftraggeber Schadensersatzansprüche geltend macht, müssen die allgemeinen Voraussetzungen der ▶ *Gewährleistung* erfüllt sein. Dem Auftragnehmer muß also zunächst eine angemessene Frist zur ▶ *Mängelbeseitigung* gesetzt worden sein, und zwar verbunden mit der Erklärung, daß die Beseitigung des Mangels nach ergebnislosem Ablauf dieser Frist abgelehnt werde (sog. Ablehnungsandrohung).

Ferner kann Schadensersatz wegen Nichterfüllung nur anstelle der Wandlung oder Minderung verlangt werden. Hat sich also der Auftraggeber z. B. nach Ablauf der Nachbesserungsfrist entschlossen, einen Teil des Werklohnbetrages als Minderung einzubehalten, und ist der Auftragnehmer hiermit einverstanden, so kann der Auftraggeber nach bereits vollzogener Minderung keine Schadensersatzansprüche mehr geltend machen.

Der Schadensersatzanspruch setzt ferner, wie sich schon aus dem Wort ergibt, voraus, daß dem Auftraggeber durch den Mangel tatsächlich ein *Schaden* entstanden ist. Dabei müssen Mangel und Schaden in einem direkten Zusammenhang stehen.

Die Schadensersatzforderung des Auftraggebers besteht in erster Linie in Geldersatz. Wenn der Auftragnehmer den Mangel trotz angemessener Fristsetzung nicht beseitigt hat, so ist er verpflichtet, dem Auftraggeber die Kosten für die durch eine andere Firma durchgeführte Mängelbeseitigung zu ersetzen. Kosten für ein Sachverständigengutachten, das die Mängel und die Möglichkeiten deren Beseitigung klären soll, sind dem Auftraggeber ebenfalls zu erstatten.

Der Ersatzanspruch ist grundsätzlich nicht nur an dem Betrag zu bemessen, den der Auftraggeber benötigt, um den Schaden zu beseitigen. Er ergibt sich vielmehr aus dem Unterschied der Vermögenslage, in der der Auftraggeber bei ordnungsgemäßer Erfüllung des Vertrages gewesen wäre und derjenigen, in der er durch die Nichterfüllung geraten ist. Hierzu können also auch sog. mittelbare Schäden gehören.

Beispiel:
Die Heizungsbaufirma H. baut für den Auftraggeber A. in dessen Haus einen neuen Heizöltank für die Zentralheizung ein. Die Arbeiten werden fehlerhaft ausgeführt. H. bessert den Schaden trotz Fristsetzung nicht aus, so daß nach Ablauf der Nachbesserungsfrist zunächst ein Sachverständiger bestellt wird, der Art und Umfang des Schadens und die erforderlichen Maßnahmen für die Mängelbeseitigung in einem Gutachten feststellt. Danach wird eine andere Firma mit der Mängelbeseitigung beauftragt. In der Zwischenzeit sind 5 Monate vergangen, und die Ölpreise sind kräftig gestiegen. In diesem Fall sieht die Schadensersatzrechnung wie folgt aus:

Kosten des Sachverständigengutachtens;
Kosten der Mängelbeseitigung;
Differenzkosten zum neuen Ölpreis, da bei rechtzeitiger, ordnungsgemäßer Herstellung des Öltanks durch H. das Heizöl zum alten Preis hätte gekauft werden können.

Anhand dieses einfachen Beispiels kann klar gemacht werden, daß es der Auftragnehmer nach Möglichkeit niemals zur Geltendmachung von Schadensersatzansprüchen kommen lassen sollte. Wenn eine Frist zur Nachbesserung gesetzt worden ist, so sollte der Auftragnehmer im eigenen Interesse die Möglichkeit zur Nachbesserung wahrnehmen, es sei denn, daß die Frist unangemessen kurz ist; dann kann man sich mit dem Auftraggeber über eine angemessene Fristverlängerung unterhalten. Ablehnen sollte der Auftragnehmer die Nachbesserung jedoch nur dann, wenn er zuvor sorgfältig und gewissenhaft geprüft hat, ob der gerügte Mangel entweder überhaupt nicht vorhanden oder von ihm nicht zu vertreten ist, oder die Nachbesserung einen unverhältnismäßig hohen Kostenaufwand verursachen würde.

Kann der Auftraggeber Schadensersatz verlangen, so ist er nicht verpflichtet, zunächst die Kosten für die Mängelbeseitigung zu verauslagen und dem Auftragnehmer ggf. hierüber eine Rechnung vorzulegen. Hat z. B. ein Sachverständiger die Mängelbeseitigungskosten der Höhe nach ermittelt, oder liegt dem Auftraggeber diesbezüglich ein Kostenanschlag einer anderen Firma vor, dann reichen diese Unterlagen als Nachweis für den eingetretenen Schaden aus. Schließlich ist es sogar

Sache des Auftraggebers, ob er mit dem vom Auftragnehmer erlangten Schadensersatzbetrag den Schaden tatsächlich beseitigt.

Beispiel:
Handwerksmeister H. hat einen Auftrag über Malerarbeiten fehlerhaft ausgeführt. Auftraggeber A. setzt ihm zur Nachbesserung eine angemessene Frist, die H. jedoch verstreichen läßt. A. kann nunmehr Schadensersatz verlangen. Hierzu genügt es, wenn er sich zunächst von einer anderen Malerfirma einen Kostenanschlag über die erforderlichen Nachbesserungskosten ausstellen läßt. Die Summe des Kostenanschlags kann bereits als nachgewiesener Schaden gegenüber H. geltend gemacht werden.

Da im Falle von Schadensersatzansprüchen mitunter erhebliche Geldbeträge auf dem Spiel stehen, ist die Frage der ▶ *Beweislast* bei gerichtlichen Rechtsstreiten von großer Bedeutung.

Der Auftraggeber muß die objektiven Voraussetzungen des Schadensersatzanspruchs beweisen: also das Vorhandensein eines Mangels, Fristsetzung zur Mängelbeseitigung, verbunden mit *Ablehnungsandrohung*. Der Auftragnehmer hingegen muß beweisen, daß er den Mangel nicht verschuldet hat.

Bei *VOB-Verträgen* gibt es bezüglich der Schadensersatzansprüche wiederum Besonderheiten zu beachten:

Der Auftraggeber kann aufgrund der Vorschriften der VOB/B nur Schadensersatzansprüche geltend machen, wenn es sich um einen *wesentlichen* Mangel handelt, der auf ein Verschulden des Auftragnehmers oder dessen Erfüllungsgehilfen zurückgeht und die Gebrauchsfähigkeit der Handwerksleistung erheblich beeinträchtigt. Liegen diese Voraussetzungen vor, so kann der Auftraggeber zunächst den sog. kleinen Schadensersatzanspruch geltend machen. Hierbei hat der Auftragnehmer den Schaden an der baulichen Anlage zu ersetzen, zu deren Herstellung, Instandhaltung oder Änderung die Handwerksleistung dienen sollte.

Der darüber hinausgehende sog. große Schadensersatzanspruch der auch die sog. Mängelfolgeschäden umfaßt, steht dem Auftraggeber dann zu:

a) Wenn der Mangel auf Vorsatz oder grober Fahrlässigkeit beruht,
b) wenn der Mangel auf einem Verstoß gegen die anerkannten Regeln der Technik beruht,

c) wenn der Mangel in dem Fehlen einer zugesicherten Eigenschaft besteht.

Volle Ersatzpflicht trifft den Auftragnehmer ferner, wenn er den Schaden durch Versicherung seiner gesetzlichen Haftpflicht gedeckt hat, oder innerhalb der von der Versicherungsbehörde genehmigten Allgemeinen Versicherungsbedingungen zu tarifmäßigen, nicht auf außergewöhnliche Verhältnisse abgestellten, Prämien- und Prämienzuschlägen bei einem im Inland zugelassenen Versicherer hätte decken können.

Schiedsvertrag

Bei Werkverträgen über handwerkliche Leistungen im Baugewerbe werden dem Auftragnehmer mitunter Formularverträge vorgelegt, die eine sog. *Schiedsgerichtsklausel* enthalten. Diese Klausel besagt, daß sämtliche Streitigkeiten aus dem Vertrag nicht vor einem ordentlichen Gericht (Amtsgericht, Landgericht), sondern vor einem Schiedsgericht auszutragen sind.

Beispiel einer Schiedsgerichtsklausel:

> »Streitigkeiten aus dem Vertrag sind gemäß anliegendem Schiedsvertrag unter Ausschluß des ordentlichen Rechtsweges im schiedsgerichtlichen Verfahren zu erledigen. Maßgend ist die Schiedsgerichtsordnung vom Deutschen Betonverein e.V.«.

Bereits der Wortlaut der vorstehenden Schiedsgerichtsklausel weist darauf hin, daß außer der betreffenden Klausel im Werkvertrag ein besonderer Schiedsvertrag zwischen den Vertragspartnern abgeschlossen werden muß. Dieser Schiedsvertrag bedarf der *Schriftform*, d. h. er muß schriftlich abgefaßt und von beiden Vertragspartnern, also auch vom Auftraggeber, unterschrieben sein. Der Schiedsvertrag darf ferner nur Vereinbarungen enthalten, die sich auf das schiedsgerichtliche Verfahren beziehen.

Beruft sich im Streitfall der Auftraggeber auf eine Schiedsgerichtsvereinbarung, so ist vom Auftragnehmer zunächst zu überprüfen, ob neben der im Werkvertrag enthaltenen Schiedsgerichtsklausel auch tatsächlich ein den gesetzlichen Vorschriften entsprechender Schiedsvertrag auf einem *gesonderten Vertragsformular* abgeschlossen und von beiden Parteien unterschrieben wurde. Fehlt es an einer dieser Voraussetzungen, so ist der Auftragnehmer trotz der im Bauleistungsvertrag enthaltenen Schiedsgerichtsklausel berechtigt, z. B. seine fällige Werklohnforderung vor einem ordentlichen Gericht einzuklagen.

Liegt hingegen ein rechtswirksamer Schiedsvertrag vor, so muß der Auftragnehmer seine Rechte im sog. Schiedsgerichtsverfahren geltend machen. Hierzu ist die Beauftragung eines Anwalts unerläßlich, der sich sorgfältig über die gesetzlichen Vorschriften, wie z. B. §§ 1025 ff der Zivilprozeßordnung und die Vorschriften der Schiedsgerichtsordnung für das Bauwesen vom Deutschen Betonverein e.V. informieren muß. Auch für einen Anwalt ist die Durchführung eines Schiedsgerichtsverfahrens mitunter rechtliches Neuland.

Ganz allgemein gilt für den Auftragnehmer die Frage, ob das Schiedsgerichtsverfahren im Hinblick auf seine Ansprüche gegenüber dem normalen Prozeßverfahren Vorteile oder Nachteile mit sich bringt. Diese Frage ist nicht einfach zu beantworten. Es gibt sicher Fälle, in denen die von den Parteien ausgewählten Schiedsrichter aufgrund ihrer Sachkunde und Facherfahrung eine gerechtere Entscheidung fällen können, als dies u. U. von einem Richter am Amtsgericht zu erwarten ist. Andererseits muß sich der Auftragnehmer darüber im klaren sein, daß es für den vom Schiedsgericht gefällten Schiedsspruch in der Regel keine Anfechtungsmöglichkeit gibt, da dieser unter den Parteien die Wirkung eines rechtskräftigen gerichtlichen Urteils hat.

Das Schiedsgerichtsverfahren hat sich im Laufe der Jahre nicht unbedingt durchgesetzt. Die weitaus überwiegende Zahl der Rechtsstreitigkeiten auch im Bauleistungsgewerbe wird immer noch vor den ordentlichen Gerichten ausgetragen. Der Auftragnehmer sollte sich deshalb nur in Ausnahmefällen und u. U. nach vorheriger Beratung mit seinem Anwalt dazu entschließen, neben dem Werkvertrag mit dem Auftraggeber einen Schiedsvertrag abzuschließen.

Schriftform

Sämtliche Verträge zwischen einem Handwerksbetrieb und einem Auftraggeber sind auch dann rechtswirksam, wenn sie nicht in schriftlicher Form abgeschlossen werden (z. B. ▶ *Telefonauftrag*).

Insbesondere bei größeren Werkverträgen (z. B. Verträge über Handwerksleistungen im Baugewerbe) kann jedoch nicht eindringlich genug empfohlen werden, entsprechende schriftliche Vereinbarungen zu treffen.

Dabei ist nicht einmal erforderlich, daß die Vertragsurkunde von beiden Vertragspartner unterschrieben wird. Es genügt also, wenn sich der Auftragnehmer den Auftrag, der z. B. eine Bezugnahme auf ein vorangegangenes schriftliches Angebot enthält, vom Auftraggeber unterschreiben läßt.

Es ist ferner empfehlenswert, daß im schriftlichen Vertrag auch darauf hingewiesen wird, daß mündliche Nebenabreden unwirksam sind, sofern sie nicht ebenfalls schriftlich vereinbart oder bestätigt werden.

Obwohl der Gesetzgeber für sämtliche Werkverträge keine Schriftform vorgeschrieben hat, können also die Parteien in einem schriftlichen Vertrag vereinbaren, daß mündliche Zusicherungen und Nebenabreden nur wirksam sind, wenn sie schriftlich vereinbart oder bestätigt werden.

Bei Abschluß eines Pauschalpreisvertrages, der aus Beweisgründen in jedem Fall schriftlich abgeschlossen werden sollte, ist darauf zu achten, daß für evtl. Änderungen der Ausühringsart und des Leistungsumfanges vertraglich die Schriftform vereinbart wird.

Schriftliche Mängelrüge

Sind die vom Auftragnehmer erbrachten Handwerksleistungen mangelhaft, so hat der Auftraggeber diesen hiervon durch Erehebung der ▶ *Mängelrüge* zu unterrichten.

Die Mitteilung, daß ein bestimmter Mangel vorhanden ist sowie die damit verbundene Aufforderung, den Mangel zu beseitigen, ist an keine bestimmte Form gebunden. Der Auftragnehmer kann also die Mängelrüge durch persönliche Rücksprache, Telefonanruf und natürlich auch schriftlich geltend machen.

Eine besondere Regelung gilt in diesem Zusammenhang bei *VOB-Verträgen*. Nach den Vorschriften der VOB/B ist der Auftragnehmer verpflichtet, alle während der Gewährleistungsfrist auftretenden Mängel, die auf vertragswidrige Leistung zurückzuführen sind, auf seine Kosten zu beseitigen, wenn der Auftraggeber ihn hierzu schriftlich auffordert. Im Gegensatz zum allgemeinen Werkvertragsrecht im BGB ist also bei den der VOB unterliegenden Verträgen die Schriftform für die Mängelrüge ausdrücklich vorgeschrieben. Es entsteht die Frage, ob der Auftragnehmer bei VOB-Verträgen zur Nachbesserung verpflichtet ist, wenn der Auftraggeber die Mängelbeseitigung nur mündlich verlangt. Diese Frage ist eindeutig dahingehend zu beantworten, daß der Nachbesserungsanspruch auch dann entsteht, wenn der Auftraggeber die Schriftform nicht einhält und den Auftragnehmer nur mündlich zur Nachbesserung auffordert. Es ist jedoch dem Auftraggeber dringend anzuraten, die nach VOB gebotene Schriftform einzuhalten, da er im Falle eines Rechtsstreits zu beweisen hat, daß der Mangel ordnungsgemäß gerügt wurde (näheres über die Erfordernisse eines ordnungsgemäßen Nachbesserungsanspruchs s. unter ▶ *Mängelrüge*). Wenn nur mündlich gerügt wurde, so dürfte der Auftraggeber erhebliche Beweisschwierigkeiten bezüglich einer ordnungsgemäßen Mängelrüge haben.

Die in der VOB vorgesehene Schriftform für Mängelrügen hat jedoch noch eine andere wichtige Funktion, und zwar in Zusammenhang mit der ▶ *Verjährung der Gewährleistungsansprüche*. Tritt z. B. kurz vor Ablauf der Verjährungsfrist ein Mangel auf, so kann der Auftraggeber die Verjährung durch sofortige Absendung einer *schriftlichen* Mängelrüge unterbrechen. Die Mängelrüge muß dem Auftragnehmer noch vor Ablauf der Verjährungsfrist zugehen. Ferner muß sie den gerügten Mangel konkret bezeichnen.

Beachtet der Auftraggeber in diesem Fall nicht die Schriftform, und rügt er vor Ablauf der Verjährungsfrist die Mängel nur mündlich durch persönliche Rücksprache oder per Telefon, so kann der Auftragnehmer nach Ablauf der Verjährungsfrist die Einrede der Verjährung geltend machen und ist somit zur Nachbesserung nicht mehr verpflichtet.

Merksatz:
Die schriftliche Mängelrüge hat ihre besondere Bedeutung bei den VOB-Verträgen, da sie in § 13 Ziff. 5 VOB für den Auftraggeber ausdrücklich vorgeschrieben ist. In jedem Fall, d. h. also auch bei Verträgen ohne VOB-Geltung, muß die schriftliche Mängelrüge den vom Auftraggeber gerügten Mangel so genau beschreiben, daß der Auftragnehmer anhand der Mängelbeschreibung erkennen kann, welcher Teil seiner Handwerksleistung vom Auftraggeber beanstandet wird.

Sicherheitsleistung

Durch eine Sicherheitsleistung kann sowohl der Vergütungsanspruch des Auftragnehmers als auch der Anspruch des Auftraggebers auf ordnungsgemäße Ausführung der Handwerksleistung abgesichert werden.

Art und Umfang der Sicherheitsleistung müssen jedoch in jedem Fall zwischen den Vertragspartnern vertraglich vereinbart werden. Ohne eine solche vertragliche Vereinbarung können weder der Auftraggeber noch der Auftragnehmer Sicherheitsleistungen von dem anderen Vertragspartner verlangen.

Obwohl insbesondere im Bauwesen fast ständig zu Gunsten des Auftraggebers Sicherheitseinbehalte vertraglich vereinbart werden, ist bisher keineswegs ein »Gewohnheitsrecht« entstanden, wodurch der Auftraggeber in jedem Fall die Handwerkerrechnung um einen Sicherheitsbetrag von 5 oder gar 10 % wegen vielleicht auftretender Mängel kürzen kann.

Eine Sicherheitsleistung wird in erster Linie bei den *VOB-Verträgen* zu Gunsten des Auftraggebers vereinbart. Die VOB/B sieht drei Arten der Sicherheitsleistung vor:

a) Sicherheit durch Einbehaltung von Geld
b) Sicherheit durch Hinterlegung von Geld
c) Sicherheit durch Bürgschaft eines im Inland zugelassenen Kreditinstitutes oder Kreditversicherers

Die unter a) und c) genannten Arten der Sicherheitsleistung werden bevorzugt praktiziert.

Ist die Art der Sicherheitsleistung im Vertrag nicht ausdrücklich vorgeschrieben, so hat der Auftragnehmer das Wahlrecht unter den drei vorgenannten Arten der Sicherheit.

Die in der Praxis häufigste Art der Sicherheitsleistung ist der Einbehalt des vereinbarten Sicherheitsbetrages von der Vergütungsforderung des Auftragnehmers.

Bei Unterzeichnung eines vom Auftraggeber formulierten Vertrages mit der vorgenannten Art des Sicherheitseinbehaltes sollte der Auftragnehmer bedenken, daß ihm der Sicherheitseinbehalt, der u. U. zwei oder gar fünf Jahre (Dauer der Gewährleistungsfrist nach VOB bzw. BGB) zurückgehalten werden kann, völlig verlorengeht, wenn der Auftraggeber z. B. in Konkurs geht. Bei der vertraglichen Vereinbarung über Sicherheitseinbehalte sollte also der Auftragnehmer stets darauf achten, daß der Sicherheitsbetrag auf ein Sperrkonto eines von beiden Vertragspartnern zu bestimmenden Bank- oder Kreditinstituts eingezahlt wird. Über dieses Konto sollten beide Vertragspartner nur gemeinsam verfügen können.

Selbst wenn im Vertrag lediglich vereinbart worden ist, daß der Auftraggeber berechtigt ist, einen bestimmten Betrag als Sicherheit einzubehalten, so kann der Auftragnehmer bei *VOB-Verträgen* gemäß § 17 VOB/B verlangen, daß der Auftraggeber den einbehaltenen Sicherheitsbetrag auf ein Sperrkonto einzahlt. Zahlt der Auftraggeber den einbehaltenen Betrag nicht rechtzeitig ein, so kann ihm der Auftragnehmer hierfür eine angemessene Nachfrist setzen. Läßt der Auftraggeber auch diese verstreichen, so kann der Auftragnehmer die sofortige Auszahlung des einbehaltenen Betrages verlangen.

Beispiel:
Auftraggeber A. hat mit Auftragnehmer B. im Rahmen eines VOB-Vertrages vereinbart, daß A. für die Dauer der Gewährleistungsfrist (2 Jahre) einen Sicherheitsbetrag von 5.000,– DM einbehalten darf. Auftragnehmer B. verlangt jedoch, daß der Sicherheitsbetrag auf ein Sperrkonto eingezahlt wird. Hierzu setzt er A. eine Nachfrist von 2 Wochen. Zahlt A. innerhalb dieser Frist den Betrag nicht ein, so kann B. nunmehr seinen vollen Rechnungsbetrag verlangen und A. kann den Sicherheitsbehalt nicht mehr geltend machen.

Die durch Hinterlegung auf dem Sperrkonto auf den Sicherheitsbetrag entstandenen Zinsen gehören dem Auftragnehmer.

Der vom Auftraggeber einbehaltene Sicherheitsbetrag ist an den Auftragnehmer zu dem im Vertrag vereinbarten Zeitpunkt, spätestens jedoch nach Ablauf der Gewährleistungsfrist, auszuzahlen.

Hat jedoch der Auftragnehmer zu diesem Zeitpunkt noch Gewährleistungsansprüche zu erfüllen, so darf der Auftraggeber einen entsprechenden Teil der Sicherheit weiterhin bis zur ordnungsgemäßen Mängelbeseitigung einbehalten.

Beispiel:
Auftraggeber A. hat mit Auftragnehmer B. im Rahmen eines VOB-Vertrages vereinbart, daß A. für die Dauer der Gewährleistungsfrist (2 Jahre) einen Sicherheitsbetrag von 5.000,– DM einbehalten darf.

Zum Ende der Gewährleistungsfrist treten an den von B. ausgeführten Arbeiten Mängel auf. Der Nachbesserungsaufwand wird ca. 3.000,– DM betragen.

In diesem Fall kann A. auch nach Ablauf der 2 Jahre – und zwar bis zur ordnungsgemäßen Mängelbeseitigung – einen Betrag von ca. 3.000,– bis 4.000,– DM weiterin einbehalten.

Sind bereits vor der völligen Bezahlung der Schlußrechnung Mängel aufgetreten, so hat der Auftraggeber nicht das Recht, neben der Sicherheitsleistung weitere Abzüge von der Schlußrechnung vorzunehmen. In diesem Fall kann der Auftraggeber auch wegen der bereits aufgetretenen Mängel nur auf die Sicherheitsleistung zurückgreifen und ist darüber hinaus verpflichtet, den Werklohnbetrag im übrigen in vollem Umfang zu bezahlen.

Wie eingangs erwähnt wurde, hat auch der Auftragnehmer das Recht, eine Sicherheitsleistung für seinen Vergütungsanspruch zu vereinbaren. Es kommt nur darauf an, ob der Auftraggeber unter dieser Voraussetzung einen Vertrag überhaupt abschließt. Bei langfristigen Verträgen in der Baubranche sollte der Auftragnehmer, wenn zu seinen Gunsten keine Sicherheitsleistung vereinbart werden kann, zumindest durch die Vereinbarung von ▶ *Abschlagzahlungen* sicherstellen, daß seine Werklohnforderung kontinuierlich, und zwar gemessen an den jeweils erbrachten Teilleistungen, bereits während der Vertragsdauer im wesentlichen getilgt wird.

Merksatz:
Der Auftraggeber ist ohne ausdrückliche vertragliche Vereinbarung nicht berechtigt, einen Teil des Rechnungsbetrages für die Dauer der Gewährleistungszeit als Sicherheit einzubehalten. Sind jedoch vor völliger Bezahlung der Rechnung bereits Mängel aufgetreten, steht dem Auftraggeber in Höhe der Mängelbeseitigungskosten ein ▶ *Zurückbehaltungsrecht* zu.

Skontoabzüge

Der Auftraggeber kann ohne vertragliche Vereinbarung oder sonstige Genehmigung des Auftragnehmers von dem Rechnungsbetrag keine Skontoabzüge vornehmen.

Die Zeit der Rabattmarken ist zwar zum größten Teil vorbei, dagegen hat bei den sog. Handelskäufen die Gewährung von Skonto-Rabatten bei kurzfristiger Barzahlung in den letzten Jahren erheblich zugenommen. Aber auch bei Handelskäufen ist ein Skotnoabzug nur berechtigt, wenn dies der Verkäufer gestattet oder eine entsprechende vertragliche Vereinbarung vorliegt. Trotz dieser Geschäftspraktiken im Handel ist es bei Werkverträgen über handwerkliche Leistungen keineswegs handelsüblich, daß sich der Auftraggeber eigenmächtig Skontovergütungen bei sofortiger Barzahlung abziehen darf.

Bei *VOB-Verträgen* sind nicht vereinbarte Skontoabzüge ebenfalls unzulässig. Hier hat der Auftragnehmer jedoch auch die Vorschrift des § 16 Ziff. 3 VOB/B zu beachten. Leistet der Auftraggeber nach Erhalt der Schlußrechnung die sog. Schlußzahlung und zieht sich dabei einen nicht vereinbarten Skontobetrag ab, so muß der Auftragnehmer innerhalb von 12 Werktagen nach Eingang der Schlußzahlung einen entsprechenden Vorbehalt erklären. Anderenfalls ist davon auszugehen, daß der Auftragnehmer die Schlußzahlung in dieser Form, d. h. mit Skontoazug, akzeptiert, so daß eine spätere Nachforderung ausgeschlossen ist.

Stundenlohnarbeiten

Verträge über Handwerksleistungen, die nach Material- und Stundenlohnaufwand abgerechnet werden, bilden neben der Abrechnung zu ▶ *Einheitspreisen* die Mehrzahl der handwerklichen Werkverträge.

Während im Geltungsbereich der *VOB*, die in ihren Grundlagen das Leistungsprinzip als vorrangig ansieht, die Stundenlohnvergütung nur eine untergeordnete Rolle spielt, weisen die meisten Handwerkerrechnungen bei Verträgen ohne VOB-Geltung neben den Kosten für das gelieferte Material die sog. Stundenlohnvergütung auf.

Auch bei der Abrechnung von Stundenlohnarbeiten gilt der Grundsatz, daß die Rechnung insbesondere unter dieser Position vollständig und übersichtlich abgefaßt sein muß.

Zunächst ist die Anzahl der geleisteten Stunden anzugeben. Haben z. B. mehrere Monteure auf der Baustelle gearbeitet, so ist die Anzahl der Stunden auf jeden Gesellen, Gehilfen oder Lehrling aufzuteilen. Neben der Anzahl der geleisteten Arbeitszeit ist die Höhe des sog. Stundenlohnsatzes anzugeben. Dieser setzt sich zusammen aus dem jeweils an den betreffenden Gesellen, Monteur, Helfer oder Lehrling gezahlten Lohn sowie dem ortsüblichen Gemeinkostenzuschlag. Ferner sind denkbar, tariflich vorgesehene Zuschläge für Nacht-, Samstags- und Feiertagsarbeit sowie Gefahr-, Wagnis- oder Schmutzzulagen.

Der Stundenlohnsatz ist also individuell nach der Qualifikation der eingesetzten Arbeitskräfte und nach Art und Zeit der ausgeführten Arbeiten verschieden zu berechnen.

Die geleisteten Stundenlohnarbeiten sollten stets durch entsprechende Stundenlohnzettel (▶ *Montagezettel*) nachgewiesen werden. Die Stundenlohnzettel bilden die Grundlage für eine ordnungsgemäße Abrechnung der Stundenlohnarbeiten.

Bei *VOB-Verträgen* bilden die Stundenlohnarbeiten die Ausnahme, da dort in der Regel nach Einheitspreisen abgerechnet wird. Stundenlohnarbeiten werden im Rahmen eines VOB-Vertrages nur vergütet, wenn sie vor ihrem Beginn ausdrücklich vereinbart worden sind. Die Stundenlohnarbeiten sind dabei dem Auftraggeber vor Beginn anzuzeigen. Die Stundenlohnzettel müssen dem Auftraggeber mindestens wöchentlich zur Prüfung eingereicht werden. Der Auftraggeber hat die von ihm bescheinigten Stundenlohnzettel spätestens innerhalb von 6 Werktagen nach Zugang zurückzugeben.

Telefonauftrag

Zahlreiche Handwerksaufträge, insbesondere, wenn es sich um dringende und eilige Reparaturen handelt, werden telefonisch erteilt.

Im Falle eines Rechtsstreits bildet jedoch der sog. Telefonauftrag häufig einen Risikofaktor, denn während des Telefongesprächs werden mitunter wesentliche Merkmale, die für das Zustandekommen sowie Art und Umfang des Vertrages von wesentlicher Bedeutung sein können, nicht beachtet. Hinzu kommt, daß der Auftragnehmer oft nach Wochen und Monaten im Streitfall z. B. beweisen muß, von wem oder in welchem Umfang ihm ein bestimmter Auftrag erteilt worden ist.

Es ist daher unbedingt erforderlich, daß über jeden telefonisch erteilten Auftrag eine *schriftliche Gesprächsnotiz* angefertigt wird.

Diese Notiz sollte folgende Angaben enthalten:

Datum des Gesprächs

Name des Angestellten, der das Telefonat entgegengenommen hat.

Name, Vorname! und Adresse des Auftraggebers

Angaben über Art und Umfang der Auftragserteilung.

Es sollte unbedingt vermerkt werden, ob der Anrufer den Auftrag im eigenen Namen oder nur in Vertretung für eine dritte Person erteilt. In diesem Fall muß der Gesprächszettel Angaben über die Person sowohl des Vertreters als auch des eigentlichen Auftraggebers enthalten.

Besonderheiten bei Auftragserteilung durch einen Hausverwalter ▶ *Hausverwaltung*.

Bei zunächst mündlich oder telefonisch erteilten Aufträgen empfiehlt es sich, einen Vordrucksatz (Durchschreibesatz) zu verwenden (und natürlich auch auszufüllen!), der sowohl Angaben über den Auftrag als auch eine Arbeitsbescheinigung (▶ *Montagezettel*) enthält. In diesem Fall kann sich der Auftragnehmer oder der betreffende Monteur von dem Auftraggeber nach Beendigung der Arbeiten nicht nur die Abnahme der Arbeiten durch dessen Unterschrift bestätigen lassen, sondern er erhält damit zugleich auch eine rechtswirksame schriftliche Auftragsbestätigung.

Muster eines Formulars »Auftrag/Auftragsbestätigung/Arbeitsbescheinigung« s. Anhang 4.

Unternehmerpfandrecht

Die an der Errichtung eines Bauwerks beteiligten Bauhandwerker können sich zur Sicherung ihrer Werklohnforderung auf dem Grundstück des Bauherrn eine ▶ *Bauhandwerker-Sicherungshypothek* eintragen lassen.

Aber auch Handwerksbetriebe, die sich mit der Herstellung oder Bearbeitung sog. *beweglicher* Sachen beschäftigen, haben bezüglich ihres Vergütungsanspruchs eine besondere Sicherungsmöglichkeit: das Unternehmerpfandrecht.

Der Auftragnehmer hat für seinen Vergütungsanspruch gemäß § 647 BGB ein gesetzliches Pfandrecht an den von ihm hergestellten oder ausgebesserten beweglichen Sachen des Auftraggebers, wenn diese bei der Herstellung oder zum Zwecke der Ausbesserung in seinen Besitz gelangt sind.

Beispiele:
Schneidermeister S. erhält vom Auftraggeber A. einen Stoff zur Anfertigung eines Maßanzuges. An dem fertigen Anzug steht S. ein Pfandrecht zu. d. h. er kann die Herausgabe des Anzugs bis zur vollen Bezahlung seiner Rechnung verweigern.

Auftraggeber A. gibt seinen Pkw in die Werkstatt des Kfz.-Meisters W. Nach durchgeführter Reparatur kann W. die Herausgabe des Wagens bis zur Bezahlung der Reparaturrechnung verweigern.

Das Pfandrecht umfaßt alle dem Auftragnehmer zum Zwecke der Herstellung oder Bearbeitung übergebenen Sachen, soweit diese Eigentum des Auftraggebers sind. An beweglichen Sachen, die dem Auftraggeber nicht gehören, kann der Auftragnehmer – auch nicht gutgläubig – kein Pfandrecht erwerben.

Beispiel:
Auftraggeber A. bringt das defekte Fernsehgerät seines Freundes in die Werkstatt des Auftragnehmers F. Wenn die Reparaturrechnung nicht bezahlt wird, kann F. das Gerät nicht verwerten. Er hat kein Pfandrecht erworben, da sein Auftraggeber (A.) nicht Eigentümer des Fernsehgerätes ist. In jedem Fall kann jedoch F. die Herausgabe des Geräts bis zur Bezahlung seines Vergütungsanspruchs verweigern.

Das Pfandrecht berechtigt den Auftragnehmer nicht nur zur Einbehaltung, sondern auch zur Verwertung des Pfandobjekts. In der Verwertung der vom Auftragnehmer hergestellten oder bearbeiteten Sache liegt der eigentliche Sinn des Unternehmerpfandrechts, denn erst dadurch kann dieser seinen Vergütungsanspruch realisieren.

Bei der Verwertung des Pfandobjekts kann jedoch der Auftragnehmer nicht beliebig verfahren, sondern muß folgende durch Gesetz zwingend geregelte Vorschriften beachten:

Eine Verwertung des Pfandobjekts kommt erst in Betracht, wenn der Vergütungsanspruch fällig ist (▶ *Fälligkeit*). Bezahlt der Auftraggeber die Handwerkerrechnung trotz Mahnung nicht, so hat ihm der Auftragnehmer schriftlich anzudrohen, daß das Pfandobjekt nach Ablauf eines Monats versteigert werde, falls der Rechnungsbetrag, der in diesem Schreiben noch einmal genau zu beziffern ist, nicht innerhalb der vorgenannten Frist bezahlt wird.

Die Verwertung des Pfandobjekts erfolgt grundsätzlich durch *öffentliche Versteigerung*. Wenn jedoch zu erwarten ist, daß durch eine öffentliche Versteigerung ein geringerer Erlös als durch einen sog. *freihändigen Verkauf* erzielt wird, kann der Auftragnehmer – allerdings nur mit vorheriger Genehmigung des Amtsgerichts – das Pfandstück verkaufen.

Das Unternehmerpfandrecht ist ein sog. Besitzpfandrecht, es steht also dem Auftragnehmer dann nicht mehr zu, wenn er das Pfandobjekt ohne Bezahlung herausgibt.

Verdingungsordnung für Bauleistungen - VOB -

In Ergänzung der gesetzlichen Vorschriften des BGB über den Werkvertrag, die allgemein gehalten sind und auf alle Werkverträge Anwendung finden, enthält die Verdingungsordnung für Bauleistungen - VOB - Sondervorschriften für Bauverträge.

Die VOB ist weder Gesetz noch Rechtsverordnung. Man kann sie auch nicht als Gewohnheitsrecht oder Handelsbrauch ansehen. Die VOB gehört rechtlich in das Gebiet der Allgemeinen Geschäftsbedingungen. Daraus folgt, daß die VOB nicht automatisch auf alle Bauverträge anzuwenden ist, sondern im Einzelfall zwischen den Vertragsparteien eines Bauvertrages *vereinbart* werden muß.

Wer sich auf bestimmte vom BGB abweichende Vorschriften der VOB beruft, muß im Falle eines Rechtsstreits ggf. nachweisen, daß die VOB vertraglich vereinbart worden ist. Die vertragliche Vereinbarung sollte stets schriftlich, kann aber auch mündlich erfolgen, wobei jedoch auf den Wortlaut zu achten ist.

Wenn z. B. nur für bestimmte Teile des Werkvertrages die Vorschriften der VOB vereinbart sind, wie »Abnahme gemäß VOB« oder »Gewährleistung nach VOB«, so bedeutet dies, daß die VOB nur für die genannten Teile des Vertrages gilt und im übrigen der Werkvertrag nach BGB-Recht (Verjährung der Gewährleistungsansprüche in der Regel also 5 Jahre!) zu beurteilen ist. Soll die VOB für den gesamten Werkvertrag gelten, muß also die Vertragsklausel z. B. lauten:

> »Für diesen Vertrag gelten die Vorschriften der VOB in der jeweils geltenden Fassung«.

Da die Vorschriften der VOB rechtlich als Allgemeine Geschäftsbedingungen zu werten sind, muß der Auftragnehmer, wenn er die VOB in seinen Vertrag einbeziehen möchte, ein Exemplar des VOB-Textes (Wortlaut der VOB - Teil B ist ausreichend) seinem Vertragspartner bei Abschluß des Vertrages übersenden oder aushändigen.

Textvorlagen sind über den Fachbuchhandel oder bei Fachverlagen zu beziehen.

Für den Fachbereich Sanitär–Klima–Heizungstechnik hat der Zentralverband Sanitär-, Heizungs- und Klimatechnik ein Faltblatt mit Allgemeinen Geschäftsbedingungen für diesen Fachbereich sowie den Wortlaut der VOB/B herausgegeben.

Bezugsquelle: Strobel & Co Buchverlag, 5760 Arnsberg oder Gentner Verlag, 7000 Stuttgart.

Die VOB gliedert sich in drei Teile:

Teil A behandelt den Weg von der Aufnahme der Vertragsverhandlungen über deren Ablauf bis zum rechtsgültigen Abschluß eines Bauvertrages. Er enthält also das Verfahren bei der Vergabe von Bauleistungen. Teil A enthält ferner Bestimmungen über die Art der ▶ *Ausschreibung* (öffentliche, beschränkte oder freihändige Vergabe).

Teil B behandelt die allgemeinen Vertragsbedingungen für die Ausführung von Bauleistungen. Hier werden die Rechtsbeziehungen der Vertragspartner nach Abschluß des Bauvertrages geregelt.

Teil C enthält eine Aufzählung der allgemeinen technischen Vorschriften für die Ausführung von Bauleistungen. Rechtlich unbedeutend ist dieser Teil insofern nicht, weil anhand der dort aufgezählten technischen Merkmale überprüft werden kann, ob eine Bauleistung fachgerecht und ohne Mängel ausgeführt wurde. Die Nichtbeachtung der in VOB Teil C aufgeführten DIN-Normen läßt in der Regel den Schluß auf nicht vertragsgemäße Ausführung der Bauleistungen zu.

Wortlaut der VOB Teil A und Teil B s. Anhang 2.

Verjährung der Gewährleistungsansprüche

Der Auftragnehmer haftet für Mängel seiner Handwerksleistung und die sich daraus ergebenden ▶ *Gewährleistungsansprüche* nur innerhalb bestimmter gesetzlicher oder vertraglich vereinbarter Fristen.

Die Dauer der Gewährleistungsfristen ist allerdings im Gesetz je nach Art der erbrachten Leistung höchst unterschiedlich geregelt. Es lohnt sich deshalb, sich folgende Aufstellung über die Dauer der verschiedenen Gewährleistungsfristen besonders einzuprägen.

1. **Gesetzliche Gewährleistungsfristen nach BGB**

   Der Anspruch des Auftraggebers auf Beseitigung eines Mangels sowie die Ansprüche auf Wandlung, Minderung oder Schadensersatz, verjähren

   a) bei **beweglichen Gegenständen** in **6 Monaten**.

   Beispiel: Reparatur eines Pkw in einer Kfz.-Werkstatt.
   Anfertigung eines Maßanzuges durch einen Schneider.

   b) bei **Arbeiten an einem Grundstück** in **1 Jahr**

   Beispiel: ▶ *Arbeiten am Grundstück.*

   c) bei *Bauwerken* in *5 Jahren*

   Beispiel: ▶ *Arbeiten an einem Bauwerk.*

2. **Gewährleistungsfristen nach VOB/B.**

   Bei VOB-Verträgen beträgt die Verjährungsfrist für Gewährleistungsansprüche

   a) bei **Arbeiten an einem Bauwerk 2 Jahre**

   b) bei **Holzerkrankungen 2 Jahre**

   c) bei Arbeiten an einem Grundstück und für die vom **Feuer berührten Teile** von Feuerungsanlagen **1 Jahr.**

Die Gewährleistungsfristen beginnen sowohl nach BGB- als auch nach VOB-Vorschriften mit ▶ *Abnahme* der Handwerksleistung.

Nach Eintrittder Verjährung kann der Auftragnehmer durch Erhebung der sog. Verjährungseinrede die Ansprüche des Auftraggebers auf Nachbesserung sowie etwaige Gewährleistungsansprüche (Wandlung, Minderung oder Schadensersatz) zurückweisen.

Die Verjährung wird unterbrochen, wenn vor Ablauf der Gewährleistungsfrist ein Antrag auf gerichtliches ▶ *Beweissicherungsverfahren* gestellt oder die Gewährleistungsansprüche gerichtlich geltend gemacht werden. Die Unterbrechung dauert bis zum Abschluß des Beweissicherungsverfahrens, also nach Eingang des gerichtlichen Sachverständigengutachtens oder bis zum rechtskräftigen Abschluß des Gerichtsprozesses.

Beispiel:
Vor Ablauf einer zweijährigen Verjährungsfrist tritt ein Mangel an der von der Heizungsbaufirma H. erstellten Zentralheizungsanlage auf. Auftraggeber A. rügt den Mangel und leitet gleichzeitig durch seinen Anwalt ein gerichtliches Beweissicherungsverfahren ein. Durch Sachverständigengutachten wird der Mangel bestätigt. Nach Eingang des Sachverständigengutachtens ist das Beweissicherungsverfahren beendet und von da ab läuft bezüglich des festgestellten Mangels eine neue Gewährleistungsfrist von 2 Jahren.

Die Unterbrechung der Verjährung bezieht sich jedoch nur auf den konkret gerügten Mangel. Im übrigen endet die Gewährleistungsfrist nach zwei Jahren, so daß weitere Mängel, die nach Ablauf von zwei Jahren auftreten, vom Auftragnehmer nicht mehr zu beseitigen sind.

Bei *VOB-Verträgen* wird die Verjährung der Gewährleistungsfrist *unterbrochen*, wenn der Auftraggeber den Mangel vor Ablauf der Frist *schriftlich* anzeigt. Die schriftliche Mängelrüge muß dem Auftragnehmer jedoch bereits vor Fristablauf zugegangen sein. Mit Zugang der Mängelrüge beginnt die betreffende Verjährungsfrist neu zu laufen.

Beispiel:
Bei einem VOB-Vertrag mit zweijähriger Gewährleistungsfrist tritt 14 Tage vor Ablauf der Frist ein bestimmter Mangel auf. Auftraggeber A. rügt den Mangel schriftlich gegenüber Auftragnehmer B. und fordert diesen zur Nachbesserung auf. Erst zwei Tage vor Ablauf der Gewährleistungsfrist erhält B. die schriftliche Mängelrüge. Die Gewährleistungsfrist ist dennoch nach den Vorschriften der VOB rechtswirksam unterbrochen und vom Tage des Eingangs der Mängelrüge läuft nunmehr bezüglich des gerügten Mangels eine neue Gewährleistungsfrist von 2 Jahren.

Die in der VOB/B vorgesehene Gewährleistungsfrist für sog. Bauwerke (2 Jahre) kann vertraglich erweitert werden. Wenn der Auftragnehmer einen vom Auftraggeber ausgearbeiteten Vertrag zur Unterschrift vorgelegt bekommt, sollte er darauf achten, ob auch hinsichtlich der Gewährleistungsfristen die VOB gilt. In einigen Fällen ist zwar grundsätzlich für die Abwicklung des Werkvertrages die VOB vereinbart, während gerade bezüglich der Gewährleistungsfristen die allgemeinen BGB-Vorschriften gelten sollen.

Das würde bedeuten, daß für die im Zusammenhang mit der Erstellung des Bauwerks erbrachten Leistungen eine Gewährleistungsfrist von 5 Jahren gilt!

In diesem Fall wird die Verjährung der Gewährleistungsfrist ebenfalls durch schriftliche Mängelrüge unterbrochen. Danach beginnt jedoch nur noch die nach VOB vorgesehene zweijährige Gewährleistungsfrist und nicht die vertraglich vereinbarte längere Frist.

Wird im VOB-Vertrag ausnahmsweise eine kürzere als die in der VOB vorgesehene Gewährleistungsfrist vereinbart, so wird diese durch eine schriftliche Mängelrüge ebenfalls unterbrochen. Mit Zugang der Mängelrüge beginnt jedoch dann die Regelfrist der VOB und nicht die vertraglich vereinbarte kürzere Frist.

Die Verjährung der Gewährleistungsansprüche wird ferner *gehemmt*, wenn sich der Auftragnehmer im Einverständnis mit dem Auftraggeber bereit erklärt, den gerügten Mangel zu untersuchen oder versucht, den Mangel zu beseitigen. Die Gewährleistungsfrist ist so lange gehemmt, bis der Auftragnehmer dem Auftraggeber das Ergebnis seiner Prüfung mitteilt oder ihm gegenüber den Mangel für beseitigt erklärt oder die Fortsetzung der Beseitigung verweigert.

Im Gegensatz zur Unterbrechung beginnt bei der Hemmung der Verjährung keine neue Verjährungsfrist zu laufen. Es tritt lediglich ein Stillstand des Fristenlaufs ein, und zwar so lange, bis der Zustand, der die Hemmung bewirkt hat, wieder weggefallen ist.

Beispiel:
Malermeister M. hat im Altbau des Hauseigentümers H. Renovierungsarbeiten ausgeführt. Die Gewährleistungsfrist beträgt 1 Jahr. Vier Wochen vor Ablauf der Frist beginnt der Farbanstrich abzublättern. Auf die Mängelrüge erklärt sich M. bereit, den

Mangel zu untersuchen. Bis zum Ergebnis seiner Untersuchung ist die Gewährleistungsfrist gehemmt. Lehnt M. die Nachbesserung nach eingehender Überprüfung der beanstandeten Mängel ab, so beginnt keine neue Gewährleistungsfrist, sondern H. muß innerhalb der ihm verbleibenden 4 Wochen ein gerichtliches Beweissicherungsverfahren einleiten oder seine Ansprüche gerichtlich geltend machen.

Verjährung von Vergütungsansprüchen

Vergütungsansprüche der Handwerker für die Lieferung von Waren und Ausführung von Handwerksleistungen verjähren in 2 Jahren (gesetzliche Verjährungsfrist). Wurde die Handwerksleistung für einen *Gewerbebetrieb* des Auftraggebers erbracht, beträgt die gesetzliche Verjährungsfrist 4 Jahre.

Beispiel:
Wird ein Handwerksauftrag von einem Hausverwalter für einen von ihm verwalteten Gebäudekomplex erteilt, so handelt es sich um einen Vertrag im Rahmen seines Gewerbebetriebes. Der Vergütungsanspruch des Handwerkers verjährt somit erst in 4 Jahren.

Bei *VOB-Verträgen* gelten die gleichen vorgenannten Verjährungsfristen.

Die Verjährungsfrist beginnt mit der Entstehung des Vergütungsanspruchs. Handwerksleistungen sind rechtlich nach den gesetzlichen Vorschriften des *Werkvertrages* zu beurteilen. Danach wird der Werklohn fällig, wenn die vereinbarte Leistung erbracht und vom Auftraggeber abgenommen wurde. Der Anspruch entsteht also bereits im Zeitpunkt der Fertigstellung bzw. ► *Abnahme* der Handwerksleistung, nicht jedoch erst mit der Anfertigung und Übermittlung der Rechnung.

Bei Kaufpreis- und Werklohnforderungen, die der kurzen, d. h. 2- bzw. 4-jährigen Verjährungsfrist unterliegen, hat der Gesetzgeber zur Vereinfachung der Fristenüberwachung den Beginn der Verjährung einheitlich auf das Ende des Jahres festgelegt, in dem der Anspruch entstanden ist.

Beispiel:
Installateurmeister I. liefert und montiert div. Sanitärobjekte. Diese werden vom Auftraggeber am 30. Sept. 1978 abgenommen. Die Verjährung des Vergütungsanspruchs beginnt somit am 1.1.1979 und läuft bis zum 31.12.1980 bzw. 31.12.1982 bei Auftragserteilung eines Gewerbebetriebes.

Rechnungen sollten möglichst umgehend und nach Beendigung der Arbeiten ausgestellt werden! Wird z. B. die Rechnung in dem vorstehenden Beispiel erst ein Jahr nach Fertigstellung der Arbeiten ausgestellt, so beginnt die Verjährungsfrist des Vergütungsanspruchs nicht etwa erst am 1.1.1980, sondern bereits 1 Jahr vorher, da die Arbeiten bereits im Jahre 1978 fertiggestellt waren.

Rückt das Jahresende näher, sollte in jedem Handwerksbetrieb eine Überprüfung der älteren Außenstände stattfinden; denn Forderungen, die älter als zwei bzw. vier Jahre sind, können im neuen Jahr so gut wie abgeschrieben werden.

Es ist zwar nicht verboten, auch eine verjährte Forderung geltend zu machen oder gar einzuklagen, erhebt jedoch der Schuldner die Einrede der Verjährung, so sind etwaige gerichtliche Maßnahmen aussichtslos und verursachen dem Kläger unnötige Prozeßkosten. Wird allerdings eine bereits verjährte Forderung von dem Schuldner noch bezahlt, kann er sie nicht zurückverlangen, selbst wenn er in Unkenntnis der Verjährung gezahlt hat.

Durch Einreichung einer gerichtlichen Klage oder Beantragung eines Mahnbescheides kann der Auftragnehmer die Verjährung *unterbrechen*. Forderungen, die z. B. am 31.12.1978 verjähren, können noch bis spätestens zum 31.12.1978 durch Klage oder Mahnbescheid gerichtlich geltend gemacht werden. Maßgebend ist bei diesem Termin nicht das Datum des Poststempels, sondern der Eingangsstempel des betreffenden Gerichts, d. h. Klage oder Mahnbescheid müssen bis spätestens zum 31.12. bei Gericht eingegangen sein.

Werden gerichtliche Maßnahmen unmittelbar vor Ablauf der Verjährungsfrist eingeleitet, so wird die Verjährung jedoch nur dann unterbrochen, wenn die Zustellung der Klageschrift oder des Mahnbescheides demnächst erfolgt. Verzögert sich die Zustellung der Klage oder des Mahnbescheides dadurch, daß z. B. der Auftragnehmer eine nicht zutreffende Adresse des Auftraggebers angibt, und nachträglich, d.h. während des Gerichtsverfahrens erst die richtige Anschrift ermittelt werden muß, dann kann u. U. wegen der eingetretenen Verzögerung der Richter die Unterbrechung der Verjährung zurückweisen.

Beispiel:
Auftragnehmer A. beantragt drei Tage vor Ablauf der Verjährungsfrist einen Mahn-

bescheid und gibt dabei die Adresse des Auftraggebers B. aus der Handwerkerrechnung an, die allerdings bereits vor 1 1/2 Jahren geschrieben wurde.

Inzwischen ist B. verzogen und der Mahnbescheid kann nicht ordnungsgemäß zugestellt werden. Durch die Ermittlung des neuen Wohnsitzes verzögert sich das Mahnverfahren um acht Wochen. In diesem Fall muß Auftraggeber A. damit rechnen, daß die Unterbrechung der Verjährung vom zuständigen Richter verneint wird, da der Mahnbescheid nicht »demnächst« zugestellt wurde.

Die Verjährung wird auch unterbrochen, wenn der Schuldner die Forderung durch Abschlagzahlung, Zinszahlung, Sicherheitsleistung oder in anderer Weise anerkennt. Der Schuldner muß dem Auftragnehmer oder Dritten gegenüber durch sein Verhalten eindeutig zu erkennen geben, daß er die Forderung als bestehend anerkennt. Hat er z. B. auf eine Rechnung ohne Kommentar eine Akontozahlung geleistet, so liegt in diesem Verhalten bereits ein Anerkenntnis, das die Verjährung unterbricht. Auch die Bitte des Schuldners um Stundung enthält ein Anerkenntnis.

Schließlich kann es der Auftragnehmer auch mit einem Trick versuchen, ein Anerkenntnis und damit die Unterbrechung der Verjährung zu erlangen.

Beispiel:
Auftraggeber A. hat eine fällige Werklohnforderung gegenüber Auftraggeber B. in Höhe von 800,– DM. Um sich unnötige Prozeßkosten zu ersparen und andererseits die Verjährung wirksam zu unterbrechen, sendet A. ein Schreiben an B., in dem er diesen auffordert, die fällige Werklohnforderung in Höhe von 2.000,– DM umgehend zu bezahlen. Wenn in diesem Fall B. empört antwortet, daß er nicht 2.000,– DM, sondern lediglich 800,– DM schulde, hat A. mit diesem Antwortschreiben das beabsichtigte Schuldanerkenntnis und damit die Unterbrechung der Verjährung erlangt.

Reagiert jedoch der Auftraggeber auf ein Mahnschreiben des Auftragnehmers nicht, so muß dieser zur Unterbrechung der Verjährung unter allen Umständen die bereits oben genannten gerichtlichen Maßnahmen einleiten, da durch ein außergerichtliches Mahnschreiben die Verjährung nicht unterbrochen wird.

Unterbrechung der Verjährung bedeutet, daß die bisherige Verjährungsfrist abgebrochen wird und eine volle neue Verjährungsfrist (zwei oder vier Jahre) zu laufen beginnt. Bei gerichtlicher Geltendmachung der Werklohnforderung beginnt die neue Verjährungsfrist erst dann, wenn der Prozeß rechtskräftig entschieden oder anderweitig erledigt ist.

Verrechnung von Teilbeträgen

Insbesondere bei größeren Aufträgen oder längeren Geschäftsverbindungen hat der Auftraggeber mitunter mehrere Rechnungen des Auftragnehmers zu begleichen.

Überweist er nur einen Teilbetrag, der zur Tilgung der gesamten offenen Rechnungsbeträge nicht ausreicht, so entsteht die Frage, wie diese Abschlagzahlung auf mehrere fällige Rechnungen vom Auftragnehmer zu verrechnen ist.

Hier hat zunächst der Gesetzgeber eine eindeutige Regelung geschaffen: Grundsätzlich kann der Auftraggeber als Schuldner des geforderten Rechnungsbetrages bestimmen, auf welche Rechnungsbeträge seine Zahlung zu verrechnen ist. Eine vom Auftragnehmer entgegen der Verrechnungsbestimmung des Schuldners vorgenommene Verrechnung ist in diesem Fall rechtlich unwirksam.

Sind aus einem längeren Zeitraum mehrere Rechnungen offen, so kann der Auftraggeber bei der Überweisung seiner Akontozahlung bestimmen, daß damit nur die letzten beiden Rechnungen getilgt werden sollen, so daß damit die älteren fälligen Rechnungen noch offen bleiben. Der Auftragnehmer muß daher besonders darauf achten, ob und ggf. welche Verrechnungsbestimmung bei Abschlagzahlungen vom Auftraggeber getroffen worden ist. Die Verrechnungsbestimmung des Auftraggebers gewinnt dann besondere Bedeutung, wenn von mehreren fälligen Rechnungen einige kurz vor der Verjährung stehen. Hat der Auftraggeber bestimmt, daß seine Abschlagzahlung nur auf die jüngsten Rechnungen zu verrechnen ist, so bleiben die älteren nach wie vor unbezahlt und müssen ggf. zwecks Verjährungsunterbrechnung eingeklagt werden.

Beispiel:
Malermeister M. hat für den Hauseigentümer H. während der letzten Jahre zahlreiche Renovierungsarbeiten ausgeführt. Insgesamt stehen noch 8 Rechnungen zur Regulierung aus. Die Werklohnforderung von 2 älteren Rechnungen steht kurz vor der Verjährung. Nach Abmahnung der fälligen Rechnungsbeträge überweist H. eine größere Akontozahlung, bei der jedoch bestimmt ist, daß sie zum Ausgleich der letzten drei Rechnungen zu verwenden ist, so daß damit insbesondere die älteren Rechnungen unbezahlt bleiben und M. nunmehr unverzüglich dafür sorgen muß, daß bezüglich der älteren Rechnung keine Verjährung eintritt.

Ist nur eine Rechnung offen, die jedoch mehrere Leistungs- bzw. Lieferungspositionen enthält, so kann der Auftraggeber ebenfalls bestimmen, auf welche Positionen seine Abschlagzahlung zu verrechnen ist.

Anders ist die rechtliche Situation, wenn der Auftraggeber bei seiner Akontozahlung keine Verrechnungsbestimmung trifft. Hier schreibt der Gesetzgeber vor, daß mit der Abschlagzahlung die jeweils ältesten fälligen Rechnungen zu tilgen sind. Hat der Auftragnehmer ein besonderes Interesse, daß mit der Abschlagzahlung ganz bestimmte Rechnungen getilgt werden, so muß er, falls es an einer Verrechnungsbestimmung seitens des Auftraggebers fehlt, mit diesem darüber eine entsprechende Vereinbarung treffen.

Der Auftraggeber kann jedoch sein Bestimmungsrecht nur bei **Zahlung** des Akontobetrages ausüben. Hat der **Auftragnehmer** das Geld ohne Verrechnungsbestimmung erhalten, so tritt zunächst die vorgenannte gesetzliche Tilgungsreihenfolge ein, falls die Vertragspartner nicht zu einem späteren Zeitpunkt eine anderweitige Verrechnungsvereinbarung treffen. Einseitig kann jedoch der Auftraggeber nachträglich eine Verrechnung nicht mehr bestimmen.

Beispiel:
Wenn im oben genannten Beispiel Hauseigentümer H. die Überweisung des Akontobetrages ohne Verrechnungsbestimmung durchführt, so werden nach den gesetzlichen Vorschriften damit zunächst die ältesten fälligen Rechnungen getilgt. Nachdem das Geld bei M. eingegangen ist, kann H. nachträglich nicht mehr einseitig, d. h. ohne entsprechende vertragliche Vereinbarung bestimmen, daß die Zahlung nur zum Ausgleich der letzten drei Rechnungen zu verwenden ist.

Bereits bei Auftragserteilung oder durch Geschäftsbedingungen kann jedoch der Auftragnehmer eine bestimmte Tilgungsreihenfolge für Teilzahlungen bestimmen. In diesem Fall ist der Auftraggeber an die vertraglich vereinbarte Tilgungsreihenfolge gebunden. Trifft er eine hiervon abweichende Verrechnungsbestimmung bei seiner Abschlagzahlung, so ist diese unbeachtlich.

Da das Bestimmungsrecht des Auftraggebers vertraglich abdingbar ist, sollten im Interesse des Auftragnehmers dessen Verträge und ggf. Geschäftsbedingungen auch Vorschriften über die Tilgungsreihenfolge von Abschlagzahlungen erhalten.

Hat der Auftraggeber außer der Hauptforderung, also dem reinen Rechnungsbetrag, noch Zinsen und Kosten zu entrichten, so ist mangels einer anderweitigen vertraglichen Vereinbarung eine Abschlagzahlung zunächst auf die *Kosten*, dann auf die *Zinsen* und zuletzt auf die *Hauptforderung* zu verrechnen. In diesem Fall ist eine anderweitige Verrechnungsbestimmung des Zahlungsschuldners unbeachtlich.

Vertragsstrafe

Wenn ein Neubau entstehen soll oder umfangreiche Sanierungsmaßnahmen durchgeführt werden, erhalten nicht nur Baufirmen, sondern auch Handwerksbetriebe (z. B. für Sanitär-, Heizungs-, Elektroinstallation, Maler-, Fliesenarbeiten etc.) finanziell interessante Aufträge.

Bei Auftragserteilung werden dem Auftragnehmer jedoch häufig vom Bauherrn oder seinem Architekten seitenlange Formularverträge mit besonderen und zusätzlichen Vertragsbedingungen zur Unterschrift vorgelegt.

Mit Abschluß des großen Auftrages, dessen Bedingungen in der Regel von einem cleveren Architekten in Zusammenarbeit mit einem Rechtsanwalt ausgearbeitet wurden, begibt sich der Auftragnehmer auf ein glattes juristisches Parkett.

Auf keinen Fall sollte der Auftragnehmer versäumen, den Vertrag sowie die besonderen oder zusätzlichen Geschäftsbedingungen sorgfältig zu studieren. Fehlt es ihm an Erfahrung und auch an den juristichen Grundkenntnissen, um sämtliche auf ihn zukommenden Verpflichtungen zu erfassen, sollte er sich lieber früher als zu spät von einem fachkundigen Rechtsanwalt beraten lassen, bevor er ein solches Vertragswerk nur im Vertrauen auf gute Zusammenarbeit mit Architekt und Bauherrn ungelesen unterschreibt.

Eine Klausel, die den Handwerksbetrieb allein schon viel Geld kosten kann, fehlt in den vom Auftraggeber verfaßten Vertragsbedingungen bestimmt nicht: die Vertragsstrafe. So etwa lautet eine sog. Vertragsstrafen-Klausel:

> »Für jeden angefangenen Tag der Überschreitung der gesetzten Termine wird eine Vertragsstrafe von 1,5 ‰ der Auftragssumme pro

angefangenen Verzögerungstag vereinbart. Nachgewiesene und vom Bauherrn anerkannte Ausfalltage und Schlechwettertage werden von dem Termin abgesetzt. Die Vertragsstrafe wird von der Schlußrechnung abgesetzt.«

Wie bereits eingangs erwähnt wurde, handelt es sich fast ausschließlich um sog. Formularverträge, die zwischen Auftragnehmer (Bauherrn) und Handwerksbetrieb ab geschlossen werden. Die Vereinbarung von Vertragsstrafen in Formularverträgen und Allgemeinen Geschäftsbedingungen hat durch Einführung des AGB-Gesetzes ab 1.4.1977 eine erhebliche Einschränkung erfahren. Nach § 11 Nr. 6 AGB-Gesetz sind Bestimmungen in Formularverträgen und Geschäftsbedingungen, durch die dem Verwender (Auftraggeber) für den Fall der Nichtabnahme oder verspäteten Abnahme der vertraglich geschuldeten Leistung die Zahlung einer Vertragsstrafe versprochen wird, unwirksam.

Wird hingegen die Vertragsstrafe durch eine sog. *Individualvereinbarung* vertraglich geregelt, so ist sie auch nach Inkrafttreten des AGB-Vertragsstrafenverbots rechtlich wirksam. Die Individualvereinbarung unterscheidet sich vom Formularvertrag und Geschäftsbedingungen dadurch, daß die einzelnen Vertragsklauseln zwischen den Vertragspartnern ausgehandelt werden.

Eine weitere Ausnahme bildet die in Formularverträgen und Geschäftsbedingungen vereinbarte Vertragsstrafe unter Kaufleuten. Der Gesetzgeber ist davon ausgegangen, daß sich Kaufleute der Bedeutung und der möglichen Folgen einer Vertragsstrafe voll bewußt sind, so daß kein besonderes Bedürfnis bestand, das Vertragsstrafenverbot auch auf Verträge zwischen Kaufleuten auszudehnen.

Für Handwerksbetriebe, deren Firma in kaufmännischer Weise geführt wird und insbesondere für diejenigen Betriebe, die in Form einer Gesellschaft, wie z. B. oHG, KG, GmbH oder GmbH & CO KG im Handelsregister eingetragen sind, gelten die durch Formularverträge oder Geschäftsbedingungen vereinbarten Vertragsstrafen auch nach dem 1.4.1977 als rechtswirksam vereinbart.

Wesentliche Voraussetzung für die Geltendmachung einer Vertragsstrafe ist deren rechtswirksame Vereinbarung im Bauleistungsvertrag. Mit Unterzeichnung des Vertrages durch den Auftragnehmer gilt die

Vertragsstrafe als vereinbart. Da für Werkverträge keine gesetzliche Schriftform vorgeschrieben ist, genügt zur Vereinbarung der Vertragsstrafe, daß der Vertrag nur vom Auftragnehmer unterschrieben ist.

Wie aus dem oben genannten Musterbeispiel einer Vertragsstrafen-Klausel zu entnehmen ist, werden Vertragsstrafen in erster Linie für den Fall vereinbart, daß der Auftragnehmer seine Leistung nicht in der vorgeschriebenen Frist erfüllt. Um eine Fristüberschreitung zu ermitteln, muß für beide Vertragspartner aus dem Vertragstext eindeutig erkennbar sein, wann der Auftragnehmer mit seinen Arbeiten zu beginnen und wann er sie zu beenden hat. Zumindest der Anfangstermin muß dabei *datenmäßig* feststehen. Enthält der Bauleistungsvertrag Ausführungsfristen für die Leistung des Auftragnehmers, so sollte dieser sich sofort für seine Arbeiten zusätzlich einen eigenen Fristenplan aufstellen, zumindest aber vor Unterzeichnung des gesamten Vertragswerkes genauestens überprüfen, ob er die gesetzten Fristen überhaupt einhalten kann.

Bei größeren Bauleistungsverträgen wird in der Regel auch die *VOB* vereinbart. § 11 VOB befaßt sich ausschließlich mit der Vertragsstrafe. Falls sich aus dem Wortlaut des Vertrages keine anderslautenden Bedingungen ergeben, können folgende in der VOB enthaltenen wichtigen Grundsätze für das Entstehen der Vertragsstrafe zusammengefaßt werden:

Ist die Vertragsstrafe für den Fall vereinbart, daß der Auftragnehmer nicht in der vorgesehenen Frist erfüllt, so wird sie fällig, wenn der Auftragnehmer in Verzug gerät.

Es genügt also nicht, daß die Leistung nicht innerhalb der vorgesehenen Frist beendet worden ist, sondern zur Fälligkeit der Leistung müssen noch Mahnung des Auftraggebers und Verschulden des Auftragnehmers hinzukommen. Hierbei handelt es sich um gesetzliche und in der VOB geregelte Bestimmungen, die jedoch im Bauleistungsvertrag zu Ungunsten des Auftragnehmers noch abgeändert werden können. Es kann dort z. B. vereinbart werden, daß die Vertragsstrafe nach Ablauf der Leistungsfrist, falls die Arbeiten nicht beendet sind, sofort und ohne Mahnung des Auftraggebers fällig wird. Es kann sogar vertraglich vorgesehen sein, daß die Vertragsstrafe auch verwirkt ist, wenn die Leistung des Auftragnehmers aus Gründen unterbleibt oder sich verzögert, die nicht von diesem verschuldet sind.

Ist jedoch der Auftragnehmer durch das Verhalten des Auftraggebers veranlaßt worden, vertragswidrig zu handeln, so kann der Auftragnehmer gegenüber der Geltendmachung der Vertragsstrafe einwenden, daß der Auftraggeber seinerseits rechtsmißbräuchlich gehandelt habe und somit ein Verstoß gegen Treu und Glauben vorliege.

Beispiel:
Der Auftraggeber bezahlt die vertraglich vereinbarten Zwischenrechnungen des Auftragnehmers nicht. Dieser legt daraufhin vorübergehend seine Arbeit nieder. Werden dadurch die Arbeiten des Auftragnehmers später als vertraglich vorgesehen beendet, kann der Auftraggeber die vertraglich vereinbarte und an sich verwirkte Vertragsstrafe nicht verlangen.

Bei der Höhe der Vertragsstrafe ist zu beachten, daß mangels einer anderslautenden vertraglichen Regelung nur *Werktage* zu zählen sind, falls die Vertragsstrafe nach Tagen bemessen ist. Unter Berücksichtigung der arbeitsfreien Samstage sind diese beim Fristenlauf nicht mitzurechnen.

Ist die Vertragsstrafe nach Wochen bemessen, so wird jeder Werktag einer angefangenen Woche unter Berücksichtigung einer 5-Tage-Woche als 1/5 Woche gerechnet.

Ferner sieht § 11 Ziff. 4 VOB/B vor, daß der Auftraggeber die Vertragsstrafe nur verlangen kann, wenn er dies bei der Abnahme vorbehalten hat. Zwar ist auch diese Vorschrift vertraglich abdingbar, ist jedoch in der Vertragsstrafenklausel nichts anderes vereinbart, muß der Auftraggeber **bei** der Abnahme – spätere Geltendmachung ist also unwirksam – gegenüber dem Auftragnehmer deutlich zum Ausdruck bringen, daß er sich die Geltendmachung der Vertragsstrafe vorbehalte.

Die Höhe der Vertragsstrafe richtet sich nach der Dauer der eingetretenen Verzögerung und dem vereinbarten Prozent- oder Promillesatz. Bei längerer Leistungsverzögerung und hohen Prozentsätzen pro Werktag oder pro Woche können mitunter erhebliche Summen entstehen. Es gab kleinere Handwerksbetriebe, die allein bei *einem* größeren Auftrag eine so hohe Vertragsstrafe zu zahlen hatten, daß sie anschließend den Betrieb schließen mußten.

Würde sich ein Handwerksbetrieb mit der Zahlung einer außergewöhnlich hohen Vertragsstrafe dem wirtschaftlichen Bankrott aussetzen, so sollte sich der Auftragnehmer unter allen Umständen zunächst verklagen lassen oder selbst einen gerichtlichen Antrag auf Ermittlung einer *angemessenen* Vertragsstrafe stellen. Das Gericht hat aufgrund gesetzlicher Vorschriften nämlich das Recht, eine hohe Vertragsstrafe nach billigem Ermessen und unter Berücksichtigung der wirtschaftlichen Verhältnisse des betreffenden Handwerksbetriebes zu ermäßigen. § 343 BGB sieht die Herabsetzung der Vertragsstrafe durch das Gericht zwingend vor, d. h. sie kann durch anderslautende vertragliche Vereinbarung nicht ausgeschlossen werden. Diese Vorschrift gilt allerdings nicht für Vollkaufleute. Wer seinen Handwerksbetrieb in Form einer Gesellschaft (oHG, KG, GmbH und GmbH & Co KG) betreibt, gilt als Vollkaufmann und kann in diesem Fall nicht mit einer Herabsetzung der verwirkten Vertragsstrafe durch das Gericht rechnen.

Kommt es zu einer gerichtlichen Auseinandersetzung über die Vertragsstrafe, so hat der Auftragnehmer auch folgende grundsätzliche Beweislastregeln zu beachten:

Der Auftraggeber ist beweispflichtig für die Vereinbarung der Vertragsstrafe, deren Höhe und ihre Fälligkeit.

Wendet der Auftragnehmer jedoch ein, daß die Vertragsstrafe nicht verwirkt sei, so muß er beweisen, daß er seine Leistung ordnungsgemäß erfüllt hat, oder durch das Verhalten des Auftraggebers an der ordnungsgemäßen und insbesondere fristgerechten Erfüllung seiner Leistung gehindert war.

Merksatz:
Bei Unterzeichnung eines (finanziell noch so verlockenden) vom Bauherrn oder seinem Architekten vorgelegten Bauleistungsvertrages, sollte sich der Auftragnehmer sämtliche Bedingungen, insbesondere aber die Klausel über die Vertragsstrafe, aufmerksam durchlesen und noch vor Unterzeichnung des Vertrages prüfen, ob die ihm zur Verfügung stehende Zeit ausreicht, um seine Handwerksleistung ordnungsgemäß und fristgerecht zu erbringen.

Verwirkung

Das Recht, eine Forderung gegen einen Schuldner geltend zu machen, ist dann verwirkt, wenn seit der Möglichkeit seiner Geltendmachung längere Zeit verstrichen ist und besondere Umstände hinzutreten, aufgrund derer die verspätete Geltendmachung gegen Treu und Glauben verstößt.

Im Gegensatz zur Verjährung, bei der allein der Ablauf der gesetzlichen Verjährungsfrist entscheidend ist, muß der Auftragnehmer im Falle der Verwirkung durch sein Verhalten zusätzlich zum Zeitablauf zu erkennen geben, daß er seine Forderung nicht mehr geltend mache.

Die Tatsache, daß eine Forderung z. B. erst kurz vor Eintritt der Verjährung geltend gemacht wird, obwohl sie schon fast zwei Jahre fällig war, rechtfertigt nicht den Einwand der Verwirkung.

Man kann also ganz allgemein sagen, daß ein Vergütungsanspruch, obwohl er seit längerer Zeit fällig ist und erst kurz vor Ablauf der Verjährungsfrist eingeklagt wird, niemals verwirkt ist, es sei denn, der Auftragnehmer hat gegenüber dem Auftraggeber eindeutig zu erkennen gegeben, daß er auf seine Forderung verzichte.

Verzugszinsen

Befindet sich der Auftraggeber mit der Bezahlung einer fälligen Rechnung im ▶ *Verzug*, so ist die Geldschuld nach gesetzlicher Vorschrift mit 4 % jährlich zu verzinsen (Verzugszinsen gem. BGB). Dieser gesetzliche Zinssatz für Verzugszinsen reicht in der Regel nicht aus, um die wirtschaftlichen und finanziellen Nachteile der verspäteten Bezahlung der Werklohnforderung auszugleichen.

Für die vertragliche Vereinbarung höherer Verzugszinsen kann somit auf die Ausführungen zum Thema ▶ *Zinsen* verwiesen werden.

Die Begriffe »Zinsen« und »Verzugszinsen« sind rechtlich voneinander zu unterscheiden, so daß auf die richtige Bezeichnung stets zu achten ist. Bei der Geltendmachung von Verzugszinsen muß zunächst ▶ *Zahlungsverzug* vorliegen. Bei der Formulierung in Verträgen oder

Geschäftsbedingungen sollte daher nur das Wort »Zinsen« verwendet werden. Bei vertraglicher Vereinbarung von »Verzugszinsen« muß der Auftragnehmer stets nachweisen, daß sich der Auftraggeber tatsächlich im Zahlungsverzug befunden hat.

Beispiel:
Der schriftliche Vertragstext lautet:
»Die Werklohnforderung ist ab Fälligkeit mit 10 % zu verzinsen«
oder »Ab Fälligkeit der Forderung werden 10 % Zinsen berechnet«.

Bei dieser Vertragsformulierung können die Zinsen bereits ab Fälligkeit und nicht erst ab Verzug, d. h. nach vorangegangener Abmahnung verlangt, werden.

Wandlung

Die Wandlung gehört neben der ▶ *Minderung* und dem ▶ *Schadensersatzanspruch* wegen Nichterfüllung zu den sog. Gewährleistungsrechten des Auftraggebers.

Wandlung bedeutet die Rückgängigmachung des Vertrages, wobei jeder Vertragspartner die von ihm erbrachte Leistung zurückverlangen kann.

Werkverträge über handwerkliche Leistungen schließen in der Regel eine Rückgewähr der vom Auftragnehmer erbrachten Leistung aus. Wenn z. B. ein Rohrbruch beseitigt oder eine Wohnung renoviert wurde, so kann die geleistete Arbeit, auch wenn sie mangelhaft durchgeführt wurde, nicht rückgängig gemacht werden. Die Wandlung eines Werkvertrages über handwerkliche Leistungen, insbesondere wenn es sich um Arbeiten auf dem Bausektor handelt, kommt daher ganz selten vor und hat deshalb nur eine geringe rechtliche Bedeutung.

In den Vorschriften der *VOB/B* ist deshalb die Wandlung als Gewährleistungsrecht des Auftraggebers überhaupt nicht vorgesehen, so daß bei VOB-Verträgen eine Wandlung grundsätzlich ausgeschlossen ist.

Ist die vom Auftraggeber erbrachte Leistung so mangelhaft, daß sie für den Auftraggeber praktisch wertlos ist, so kann allerdings der Minderungsanspruch so hoch sein, daß der Auftraggeber nicht verpflichtet ist, für die wertlose Arbeit irgendeinen Betrag zu zahlen. Bereits bezahlte Rechnungsbeträge oder Akontozahlungen sind in diesem Fall zurückzuerstatten. Diese Rechtsfolge ist zumindest für den Auftraggeber mit dem Rechtsinstitut der Wandlung zu vergleichen.

Wie die anderen Gewährleistungsansprüche (Minderung, Schadensersatz) setzt auch die Wandlung voraus, daß dem Auftragnehmer zunächst eine angemessene Frist zur Beseitigung des Mangels gesetzt wurde. Die Aufforderung zur Nachbesserung muß ferner die Erklärung enthalten, daß der Auftraggeber die Beseitigung des Mangels nach Ablauf der Frist ablehnt. Fehlt diese sog. *Ablehnungsandrohung*, so kann der Auftraggeber nach ergebnislosem Ablauf der Frist nicht wandeln.

Ebenso wie bei der ▶ *Minderung*, ist die Wandlung vollzogen, wenn der Auftraggeber diese erklärt und der Auftragnehmer damit einverstanden ist. Danach kann der Auftraggeber keine anderen Gewährleistungsrechte mehr geltend machen.

Wesentlicher Bestandteil

Der rechtliche Begriff »wesentlicher Bestandteil« ist eng mit dem ▶ *Eigentumsvorbehalt* verbunden.

Nach der gesetzlichen Definition gelten Bestandteile einer Sache dann als wesentliche Bestandteile, wenn sie voneinander nicht getrennt werden können, ohne daß der eine oder andere Teil zerstört oder in seinem Wesen verändert wird.

Zu den wesentlichen Bestandteilen eines Gebäudes gehören die zur Herstellung des Gebäudes eingefügten Sachen.

Beispiel für wesentliche Bestandteile:
Zentralheizungsanlage in modern eingerichtetem Haus
Installation von Sanitärobjekten wie z. B. Waschtischen und Badewannen
Einbau von Fenstern und Türen, Installation einer Beleuchtungsanlage
Weitere Beispiele unter ▶ *Eigentumsvorbehalt*

Wesentliche Bestandteile können nicht Gegenstand besonderer Rechte sein. Das bedeutet, daß ein vertraglich vereinbarter Eigentumsvorbehalt dann unwirksam wird, wenn die unter Eigentumsvorbehalt gelieferte Sache durch Verarbeitung oder Einbau wesentlicher Bestandteil einer anderen Sache (des Gebäudes) wird.

Da der Gesetzgeber nicht im einzelnen aufzählen konnte, welche Sachen nach dem Einbau wesentlicher Bestandteil werden, ist es Aufgabe der Rechtsprechung, durch zahlreiche Urteile im Einzelfall die Eigenschaft eines wesentlichen Bestandteils zu bestimmen.

Zahlungsverzug des Auftraggebers

Mit ▶ *Abnahme* der vertraglich vereinbarten Handwerksleistung und Übermittlung einer ordnungsgemäßen ▶ *Rechnung* wird der Vergütungsanspruch des Auftragnehmers fällig.

Damit ist jedoch der Auftraggeber noch nicht im Zahlunsverzug, denn der Verzug wird nach zwingenden gesetzlichen Vorschriften erst durch eine Mahnung des Auftragnehmers ausgelöst. Durch die Mahnung, die in jedem Fall aus Beweisgründen schriftlich erfolgen sollte, wird dem Auftraggeber eine Zahlungsfrist gesetzt, wobei das Zahlungsdatum nicht zu vergessen ist. Nach Ablauf der Zahlungsfrist befindet sich der Auftraggeber im Zahlungsverzug. Er hat nunmehr dem Auftragnehmer den sog. *Verzugsschaden* zu ersetzen. Im einzelnen können hierbei folgende Schadensersatzpositionen entstehen:

- ▶ *Verzugszinsen*
- ▶ *Mahnkosten für weitere außergerichtliche Mahnschreiben des Auftragnehmers*
  Kosten eines ▶ *Inkassobüros*
- ▶ *Kosten eines Rechtsanwalts*

Der Auftraggeber kann jedoch nur in Zahlungsverzug geraten, wenn der Vergütungsanspruch des Auftragnehmers voll wirksam und fällig ist.

Ist z. B. die Handwerksleistung wegen bestehender Mängel noch nicht abgenommen worden, so kommt der Auftraggeber nicht in Zahlungsverzug, auch wenn ihm der Auftragnehmer eine Mahnung schickt. Das gleiche gilt, wenn dem Auftraggeber gegenüber der angemahnten Werklohnforderung ein ▶ *Leistungsverweigerungsrecht* zusteht.

Bei *VOB-Verträgen* ist der Zahlungsverzug des Auftraggebers in § 16 Abs. 3 VOB/B geregelt. Zahlt der Auftraggeber bei Fälligkeit nicht, so kann ihm der Auftragnehmer eine angemessene Nachfrist setzen. Zahlt er auch innerhalb der Nachfrist nicht, so kann der Auftragnehmer nach ergebnislosem Ablauf der Nachfrist ▶ *Zinsen* in Höhe von 1 % über dem Lombardsatz der Deutschen Bundesbank geltend machen. Kann der Auftragnehmer nachweisen, daß er durch Inanspruchnahme von Bankkredit selbst höhere Zinsen zu zahlen hat, so kann er den höheren Zinssatz neben seinem Vergütungsanspruch geltend machen.

Die oben genannten weiteren Verzugsschäden – soweit diese eingetreten sind – kann der Auftragnehmer bei VOB-Verträgen ebenfalls ersetzt verlangen.

Befindet sich der Auftraggeber z. B. mit der Zahlung fälliger Teilbeträge im Zahlungsverzug, so kann der Auftragnehmer seine noch zu erbringenden Leistungen bis zur Zahlung einstellen (▶ *Einstellung der Arbeiten*).

Von dem Grundsatz, daß Zahlungsverzug nur durch eine Mahnung des Auftragnehmers ausgelöst werden kann, gibt es eine Ausnahme. Ist bereits im Werkvertrag ein nach Datum bestimmter Zahlungstermin vereinbart, so gerät der Auftraggeber nach ergebnislosem Ablauf dieses Zahlungstermins in Zahlungsverzug, ohne daß es einer besonderen Mahnung bedarf.

Da jedoch der Auftragnehmer bei Abschluß des Vertrages kaum übersehen und daher nicht bestimmen kann, wann die Arbeiten beendet und abgenommen werden, wird es nur in seltenen Ausnahmefällen möglich sein, den Zahlungstermin bereits im Vertrag genau zu bestimmen.

Vertragliche Vereinbarungen wie z. B. »Rechnung zahlbar 14 Tage nach Rechnungsdatum« oder »Rechnung zahlbar 14 Tage nach Erhalt der Rechnung« genügen nicht, um den Zahlungsverzug nach Ablauf der gesetzten Zahlungsfrist eintreten zu lassen. Auch ein in die Rechnung aufgenommenes Zahlungsdatum genügt nicht, denn die Rechnung stellt keine vertragliche Vereinbarung dar.

Merksatz:
Zahlungsverzug des Auftraggebers ist von der Fälligkeit des Vergütungsanspruchs zu unterscheiden. Fällig wird die Forderung des Auftragnehmers nach Abnahme der Leistung und Übersendung einer ordnungsgemäßen Rechnung. Zahlungsverzug tritt hingegen erst ein, wenn dem Auftraggeber eine - nach Möglichkeit schriftliche - Mahnung zugegangen ist.

Zeugenbeweis

Eines der wichtigsten Beweismittel im Prozeß ist der Beweis durch Zeugen. Wer als Rechsanwalt täglich Prozesse mit Zeugenaussagen miterlebt, weiß andererseits, daß der Zeugenbeweis nicht immer das sicherste Mittel ist, um einen Prozeß zu gewinnen. Insbesondere wenn der Vorgang, über den der Zeuge vor Gericht seine Aussage machen soll, längere Zeit zurückliegt, werden an seine Erinnerungsfähigkeit oft sehr hohe Anforderungen gestellt. Will der Zeuge der ihm gesetzlich obliegenden Wahrheitspflicht genügen, so muß er mitunter, wenn er seine Bekundungen nicht aus dem Reich der Phantasie ableiten will, zugestehen, daß er sich an den bestimmten Vorgang (z.B. Auftragserteilung, Preisvereinbarung etc.) nicht mehr genau erinnern kann. Bevor der Auftragnehmer durch eine solche völlig überraschende Zeugenaussage den Prozeß verliert, sollte er sich bereits vor Einreichung der Klage davon überzeugen, ob er den erforderlichen Beweis durch eine Zeugenaussage auch führen kann.

Es ist zwar unzulässig, einen Zeugen zu beeinflussen und Ihn u.U. sogar dazu zu veranlassen, vor Gericht die Unwahrheit zu sagen. Es ist jedoch keineswegs verboten, den Zeugen vorher zu befragen, ob und wie weit er sich an einen bestimmten Vorgang überhaupt noch erinnern kann.

Muß z. B. der Inhaber eines Handwerksbetriebes vor Gericht den Beweis antreten, daß ihm für die Durchführung bestimmter Reparaturarbeiten ein Auftrag mündlich erteilt worden ist, so ist es ratsam und rechtlich völlig unbedenklich, wenn der Auftragnehmer vor Beginn des Prozesses seinen Angestellten, der bei Auftragserteilung zugegen war, befragt, ob dieser sich an den Vorgang genau erinnern und dies als Zeuge vor Gericht bestätigen kann.

Mitunter werden jedoch dem Gericht Zeugen völlig wahllos benannt, bei denen nur vermutet wird, daß sie den zu beweisenden Vorgang miterlebt haben. Im Prozeß stellt sich dann heraus, daß der Zeuge sich an Einzelheiten nicht mehr erinnern kann, und damit wird seine Aussage für denjenigen, der sich auf ihn berufen hat, wertlos und er wird, (falls er für eine bestimmte Behauptung beweispflichtig war) in diesem Prozeß der Unterlegene sein.

Wer kann dem Gericht als Zeuge benannt werden?

Wer selbst Partei in einem Prozeß ist, kann nicht gleichzeitig als Zeuge aussagen. Der Inhaber eines Handwerksbetriebes (wenn dieser als Einzelfirma betrieben wird) gilt immer als *Prozeßpartei* und scheidet somit als Zeuge aus. Die Ehefrau des Inhabers hingegen kann als Zeugin aussagen. Ihr steht zwar aufgrund ihrer engen verwandtschaftlichen Beziehung ein Zeugnisverweigerungsrecht zu. Wenn sie jedoch aussagen will, gilt sie nach der Zivilprozeßordnung als vollwertige Zeugin und muß sich deshalb natürlich auch wie alle anderen Zeugen an die Wahrheit halten.

Jeder Angestellte des Handwerksbetriebes, auch z. B. der soeben erst eingestellte 15-jährige Lehrling, kann als Zeuge benannt werden.

Wird der Handwerksbetrieb in Form einer Gesellschaft betrieben, so gelten folgende Grundsätze für die Zeugnisfähigkeit:

oHG (offene Handelsgesellschaft):

Die Gesellschafter der oHG vertreten die Gesellschaft umd kommen deshalb als Zeugen nicht in Betracht. Also Gesellschafter: »nein«.

KG (Kommanditgesellschaft):

Der persönlich haftende Gesellschafter: »nein«.

Kommanditisten: »ja«.

GmbH (Gesellschaft mit beschränkter Haftung):

Geschäftsführer: »nein«.

Gesellschafter: »ja«.

GmbH & Co KG (Kommanditgesellschaft mit GmbH als Geschäftsführer):

Geschäftsführer der Komplementär-GmbH: »nein«.

Kommanditisten der KG und Gesellschafter der Komplementär-GmbH: »ja«.

Jede Prozeßpartei hat für die von ihr benannten Zeugen einen Auslagenvorschuß einzuzahlen oder eine vom Zeugen unterschriebene Zeugengebührenverzichtserklärung dem Gericht einzureichen.

Wird ein Mitarbeiter eines Handwerksbetriebes als Zeuge benannt, so kann er am Tage der Beweiaufnahme für die Dauer der Abwesenheit vom Betrieb Verdienstausfall erstattet verlangen. Dieser Verdienstausfall wird jedoch nicht etwa aus der Gerichtskasse bezahlt, sondern derjenige, der den Prozeß verliert, muß diese Kosten des Zeugen ebenfalls übernehmen.

Stehen die Chancen für den Auftragnehmer gut, mit einem von ihm benannten Zeugen den Prozeß zu gewinnen, so kann er den Auslagenvorschuß einzahlen und eine Bescheinigung über den Verdienstausfall ausstellen, denn es ist durchaus gerecht, daß der jenige Auftraggeber, der die Rechnung aus unberechtigten Gründen nicht bezahlt und es sogar auf einen Prozeß ankommen läßt, nunmehr auch den entstehenden Verdienstausfall der Zeugen übernimmt.

Zeugen, die vom Gericht eine ordnungsgemäße Ladung zum Beweistermin erhalten haben, müssen vor Gericht erscheinen oder sich rechtzeitig vorher entschuldigen. Einem ordnungsgemäß geladenen Zeugen, der unentschuldigt nicht erscheint, werden die durch das Ausbleiben verursachten Kosten auferlegt. Zugleich wird gegen ihn ein Ordnungsgeld (in der Regel 100,-- DM) und für den Fall, daß dieses nicht beigetrieben werden kann, sogar Ordnungshaft festgesetzt.

Zinsen

Der im Bürgerlichen Gesetzbuch (BGB) festgelegte Zinssatz beträgt 4 %. Wird eine fällige Rechnung von dem Auftraggeber nicht pünktlich bezahlt, so reicht der gesetzliche Zinssatz in der Regel nicht aus, die wirtschaftlichen und finanziellen Nachteile der verspäteten Regulierung der Werklohnforderung auszugleichen. Es ist daher rechtlich zulässig und auch allgemein üblich, daß nicht nur bei Handelsgeschäften, sondern auch bei Handwerksaufträgen aller Art – insbesondere bei größeren Bauleistungsverträgen – höhere Zinssätze zwischen den Vertragspartnern vereinbart werden.

Die Höhe des vertraglich vereinbarten Zinssatzes hat der Gesetzgeber nicht begrenzt. Die Grenze des Wuchers darf jedoch nicht überschritten werden. Zinssätze von 10 bis 12 % werden allgemein von den Gerichten als rechtsgültig anerkannt, selbst wenn der Diskontsatz der Bundesbank nur bei 3 bis 4 % liegt.

Voraussetzung für den vertraglich vereinbarten Zinssatz ist eine entsprechende Regelung in einem schriftlichen Vertrag mit dem Auftraggeber. Auch eine mündliche Vereinbarung ist rechtswirksam. Hier gibt es jedoch in den meisten Fällen Beweisschwierigkeiten, wenn die Zinsvereinbarung von dem Auftraggeber später abgestritten wird. Ein rechtsgültiges Beweisstück steht dem Auftragnehmer immer dann zur Verfügung, wenn er einen vom Auftraggeber *unterschriebenen* Vertrag vorlegen kann, der u.a. auch die Zinsvereinbarung enthält. Es genügt allerdings nicht, daß der erhöhte Zinssatz lediglich auf der Rechnung vermerkt wird. Die Ausstellung und Übersendung der Rechnung stellt keinen Vertrag dar, selbst wenn sie vom Auftragnehmer widerspruchslos entgegengenommen wurde.

Fehlt es an einer vertraglichen Vereinbarung, so kann der Auftragnehmer unter gewissen Voraussetzungen ebenfalls höhere als die gesetzlichen Zinsen verlangen. Von den vertraglich vereinbarten Zinsen sind die ► *Verzugszinsen* zu unterscheiden. Auch bei den Verzugszinsen ist gesetzlich ein Zinssatz von 4 % vorgeschrieben. Der Auftragnehmer kann höhere Verzugszinsen verlangen, wenn er durch Vorlage einer Bescheinigung seiner Bank oder seines Kreditinstituts den Nachweis erbringt, daß er für seinen Betrieb Kredite in Anspruch nimmt, für die er selbst höhere Kreditzinsen und Spesen zu zahlen hat. In dieser nachgewiesenen Höhe kann er von seinem Schuldner Verzugszinsen verlangen.

Verzugszinsen können allerdings nur dann verlangt werden, wenn sich der Auftraggeber mit der Bezahlung einer fälligen Rechnung in ▶ *Zahlungsverzug* befindet. Dies setzt eine Mahnung des Auftragnehmers voraus. In der Mahnung muß nach Möglichkeit das *Datum* des Zahlungstermins enthalten sein. Nach diesem Zahlungsdatum befindet sich der Auftraggeber im Zahlungsverzug und hat Verzugszinsen in der vom Auftragnehmer durch Bankbescheinigung nachgewiesenen Höhe zu zahlen.

Auch wenn die Rechnung ein bestimmtes Zahlungsdatum, z. B. »Rechnung zahlbar bis 31.5.1978« enthält, so gerät der Auftraggeber nicht automatisch nach Ablauf dieses Zahlungsdatums in Verzug. Einer Mahnung bedarf es nur dann nicht, wenn durch *vertragliche* Vereinbarung der Auftraggeber zu einem kalendergemäß bestimmten oder bestimmbaren Zeitpunkt zu bezahlen hat. Da die Rechnung jedoch keine vertragliche Vereinbarung darstellt, ist es trotz Angabe eines Zahlungsdatums erforderlich, daß der Auftraggeber durch zusätzliche Mahnung in Verzug gesetzt wird.

Befindet sich der Auftraggeber im Zahlungsverzug, so kann der Auftragnehmer vertragliche Zinsen oder Verzugszinsen auch dann verlangen, wenn der Schuldner die Rechnung in Raten bezahlt. In diesem Fall ist eine Zinsberechnung am Ende des Tilgungszeitraumes unter Berücksichtigung der jeweils geleisteten Rückzahlungsraten aufzustellen.

Sind bei einem Bauleistungsvertrag die Vorschriften der *VOB* vereinbart, so beträgt der Zinssatz 1 % über dem Lombardzinssatz der Deutschen Bundesbank.

Auch bei einem VOB-Vertrag können abweichend von den Zinsvorschriften der VOB höhere Zinsen vereinbart oder unter den vorstehenden Voraussetzungen höhere Verzugszinsen durch Vorlage einer Bankbescheinigung verlangt werden.

Merksatz:
Zum Ausgleich der wirtschaftlichen Nachteile einer verspäteten Rechnungsregulierung kann der Auftragnehmer einen höheren Zinssatz als 4 % vertraglich vereinbaren. Fehlt es an einer vertraglichen Vereinbarung, so hat der Auftragnehmer bei Inanspruchnahme von Bankkrediten die Möglichkeit, in der nachgewiesenen Höhe der eigenen Kreditaufwendungen bei Zahlungsverzug Verzugszinsen von dem säumigen Zahlungsschuldner zu verlangen.

Zugesicherte Eigenschaft

Sowohl beim BGB-Werkvertrag als auch beim VOB-Vertrag ist der Auftragnehmer verpflichtet, das Werk so herzustellen, daß es die zugesicheten Eigenschaften hat und nicht mit Fehlern behaftet ist, die den Wert oder die Tauglichkeit zu dem gewöhnlichen oder den nach dem Vertrag vorausgesetzten Gebrauch aufheben oder mindern.

Unter dem Begriff »Eigenschaft« versteht man tatsächliche und rechtliche Verhältnisse, die nach der Verkehrsauffassung einen Einfluß auf die Wertschätzung und Brauchbarkeit der Sache ausüben.

Zugesicherte Eigenschaften können sich aus dem Wortlaut des Vertrages, der Leistungsausschreibung bzw. des Leistungsverzeichnisses ergeben.

Beispiel:
Es ist vertraglich vorgesehen, daß die Eingangstür eines Einfamilienhauses aus Massiv-Eiche hergestellt wird. Liefert der Auftragnehmer stattdessen eine Tür aus Kiefer- oder Teakholz, so weist diese nicht die vertraglich zugesicherte Eigenschaft auf und dem Auftraggeber stehen Gewährleistungsansprüche zu, auch wenn die gelieferte Tür ansonsten keine Mängel aufweist.

Es kommt also bei der zugesicherten Eigenschaft ausschließlich darauf an, daß die Handwerksleistungen so erbracht werden, wie sie ggf. im Vertrag näher bezeichnet und zugesichert worden sind.

Der Auftraggeber ist im Falle eines Rechtsstreits beweispflichtig dafür, daß eine bestimmte Eigenschaft vertraglich vereinbart und damit zugesichert worden ist. Andererseits reicht eine während der Ausführung der Arbeiten angestellte Erörterung über bestimmte Eigenschaften nicht aus, um daraus bereits eine bestimmte Zusicherung des Auftragnehmers herzuleiten.

Zwischenrechnung

Aufgrund der gesetzlichen Vorschriften im BGB-Werkvertragsrecht kann der Auftragnehmer eine Vergütung für seine Handwerksleistungen erst nach vollständiger Beendigung und ▶ *Abnahme* der Arbeiten verlangen. Bei größeren und insbesondere längerfristigen Aufträgen ist es dem Auftraggeber aus wirtschaftlichen Gründen nicht zuzumuten, seine gesamte Werklohnforderung erst nach vollständiger Beendigung der Arbeiten bzw. Fertigstellung des vereinbarten Werks, beanspruchen zu können. Die während der Leistungszeit zu zahlenden Löhne und verauslagten Kosten für die Materialbeschaffung rechtfertigen in der Regel die Geltendmachung angemessener ▶ *Abschlagzahlungen.*

Bei *VOB-Verträgen* werden in der Regel bis zu 90 % der Vertragssumme als Abschlagzahlungen reguliert. Die Restzahlung erfolgt dann nach Abnahme und Prüfung der Schlußrechnung.

Für jede geforderte Abschlagzahlung hat der Auftragnehmer eine sog. Zwischenrechnung auszustellen und dem Auftraggeber vorzulegen. Bei der Zwischenrechnung handelt es sich um eine prüfbare Aufstellung über die vom Auftragnehmer jeweils erbrachten Teilleistungen. Die prüfbare Aufstellung des Leistungsinhalts (ggf. getrennt nach Arbeits- und Materialaufwand) muß so beschaffen sein, daß dem Auftraggeber eine schnelle und sichere Beurteilung der für die Abschlagzahlung maßgeblichen Leistung möglich ist.

Bei VOB-Verträgen hat der Auftraggeber spätestens nach 12 Werktagen ab Zugang einer ordnungsgemäßen Zwischenrechnung die Abschlagzahlung zu leisten.

Sind die Vorschriften der VOB nicht vertraglich vereinbart, so kann der Auftragnehmer Abschlagzahlungen nur verlangen, wenn er diesbezüglich eine besondere vertragliche Regelung mit dem Auftraggeber getroffen hat.

Zwischenrechnung

Folgende Vertragsklausel ist zu empfehlen:

»Zahlungsbedingungen: 1/3 der Angebotssumme bei Auftragserteilung;
1/3 nach erteilter Zwischenrechnung;
1/3 innerhalb von 10 Tagen ab Rechnungsdatum.«

2. Auszug aus dem Bürgerlichen Gesetzbuch (BGB)

§ 631 [Wesen des Werkvertrags]

(1) Durch den Werkvertrag wird der Unternehmer zur Herstellung des versprochenen Werkes, der Besteller zur Entrichtung der vereinbarten Vergütung verpflichtet.

(2) Gegenstand des Werkvertrags kann sowohl die Herstellung oder Veränderung einer Sache als ein anderer durch Arbeit oder Dienstleistung herbeizuführender Erfolg sein.

§ 632 [Vergütung]

(1) Eine Vergütung gilt als stillschweigend vereinbart, wenn die Herstellung des Werkes den Umständen nach nur gegen eine Vergütung zu erwarten ist.

(2) Ist die Höhe der Vergütung nicht bestimmt, so ist bei dem Bestehen einer Taxe die taxmäßige Vergütung, in Ermangelung einer Taxe die übliche Vergütung als vereinbart anzusehen.

§ 633 [Gewährleistungspflicht des Unternehmers; Mängelbeseitigung]

(1) Der Unternehmer ist verpflichtet, das Werk so herzustellen, daß es die zugesicherten Eigenschaften hat und nicht mit Fehlern behaftet ist, die den Wert oder die Tauglichkeit zu dem gewöhnlichen oder dem nach dem Vertrage vorausgesetzten Gebrauch aufheben oder mindern.

(2) [1] Ist das Werk nicht von dieser Beschaffenheit, so kann der Besteller die Beseitigung des Mangels verlangen. [2] Der Unternehmer ist berechtigt, die Beseitigung zu verweigern, wenn sie einen unverhältnismäßigen Aufwand erfordert.

(3) Ist der Unternehmer mit der Beseitigung des Mangels im Verzuge, so kann der Besteller den Mangel selbst beseitigen und Ersatz der erforderlichen Aufwendungen verlangen.

§ 634 [Fristsetzung mit Ablehnungsandrohung; Wandelung; Minderung]

(1) [1] Zur Beseitigung eines Mangels der im § 633 bezeichneten Art kann der Besteller dem Unternehmer eine angemessene Frist mit der Erklärung bestimmen, daß er die Beseitigung des Mangels nach dem Ablaufe der Frist ablehne. [2] Zeigt sich

schon vor der Ablieferung des Werkes ein Mangel, so kann der Besteller die Frist sofort bestimmen; die Frist muß so bemessen werden, daß sie nicht vor der für die Ablieferung bestimmten Frist abläuft. [3] Nach dem Ablaufe der Frist kann der Besteller Rückgängigmachung des Vertrags (Wandelung) oder Herabsetzung der Vergütung (Minderung) verlangen, wenn nicht der Mangel rechtzeitig beseitigt worden ist; der Anspruch auf Beseitigung des Mangels ist ausgeschlossen.

(2) Der Bestimmung einer Frist bedarf es nicht, wenn die Beseitigung des Mangels unmöglich ist oder von dem Unternehmer verweigert wird oder wenn die sofortige Geltendmachung des Anspruchs auf Wandelung oder auf Minderung durch ein besonderes Interesse des Bestellers gerechtfertigt wird.

(3) Die Wandelung ist ausgeschlossen, wenn der Mangel den Wert oder die Tauglichkeit des Werkes nur unerheblich mindert.

(4) Auf die Wandelung und die Minderung finden die für den Kauf geltenden Vorschriften der §§ 465 bis 467, 469 bis 475 entsprechende Anwendung.

§ 635 **[Schadensersatz wegen Nichterfüllung]**

Beruht der Mangel des Werkes auf einem Umstande, den der Unternehmer zu vertreten hat, so kann der Besteller statt der Wandelung oder der Minderung Schadensersatz wegen Nichterfüllung verlangen.

§ 636 **[Verspätete Herstellung]**

(1) [1] Wird das Werk ganz oder zum Teil nicht rechtzeitig hergestellt, so finden die für die Wandelung geltenden Vorschriften des § 634 Abs. 1 bis 3 entsprechende Anwendung; an die Stelle des Anspruchs auf Wandelung tritt das Recht des Bestellers, nach § 327 von dem Vertrage zurückzutreten. [2] Die im Falle des Verzugs des Unternehmers dem Besteller zustehenden Rechte bleiben unberührt.

(2) Bestreitet der Unternehmer die Zulässigkeit des erklärten Rücktritts, weil er das Werk rechtzeitig hergestellt habe, so trifft ihn die Beweislast.

§ 637 **[Vertraglicher Ausschluß der Haftung]**

Eine Vereinbarung, durch welche die Verpflichtung des Unternehmers, einen Mangel des Werkes zu vertreten, erlassen oder beschränkt wird, ist nichtig, wenn der Unternehmer den Mangel arglistig verschweigt.

§ 638 [Kurze Verjährung]

(1) [1] Der Anspruch des Bestellers auf Beseitigung eines Mangels des Werkes sowie die wegen des Mangels dem Besteller zustehenden Ansprüche auf Wandelung, Minderung oder Schadensersatz verjähren, sofern nicht der Unternehmer den Mangel arglistig verschwiegen hat, in sechs Monaten, bei Arbeiten an einem Grundstück in einem Jahre, bei Bauwerken in fünf Jahren. [2] Die Verjährung beginnt mit der Abnahme des Werkes.

(2) Die Verjährungsfrist kann durch Vertrag verlängert werden.

§ 639 [Unterbrechung und Hemmung der Verjährung]

(1) Auf die Verjährung der im § 638 bezeichneten Ansprüche des Bestellers finden die für die Verjährung der Ansprüche des Käufers geltenden Vorschriften des § 477 Abs. 2, 3 und der §§ 478, 479 entsprechende Anwendung.

(2) Unterzieht sich der Unternehmer im Einverständnisse mit dem Besteller der Prüfung des Vorhandenseins des Mangels oder der Beseitigung des Mangels, so ist die Verjährung so lange gehemmt, bis der Unternehmer das Ergebnis der Prüfung dem Besteller mitteilt oder ihm gegenüber den Mangel für beseitigt erklärt oder die Fortsetzung der Beseitigung verweigert.

§ 640 [Abnahmepflicht des Bestellers]

(1) Der Besteller ist verpflichtet, das vertragsmäßig hergestellte Werk abzunehmen, sofern nicht nach der Beschaffenheit des Werkes die Abnahme ausgeschlossen ist.

(2) Nimmt der Besteller ein mangelhaftes Werk ab, obschon er den Mangel kennt, so stehen ihm die in den §§ 633, 634 bestimmten Ansprüche nur zu, wenn er sich seine Rechte wegen des Mangels bei der Abnahme vorbehält.

§ 641 [Fälligkeit der Vergütung]

(1) Die Vergütung ist bei der Abnahme des Werkes zu entrichten. Ist das Werk in Teilen abzunehmen, und die Vergütung für die einzelnen Teile bestimmt, so ist die Vergütung für jeden Teil bei dessen Abnahme zu entrichten.

(2) Eine in Geld festgesetzte Vergütung hat der Besteller von der Abnahme des Werkes an zu verzinsen, sofern nicht die Vergütung gestundet ist.

§ 642 [Mitwirkung des Bestellers]

(1) Ist bei der Herstellung des Werkes eine Handlung des Bestellers erforderlich, so kann der Unternehmer, wenn der Besteller durch das Unterlassen der Handlung in Verzug der Annahme kommt, eine angemessene Entschädigung verlangen.

(2) Die Höhe der Entschädigung bestimmt sich einerseits nach der Dauer des Verzugs und der Höhe der vereinbarten Vergütung, andererseits nach demjenigen, was der Unternehmer infolge des Verzugs an Aufwendungen erspart oder durch anderweitige Verwendung seiner Arbeitskraft erwerben kann.

§ 643 [Kündigung durch Unternehmer]

Der Unternehmer ist im Falle des § 642 berechtigt, dem Besteller zur Nachholung der Handlung eine angemessene Frist mit der Erklärung zu bestimmen, daß er den Vertrag kündige, wenn die Handlung nicht bis zum Ablauf der Frist vorgenommen werde. Der Vertrag gilt als aufgehoben, wenn nicht die Nachholung bis zum Ablaufe der Frist erfolgt.

§ 644 [Gefahrtragung]

(1) [1] Der Unternehmer trägt die Gefahr bis zur Abnahme des Werkes. [2] Kommt der Besteller in Verzug der Annahme, so geht die Gefahr auf ihn über. [3] Für den zufälligen Untergang und eine zufällige Verschlechterung des von dem Besteller gelieferten Stoffes ist der Unternehmer nicht verantwortlich.

(2) Versendet der Unternehmer das Werk auf Verlangen des Bestellers nach einem anderen Orte als dem Erfüllungsorte, so finden die für den Kauf geltenden Vorschriften des § 447 entsprechende Anwendung.

§ 645 [Haftung des Bestellers]

(1) [1] Ist das Werk vor der Abnahme infolge eines Mangels des von dem Besteller gelieferten Stoffes oder infolge einer von dem Besteller für die Ausführung erteilten Anweisung untergegangen, verschlechtert oder unausführbar geworden, ohne daß ein Umstand mitgewirkt hat, den der Unternehmer zu vertreten hat, so kann der Unternehmer einen der geleisteten Arbeit entsprechenden Teil der Vergütung und Ersatz der in der Vergütung nicht inbegriffenen Auslagen verlangen. [2] Das gleiche gilt, wenn der Vertrag in Gemäßheit des § 643 aufgehoben wird.

(2) Eine weitergehende Haftung des Bestellers wegen Verschuldens bleibt unberührt.

§ 646 [Vollendung statt Abnahme]

Ist nach der Beschaffenheit des Werkes die Abnahme ausgeschlossen, so tritt in den Fällen der §§ 638, 641, 644, 645 an die Stelle der Abnahme die Vollendung des Werkes.

§ 647 [Unternehmerpfandrecht]

Der Unternehmer hat für seine Forderungen aus dem Vertrag ein Pfandrecht an den von ihm hergestellten oder ausgebesserten beweglichen Sachen des Bestellers, wenn sie bei der Herstellung oder zum Zwecke der Ausbesserung in seinen Besitz gelangt sind.

§ 648 [Sicherungshypothek am Baugrundstück]

[1] Der Unternehmer eines Bauwerkes oder eines einzelnen Teiles eines Bauwerkes kann für seine Forderungen aus dem Vertrage die Einräumung einer Sicherungshypothek an dem Baugrundstücke des Bestellers verlangen. [2] Ist das Werk noch nicht vollendet, so kann er die Einräumung der Sicherungshypothek für einen der geleisteten Arbeit entsprechenden Teil der Vergütung und für die in der Vergütung nicht inbegriffenen Auslagen verlangen.

– § 648 Abs. 2 betrifft die Schiffshypothek für Bauforderungen –

§ 649 [Kündigungsrecht des Bestellers]

[1] Der Besteller kann bis zur Vollendung des Werkes jederzeit den Vertrag kündigen. [2] Kündigt der Besteller, so ist der Unternehmer berechtigt, die vereinbarte Vergütung zu verlangen; er muß sich jedoch dasjenige anrechnen lassen, was er infolge der Aufhebung des Vertrags an Aufwendungen erspart oder durch anderweitige Verwendung seiner Arbeitskraft erwirbt oder zu erwerben böswillig unterläßt.

§ 650 [Kostenanschlag]

(1) Ist dem Vertrag ein Kostenanschlag zugrunde gelegt worden, ohne daß der Unternehmer die Gewähr für die Richtigkeit des Anschlags übernommen hat, und ergibt sich, daß das

Werk nicht ohne eine wesentliche Überschreitung des Anschlags ausführbar ist, so steht dem Unternehmer, wenn der Besteller den Vertrag aus diesem Grunde kündigt, nur der im § 645 Abs. 1 bestimmte Anspruch zu.

(2) Ist eine solche Überschreitung des Anschlags zu erwarten, so hat der Unternehmer dem Besteller unverzüglich Anzeige zu machen.

§ 651 [Werklieferungsvertrag]

(1) [1] Verpflichtet sich der Unternehmer, das Werk aus einem von ihm zu beschaffenden Stoffe herzustellen, so hat er dem Besteller die hergestellte Sache zu übergeben und das Eigentum an der Sache zu verschaffen. [2] Auf einen solchen Vertrag finden die Vorschriften über den Kauf Anwendung; ist eine *nicht vertretbare* Sache herzustellen, so treten an die Stelle des § 433, des § 446 Abs. 1 Satz 1 und der §§ 447, 459, 460, 462–464, 477–479 die Vorschriften über den Werkvertrag mit Ausnahme der §§ 647, 648.

(2) Verpflichtet sich der Unternehmer nur zur Beschaffung von Zutaten oder sonstigen Nebensachen, so finden ausschließlich die Vorschriften über den Werkvertrag Anwendung.

1. Verdingungsordnung für Bauleistungen (VOB)

i. d. F. der Bek. vom 29. Oktober 1973 (BAnz. Nr. 216 – Beil. 32/73)

VOB Teil A

Allgemeine Bestimmungen für die Vergabe von Bauleistungen

DIN 1960

§ 1 Bauleistungen

1. Bauleistungen sind Bauarbeiten jeder Art mit oder ohne Lieferung von Stoffen oder Bauteilen.
2. Lieferung und Montage maschineller Einrichtungen sind keine Bauleistungen.

§ 2 Grundsätze der Vergabe

1. Bauleistungen sind an fachkundige, leistungsfähige und zuverlässige Bewerber zu angemessenen Preisen zu vergeben. Der Wettbewerb soll die Regel sein. Ungesunde Begleiterscheinungen, wie z. B. wettbewerbsbeschränkende Verhaltensweisen, sollen bekämpft werden.
2. Es ist anzustreben, die Aufträge so zu erteilen, daß die ganzjährige Bautätigkeit gefördert wird.

§ 3 Arten der Vergabe

1. (1) Bei Öffentlicher Ausschreibung werden Bauleistungen im vorgeschriebenen Verfahren nach öffentlicher Aufforderung einer unbeschränkten Zahl von Unternehmern zur Einreichung von Angeboten vergeben.
   (2) Bei beschränkter Ausschreibung werden Bauleistungen im vorgeschriebenen Verfahren nach Aufforderung einer beschränkten Zahl von Unternehmern zur Einreichung von Angeboten vergeben, gegebenenfalls nach öffentlicher Aufforderung, Teilnahmeanträge zu stellen (Beschränkte Ausschreibung nach öffentlichem Teilnahmewettbewerb).
   (3) Bei Freihändiger Vergabe werden Bauleistungen ohne ein förmliches Verfahren vergeben, gegebenenfalls nach öffentlicher Aufforderung, Teilnahmeanträge zu stellen (Freihändige Vergabe nach öffentlichem Teilnahmewettbewerb).
2. Der zuständige Bundesminister gibt bekannt, in welchen Vergabefällen bei Beschränkter Ausschreibung und Freihändiger Vergabe ein öffentlicher Teilnahmewettbewerb erforderlich ist; Nr. 6 bleibt unberührt.
3. Öffentliche Ausschreibung soll stattfinden, wenn nicht die Eigenart der Leistung oder besondere Umstände eine Abweichung rechtfertigen.

4. Beschränkte Ausschreibung soll stattfinden,
   a) wenn die Leistung nach ihrer Eigenart nur von einem beschränkten Kreis von Unternehmern in geeigneter Weise ausgeführt werden kann, besonders wenn außergewöhnliche Zuverlässigkeit oder Leistungsfähigkeit (z. B. Erfahrung, technische Einrichtungen oder fachkundige Arbeitskräfte) erforderlich ist,
   b) wenn die Öffentliche Ausschreibung für den Auftraggeber oder die Bewerber einen Aufwand verursachen würde, der zu dem erreichbaren Vorteil oder dem Wert der Leistung im Mißverhältnis stehen würde,
   c) wenn eine Öffentliche Ausschreibung kein annehmbares Ergebnis gehabt hat,
   d) wenn die Öffentliche Ausschreibung aus anderen Gründen (z. B. Dringlichkeit, Geheimhaltung) unzweckmäßig ist.
5. Freihändige Vergabe soll nur stattfinden, wenn die Öffentliche oder Beschränkte Ausschreibung unzweckmäßig ist, besonders
   a) weil für die Leistung aus besonderen Gründen (z. B. Patentschutz, besondere Erfahrungen oder Geräte) nur ein bestimmter Unternehmer in Betracht kommt,
   b) weil die Leistung nach Art und Umfang vor der Vergabe nicht eindeutig und erschöpfend festgelegt werden kann,
   c) weil sich eine kleine Leistung von einer vergebenen größeren Leistung nicht ohne Nachteil trennen läßt,
   d) weil die Leistung besonders dringlich ist,
   e) weil nach Aufhebung einer Öffentlichen oder Beschränkten Ausschreibung eine erneute Ausschreibung kein annehmbares Ergebnis verspricht.
6. Die Verpflichtung, einen öffentlichen Teilnahmewettbewerb bei beschränkter Ausschreibung oder Freihändiger Vergabe zu veranstalten (Nr. 2), besteht nicht, wenn
   a) nur ein Unternehmer für die Ausführung der Leistung in Betracht kommt (Nr. 5 a),
   b) im Ausnahmefall die Leistung nach Art und Umfang oder wegen der damit verbundenen Wagnisse nicht eindeutig und so erschöpfend beschrieben werden kann, daß eine einwandfreie Preisermittlung zwecks Vereinbarung einer festen Vergütung möglich ist (vgl. auch Nr. 5 b),
   c) an einen Auftragnehmer zusätzliche Leistungen vergeben werden sollen, die weder in seinem Vertrag noch in dem ihm zugrundeliegenden Entwurf enthalten sind, jedoch wegen eines unvorhergesehenen Ereignisses zur Ausführung der im Hauptauftrag beschriebenen Leistung erforderlich sind, sofern diese Leistungen
      – sich entweder aus technischen oder wirtschaftlichen Gründen nicht ohne wesentliche Nachteile für den Auftraggeber vom Hauptauftrag trennen lassen oder
      – für die Verbesserung der im Hauptauftrag beschriebenen Leistung unbedingt erforderlich sind, auch wenn sie getrennt vergeben werden könnten,

      vorausgesetzt, daß die geschätzte Vergütung für alle solche zusätzlichen Leistungen die Hälfte der Vergütung der Leistung nach dem Hauptauftrag nicht überschreitet (vgl. auch Nr. 5 c),

d) wegen der Dringlichkeit die vorgeschriebenen Bewerbungs- und Angebotsfristen (§ 17 Nr. 2 Absatz 3, § 18 Nr. 3) aus zwingenden Gründen infolge von Auftraggeber nicht voraussehbarer Ereignisse nicht eingehalten werden können (vgl. auch Nr. 5 d),

e) bei Öffentlicher Ausschreibung beziehungsweise bei Beschränkter Ausschreibung oder Freihändiger Vergabe mit öffentlichem Teilnahmewettbewerb keine annehmbaren Angebote abgegeben oder keine ordnungsgemäßen Teilnahmeanträge gestellt worden sind und eine Wiederholung eines solchen Verfahrens kein brauchbares Ergebnis erwarten läßt (Nr. 5 e), vorausgesetzt, daß die ursprünglich vorgesehene Leistung nach Art, Umfang und Ausführungsbedingungen grundsätzlich nicht geändert wird,

f) die auszuführende Leistung Geheimhaltungsvorschriften unterworfen ist.

§ 4 Einheitliche Vergabe, Vergabe nach Losen

1. Bauleistungen sollen so vergeben werden, daß eine einheitliche Ausführung und zweifelsfreie umfassende Gewährleistung erreicht wird; sie sollen daher in der Regel mit den zur Leistung gehörigen Lieferungen vergeben werden.
2. Umfangreiche Bauleistungen sollen möglichst in Lose geteilt und nach Losen vergeben werden (Teillose).
3. Bauleistungen verschiedener Handwerks- oder Gewerbezweige sind in der Regel nach Fachgebieten oder Gewerbezweigen getrennt zu vergeben (Fachlose). Aus wirtschaftlichen oder technischen Gründen können mehrere Fachlose zusammen vergeben werden.

§ 5 Leistungsvertrag, Stundenlohnvertrag, Selbstkostenerstattungsvertrag

1. Bauleistungen sollen grundsätzlich so vergeben werden, daß die Vergütung nach Leistung bemessen wird (Leistungsvertrag), und zwar:

   a) in der Regel zu Einheitspreisen für technisch und wirtschaftlich einheitliche Teilleistungen, deren Menge nach Maß, Gewicht oder Stückzahl vom Auftraggeber in den Verdingungsunterlagen anzugeben ist (Einheitspreisvertrag),

   b) in geeigneten Fällen für eine Pauschalsumme, wenn die Leistung nach Ausführungsart und Umfang genau bestimmt ist und mit einer Änderung bei der Ausführung nicht zu rechnen ist (Pauschalvertrag).
2. Bauleistungen geringeren Umfangs, die überwiegend Lohnkosten verursachen, können im Stundenlohn vergeben werden (Stundenlohnvertrag).
3. (1) Bauleistungen größeren Umfangs dürfen ausnahmsweise nach Selbstkosten vergeben werden, wenn sie vor der Vergabe nicht eindeutig und so erschöpfend bestimmt werden können, daß eine einwandfreie Preisermittlung möglich ist (Selbstkostenerstattungsvertrag).

(2) Bei der Vergabe ist festzulegen, wie Löhne, Stoffe, Gerätevorhaltung und andere Kosten einschließlich der Gemeinkosten zu vergüten sind und der Gewinn zu bemessen ist.
(3) Wird während der Bauausführung eine einwandfreie Preisermittlung möglich, so soll ein Leistungsvertrag abgeschlossen werden. Wird das bereits Geleistete nicht in den Leistungsvertrag einbezogen, so ist auf klare Leistungsabgrenzung zu achten.

§ 6 Angebotsverfahren

1. Das Angebotsverfahren ist darauf abzustellen, daß der Bewerber die Preise, die er für seine Leistungen fordert, in die Leistungsbeschreibung einzusetzen oder in anderer Weise im Angebot anzugeben hat.
2. Das Auf- und Abgebotsverfahren, bei dem vom Auftraggeber angegebene Preise dem Auf- und Abgebot der Bewerber unterstellt werden, soll nur ausnahmsweise bei regelmäßig wiederkehrenden Unterhaltungsarbeiten, deren Umfang möglichst zu umgrenzen ist, angewandt werden.

§ 7 Mitwirkung von Sachverständigen

1. Ist die Mitwirkung von besonderen Sachverständigen zweckmäßig, um
   a) die Vergabe, insbesondere die Verdingungsunterlagen, vorzubereiten oder
   b) die geforderten Preise einschließlich der Vergütungen für Stundenlohnarbeiten (Stundenlohnzuschläge, Verrechnungssätze) zu beurteilen oder
   c) die vertragsgemäße Ausführung der Leistung zu begutachten,
   so sollen die Sachverständigen in der Regel von den Berufsvertretungen vorgeschlagen werden; diese Sachverständigen dürfen weder unmittelbar noch mittelbar an der betreffenden Vergabe beteiligt sein.
2. Sachverständige im Sinn von Nr. 1 sollen in geeigneten Fällen auf Antrag der Berufsvertretungen gehört werden, wenn dem Auftraggeber dadurch keine Kosten entstehen.

§ 8 Teilnehmer am Wettbewerb

1. Alle Bewerber sind gleich zu behandeln. Der Wettbewerb soll insbesondere nicht auf Bewerber, die in bestimmten Bezirken ansässig sind, beschränkt werden.
2. (1) Bei Öffentlicher Ausschreibung sind die Unterlagen an alle Bewerber abzugeben, die sich gewerbsmäßig mit der Ausführung von Leistungen der ausgeschriebenen Art befassen.
   (2) Bei Beschränkter Ausschreibung sollen im allgemeinen nur 3 bis 8 fachkundige, leistungsfähige und zuverlässige Bewerber aufgefordert werden. Werden von den Bewerbern umfangreiche Vorarbeiten verlangt, die einen besonderen Aufwand erfordern, so soll die Zahl der Bewerber möglichst eingeschränkt werden.

(3) Bei Beschränkter Ausschreibung und Freihändiger Vergabe soll unter den Bewerbern möglichst gewechselt werden.

3. (1) Von den Bewerbern können zum Nachweis ihrer Fachkunde, Leistungsfähigkeit und Zuverlässigkeit Angaben verlangt werden über:

a) den Umsatz des Bewerbers in den letzten 3 abgeschlossenen Geschäftsjahren, soweit er Bauleistungen und andere Leistungen betrifft, die mit der zu vergebenden Leistung vergleichbar sind, unter Einschluß des Anteils bei Arbeitsgemeinschaften und anderen gemeinschaftlichen Bietern,

b) die Ausführung von Leistungen in den letzten 3 abgeschlossenen Geschäftsjahren, die mit der zu vergebenden Leistung vergleichbar sind,

c) die Zahl der in den letzten 3 abgeschlossenen Geschäftsjahren jahresdurchschnittlich beschäftigten Arbeitskräfte, gegebenenfalls gegliedert nach Berufsgruppen,

d) die dem Bewerber für die Ausführung der zu vergebenden Leistung zur Verfügung stehende technische Ausrüstung,

e) die Eintragung in das Berufsregister ihres Sitzes oder Wohnsitzes.

(2) Die Nachweise nach Absatz 1 a, c und e können durch eine von der zuständigen Stelle ausgestellte Bescheinigung erbracht werden, aus der hervorgeht, daß der Bewerber in einer amtlichen Liste in einer Gruppe geführt wird, die den genannten Leistungsmerkmalen entspricht.

(3) Bei Öffentlicher Ausschreibung sind in der Aufforderung zur Angebotsabgabe die Nachweise zu bezeichnen, deren Vorlage mit dem Angebot verlangt oder deren spätere Anforderung vorbehalten wird. Bei Beschränkter Ausschreibung und Freihändiger Vergabe mit öffentlichem Teilnahmewettbewerb ist zu verlangen, daß die Nachweise bereits mit dem Teilnahmeantrag vorgelegt werden.

4. (1) Von der Teilnahme am Wettbewerb können Bewerber ausgeschlossen werden,

a) über deren Vermögen das Konkursverfahren oder das Vergleichsverfahren eröffnet oder die Eröffnung beantragt worden ist,

b) die sich in Liquidation befinden,

c) die nachweislich eine schwere Verfehlung begangen haben, die ihre Zuverlässigkeit als Bewerber in Frage stellt,

d) die ihre Verpflichtung zur Zahlung von Steuern und Abgaben sowie der Beiträge zur gesetzlichen Sozialversicherung nicht ordnungsgemäß erfüllt haben,

e) die im Vergabeverfahren vorsätzlich unzutreffende Erklärungen in bezug auf ihre Fachkunde, Leistungsfähigkeit und Zuverlässigkeit abgegeben haben.

(2) Der Auftraggeber kann von den Bewerbern oder Bietern entsprechende Bescheinigungen der zuständigen Stellen oder Erklärungen verlangen.

(3) Der Nachweis, daß Ausschlußgründe im Sinn von Absatz 1

nicht vorliegen, kann auch durch eine Bescheinigung nach Nr. 3 Absatz 2 geführt werden, es sei denn, daß dies widerlegt wird.

5. Justizvollzugsanstalten, Fürsorgeheime (-anstalten), Aus- und Fortbildungsstätten und ähnliche Einrichtungen sowie Betriebe der öffentlichen Hand und Verwaltungen sind zum Wettbewerb mit gewerblichen Unternehmern nicht zuzulassen.

§ 9 Leistungsbeschreibung

Allgemeines

1. Die Leistung ist eindeutig und so erschöpfend zu beschreiben, daß alle Bewerber die Beschreibung im gleichen Sinne verstehen müssen und ihre Preise sicher und ohne umfangreiche Vorarbeiten berechnen können.
2. Dem Auftragnehmer soll kein ungewöhnliches Wagnis aufgebürdet werden für Umstände und Ereignisse, auf die er keinen Einfluß hat und deren Einwirkung auf die Preise und Fristen er nicht im voraus schätzen kann.

Leistungsbeschreibung mit Leistungsverzeichnis

3. Die Leistung soll in der Regel durch eine allgemeine Darstellung der Bauaufgabe (Baubeschreibung) und ein in Teilleistungen gegliedertes Leistungsverzeichnis beschrieben werden.
4. (1) Um eine einwandfreie Preisermittlung zu ermöglichen, sind alle sie beeinflussenden Umstände festzustellen und in den Verdingungsunterlagen anzugeben.

   (2) Erforderlichenfalls ist die Leistung auch zeichnerisch oder durch Probestücke darzustellen oder anders zu erklären, z. B. durch Hinweise auf ähnliche Leistungen, durch Massen- oder statische Berechnungen. Zeichnungen und Proben, die für die Ausführung maßgebend sein sollen, sind eindeutig zu bezeichnen.

   (3) Erforderlichenfalls sind auch der Zweck und die vorgesehene Beanspruchung der fertigen Leistung anzugeben.

   (4) Boden- und Wasserverhältnisse sind so zu beschreiben, daß der Bewerber den Baugrund und seine Tragfähigkeit, die Grundwasserverhältnisse und die Einflüsse benachbarter Gewässer auf die bauliche Anlage und die Bauausführung hinreichend beurteilen kann; erforderlichenfalls sind auch die zu beachtenden wasserrechtlichen Vorschriften anzugeben.

   (5) Gegebenenfalls sind auch andere Verhältnisse der Baustelle hinreichend genau anzugeben, wie:

   im Baugelände vorhandene Anlagen, insbesondere Abwasser- und Versorgungsleitungen,
   Zugangswege,
   notwendige Verbindungswege zwischen Arbeitsplätzen und der vorgeschriebenen Lagerstelle,
   Anschlußgleise,
   Plätze für Unterkünfte,
   Lagerplätze,
   benutzbare Wasserstellen,
   Anschlüsse für Energie,

etwaige Entgelte für die Benutzung von Einrichtungen oder Plätzen.

5. Leistungen, die nach den Vertragsbedingungen, den Technischen Vorschriften oder der gewerblichen Verkehrssitte zu der geforderten Leistung gehören (B § 2 Nr. 1), brauchen nicht besonders aufgeführt zu werden.
6. Werden vom Auftragnehmer besondere Leistungen verlangt, wie:
   Beaufsichtigung der Leistungen anderer Unternehmer,
   Sicherungsmaßnahmen zur Unfallverhütung für Leistungen anderer Unternehmer,
   besondere Schutzmaßnahmen gegen Witterungsschäden, Hochwasser und Grundwasser,
   Versicherung der Leistung bis zur Abnahme zugunsten des Auftraggebers oder Versicherung eines außergewöhnlichen Haftpflichtwagnisses,
   besondere Prüfung von Stoffen und Bauteilen, die der Auftraggeber liefert,

   oder verlangt der Auftraggeber die Abnahme von Stoffen oder Bauteilen vor Anlieferung zur Baustelle, so ist dies in den Verdingungsunterlagen anzugeben; gegebenenfalls sind hierfür besondere Ansätze (Ordnungszahlen) vorzusehen.
7. (1) Bei der Beschreibung der Leistung sind die verkehrsüblichen Bezeichnungen anzuwenden und die einschlägigen Normen zu beachten, insbesondere sind die Hinweise für die Leistungsbeschreibung in den Allgemeinen Technischen Vorschriften zu berücksichtigen.

   (2) Bestimmte Erzeugnisse oder Verfahren sowie bestimmte Ursprungsorte und Bezugsquellen dürfen nur dann ausdrücklich vorgeschrieben werden, wenn dies durch die Art der geforderten Leistung gerechtfertigt ist.

   (3) Bezeichnungen für bestimmte Erzeugnisse oder Verfahren (z. B. Markennamen)dürfen ausnahmsweise, jedoch nur mit dem Zusatz „oder gleichwertiger Art" verwendet werden, wenn eine Beschreibung durch hinreichend genaue, allgemeinverständliche Bezeichnungen nicht möglich ist.
8. (1) Im Leistungsverzeichnis ist die Leistung derart aufzugliedern, daß unter einer Ordnungszahl (Position) nur solche Leistungen aufgenommen werden, die nach ihrer technischen Beschaffenheit und für die Preisbildung als in sich gleichartig anzusehen sind. Ungleichartige Leistungen sollen unter einer Ordnungszahl (Sammelposition) nur zusammengefaßt werden, wenn eine Teilleistung gegenüber einer anderen für die Bildung eines Durchschnittspreises ohne nennenswerten Einfluß ist.

   (2) Für die Einrichtung größerer Baustellen mit Maschinen, Geräten, Gerüsten, Baracken und dergleichen und für die Räumung solcher Baustellen sowie für etwaige zusätzliche Anforderungen an Zufahrten (z. B. hinsichtlich der Tragfähigkeit) sind besondere Ansätze (Ordnungszahlen) vorzusehen.

   (3) Sollen Lohn- und Gehaltsnebenkosten (z. B. Wegegelder, Fahrtkosten, Auslösungen) gesondert vergütet werden, so ist die Art der

Vergütung (z. B. durch Pauschalsumme oder auf Nachweis) in den Verdingungsunterlagen zu bestimmen.

9. Für Änderungsvorschläge und Nebenangebote gilt § 17 Nr. 4 Absatz 3.

Leistungsbeschreibung mit Leistungsprogramm

10. Wenn es nach Abwägen aller Umstände zweckmäßig ist, abweichend von Nr. 3 zusammen mit der Bauausführung auch den Entwurf für die Leistung dem Wettbewerb zu unterstellen, um die technisch, wirtschaftlich und gestalterisch beste sowie funktionsgerechte Lösung der Bauaufgabe zu ermitteln, kann die Leistung durch ein Leistungsprogramm dargestellt werden.

11. (1) Das Leistungsprogramm umfaßt eine Beschreibung der Bauaufgabe, aus der die Bewerber alle für die Entwurfsbearbeitung und ihr Angebot maßgebenden Bedingungen und Umstände erkennen können und in der sowohl der Zweck der fertigen Leistung als auch die an sie gestellten technischen, wirtschaftlichen, gestalterischen und funktionsbedingten Anforderungen angegeben sind, sowie gegebenenfalls ein Musterleistungsverzeichnis, in dem die Mengenangaben ganz oder teilweise offengelassen sind.
(2) Nr. 4 bis 9 gelten sinngemäß.

12. Von dem Bieter ist ein Angebot zu verlangen, das außer der Ausführung der Leistung den Entwurf nebst eingehender Erläuterung und eine Darstellung der Bauausführung sowie eine eingehende und zweckmäßig gegliederte Beschreibung der Leistung – gegebenenfalls mit Mengen- und Preisangaben für Teile der Leistung – umfaßt. Bei Beschreibung der Leistung mit Mengen- und Preisangaben ist vom Bieter zu verlangen, daß er
a) die Vollständigkeit seiner Angaben, insbesondere die von ihm selbst ermittelten Mengen, entweder ohne Einschränkung oder im Rahmen einer in den Verdingungsunterlagen anzugebenden Mengentoleranz vertritt und daß er
b) etwaige Annahmen, zu denen er in besonderen Fällen gezwungen ist, weil zum Zeitpunkt der Angebotsabgabe einzelne Teilleistungen nach Art und Menge noch nicht bestimmt werden können (z. B. Aushub-, Abbruch- oder Wasserhaltungsarbeiten), – erforderlichenfalls anhand von Plänen und Mengenermittlungen – begründet.

§ 10 Vertragsbedingungen

1. In den Verdingungsunterlagen ist vorzuschreiben, daß die Allgemeinen Vertragsbedingungen für die Ausführung von Bauleistungen (VOB/B) und die Allgemeinen Technischen Vorschriften für Bauleistungen (VOB/C) Bestandteile des Vertrages werden. Das gilt auch für etwaige Zusätzliche Technische Vorschriften, soweit sie Bestandteile des Vertrages werden sollen.

2. (1) Die Allgemeinen Vertragsbedingungen bleiben grundsätzlich unverändert. Sie können von Auftraggebern, die ständig Bauleistungen vergeben, für die bei ihnen allgemein gegebenen Verhältnisse durch Zusätzliche Vertragsbedingungen ergänzt werden. Diese

dürfen den Allgemeinen Vertragsbedingungen nicht widersprechen.
(2) Für die Erfordernisse des Einzelfalles sind die Allgemeinen Vertragsbedingungen und etwaige Zusätzliche Vertragsbedingungen durch Besondere Vertragsbedingungen zu ergänzen. In diesen sollen sich Abweichungen von den Allgemeinen Vertragsbedingungen auf die Fälle beschränken, in denen dort besondere Vereinbarungen ausdrücklich vorgesehen sind und auch nur soweit es die Eigenart der Leistung und ihre Ausführung erfordern.

3. Die Allgemeinen Technischen Vorschriften bleiben grundsätzlich unverändert. Sie können durch Zusätzliche Technische Vorschriften ergänzt werden. Für die Erfordernisse des Einzelfalles sind Ergänzungen und Änderungen in der Leistungsbeschreibung festzulegen.

4. (1) In den Zusätzlichen Vertragsbedingungen oder in den Besonderen Vertragsbedingungen sollen, soweit erforderlich, folgende Punkte geregelt werden:
   a) Unterlagen (A § 20 Nr. 3, B § 3 Nr. 5),
   b) Benutzung von Lager- und Arbeitsplätzen, Zufahrtswegen, Anschlußgleisen, Wasser- und Energieanschlüssen (B § 4 Nr. 4),
   c) Weitervergabe an Nachunternehmer (B § 4 Nr. 8),
   d) Ausführungsfristen (A § 11, B § 5),
   e) Haftung (B § 10 Nr. 2),
   f) Vertragsstrafen und Beschleunigungsvergütungen (A § 12, B § 11),
   g) Abnahme (B § 12),
   h) Vertragsart (A § 5), Abrechnung (B § 14),
   i) Stundenlohnarbeiten (B § 15),
   k) Zahlung (B § 16),
   l) Sicherheitsleistung (A § 14, B § 17),
   m) Gerichtsstand (B § 18 Nr. 1),
   n) Lohn- und Gehaltsnebenkosten (A § 9 Nr. 9),
   o) Änderung der Vertragspreise (A § 15).

   (2) Im Einzelfall erforderliche besondere Vereinbarungen über die Gewährleistung (A § 13 Nr. 2, B § 13 Nr. 1, 4, 7) und über die Verteilung der Gefahr bei Schäden, die durch Hochwasser, Sturmfluten, Grundwasser, Wind, Schnee, Eis und dergleichen entstehen können (B § 7), sind in den Besonderen Vertragsbedingungen zu treffen. Sind für bestimmte Bauleistungen gleichgelagerte Voraussetzungen im Sinne von § 13 Nr. 2 gegeben, so können die besonderen Vereinbarungen auch in Zusätzlichen Technischen Vorschriften vorgesehen werden.

5. Sollen Streitigkeiten aus dem Vertrag unter Ausschluß des ordentlichen Rechtsweges im schiedsrichterlichen Verfahren ausgetragen werden, so ist es in besonderer, nur das Schiedsverfahren betreffender Urkunde zu vereinbaren, soweit nicht § 1027 Absatz 2 der Zivilprozeßordnung auch eine andere Form der Vereinbarung zuläßt.

§ 11 Ausführungsfristen

1. (1) Die Ausführungsfristen sind ausreichend zu bemessen; Jahreszeit, Arbeitsverhältnisse und etwaige besondere Schwierigkeiten

sind zu berücksichtigen. Für die Bauvorbereitung ist dem Auftragnehmer genügend Zeit zu gewähren.
(2) Außergewöhnlich kurze Fristen sind nur bei besonderer Dringlichkeit vorzusehen.
(3) Soll vereinbart werden, daß mit der Ausführung erst nach Aufforderung zu beginnen ist (B § 5 Nr. 2), so muß die Frist, innerhalb deren die Aufforderung ausgesprochen werden kann, unter billiger Berücksichtigung der für die Ausführung maßgebenden Verhältnisse zumutbar sein; sie ist in den Verdingungsunterlagen festzulegen.
2. (1) Wenn es ein erhebliches Interesse des Auftraggebers erfordert, sind Einzelfristen für in sich abgeschlossene Teile de Leistung zu bestimmen.
(2) Wird ein Bauzeitenplan aufgestellt, damit die Leistungen aller Unternehmer sicher ineinandergreifen, so sollen nur die für den Fortgang der Gesamtarbeit besonders wichtigen Einzelfristen als vertraglich verbindliche Fristen (Vertragsfristen) bezeichnet werden.
3. Ist für die Einhaltung von Ausführungsfristen die Übergabe von Zeichnungen oder anderen Unterlagen wichtig, so soll hierfür ebenfalls eine Frist festgelegt werden.

§ 12 Vertragsstrafen und Beschleunigungsvergütungen

1. Vertragsstrafen für die Überschreitung von Vertragsfristen sollen nur ausbedungen werden, wenn die Überschreitung erhebliche Nachteile verursachen kann. Die Strafe ist in angemessenen Grenzen zu halten.
2. Beschleunigungsvergütungen (Prämien) sollen nur vorgesehen werden, wenn die Fertigstellung vor Ablauf der Vertragsfristen erhebliche Vorteile bringt.

§ 13 Gewährleistung

1. Auf Gewährleistung über die Abnahme hinaus soll verzichtet werden bei Bauleistungen, deren einwandfreie, vertragsgemäße Beschaffenheit sich bei der Abnahme unzweifelhaft feststellen läßt und bei denen auch später keine Mängel zu erwarten sind.
2. Andere Verjährungsfristen als nach § 13 Nr. 4 der Allgemeinen Vertragsbedingungen sollen nur vorgesehen werden, wenn dies wegen der Eigenart der Leistung erforderlich ist. In solchen Fällen sind alle Umstände gegeneinander abzuwägen, insbesondere wann etwaige Mängel wahrscheinlich erkennbar werden und wieweit die Mängelursachen noch nachgewiesen werden können, aber auch die Wirkung auf die Preise und die Notwendigkeit einer billigen Bemessung der Verjährungsfristen für Gewährleistungsansprüche.

§ 14 Sicherheitsleistung

1. Auf Sicherheitsleistung soll ganz oder teilweise verzichtet werden, wenn Mängel der Leistung voraussichtlich nicht eintreten oder wenn der Auftragnehmer hinreichend bekannt ist und genügende Gewähr für die vertragsgemäße Leistung und die Beseitigung etwa auftretender Mängel bietet.

2. Die Sicherheit soll nicht höher bemessen und ihre Rückgabe nicht für einen späteren Zeitpunkt vorgesehen werden, als nötig ist, um den Auftraggeber vor Schaden zu bewahren. Sie soll 5 vom Hundert der Auftragssumme nicht überschreiten.
3. Wenn bei der Abnahme die Leistung nicht beanstandet wird, soll die Sicherheit ganz oder zum größeren Teil zurückgegeben werden.

§ 15 Änderung der Vergütung

Sind wesentliche Änderungen der Preisermittlungsgrundlagen zu erwarten, deren Eintritt oder Ausmaß ungewiß ist, so kann eine angemessene Änderung der Vergütung in den Verdingungsunterlagen vorgesehen werden. Die Einzelheiten der Preisänderungen sind festzulegen.

§ 16 Grundsätze der Ausschreibung

1. Der Auftraggeber soll erst dann ausschreiben, wenn alle Verdingungsunterlagen fertiggestellt sind und wenn innerhalb der angegebenen Fristen mit der Ausführung begonnen werden kann.
2. Ausschreibungen für vergabefremde Zwecke (z. B. Ertragsberechnungen) sind unzulässig.

§ 17 Bekanntmachung

1. (1) Öffentliche Ausschreibungen sind durch Tageszeitungen, amtliche Veröffentlichungsblätter oder Fachzeitschriften bekanntzumachen.

   (2) Diese Bekanntmachungen sollen mindestens folgende Angaben enthalten:

   a) Art und Umfang der Leistung (einschließlich der etwaigen Teilung in Lose) sowie den Ausführungsort,
   b) etwaige Bestimmungen über die Ausführungszeit,
   c) Bezeichnung (Anschrift) der zur Angebotsabgabe auffordernden Stelle, der den Zuschlag erteilenden Stelle sowie der Stelle, bei der die Angebote einzureichen sind,
   d) Bezeichnung (Anschrift) der Stelle, die die Vergabeunterlagen (Anschreiben und Verdingungsunterlagen; vgl. Nr. 4) abgibt, sowie des Tages, bis zu dem sie bei ihr spätestens angefordert werden können,
   e) Bezeichnung (Anschriften) der Stellen, bei denen die Vergabeunterlagen eingesehen werden können,
   f) Art der Vergabe (A § 3),
   g) Ort und Zeit des Eröffnungstermins (Ablauf der Angebotsfrist, A § 18 Nr. 2) sowie Angabe, welche Personen zum Eröffnungstermin zugelassen sind,
   h) Zuschlags- und Bindefrist (A § 19),
   i) die Höhe einer etwaigen Entschädigung für die Verdingungsunterlagen und die Zahlungsweise (A § 20 Nr. 1 Absatz 1),
   k) etwaige Vorbehalte wegen der Teilung in Lose und Vergabe der Lose an verschiedene Bieter,
   l) die Höhe etwa geforderter Sicherheitsleistungen,

m) etwa vom Auftraggeber zur Vorlage mit dem Angebot für die Beurteilung der Eignung (Fachkunde, Leistungsfähigkeit und Zuverlässigkeit, A § 2 Satz 1) des Bieters verlangte Unterlagen (A § 8 Nr. 3 und 4),
n) die wesentlichen Zahlungsbedingungen oder Angabe der Unterlagen, in denen sie enthalten sind (z. B. B § 16).

In den vom zuständigen Bundesminister bestimmten Vergabefällen muß die Bekanntmachung außer den unter a bis n bezeichneten Angaben enthalten:

o) die Bestimmung, daß die Angebote in deutscher Sprache abzufassen sind, sowie
p) die Angabe des Tages der Absendung der Bekanntmachung an das „Amt für amtliche Veröffentlichungen der Europäischen Gemeinschaften".

2. (1) Bei Beschränkten Ausschreibungen und Freihändigen Vergaben mit öffentlichem Teilnahmewettbewerb sind die Unternehmer durch Bekanntmachungen in Tageszeitungen, amtlichen Veröffentlichungsblättern oder Fachzeitschriften aufzufordern, ihre Teilnahme am Wettbewerb zu beantragen.

(2) Diese Bekanntmachungen sollen mindestens folgende Angaben enthalten:

a) Art und Umfang der Leistung (einschließlich der etwaigen Teilung in Lose) sowie den Ausführungsort,
b) etwaige Bestimmungen über die Ausführungszeit,
c) Bezeichnung (Anschrift) der zur Angebotsabgabe auffordernden Stelle und der den Zuschlag erteilenden Stelle,
d) Bezeichnung (Anschrift) der Stelle, bei der der Teilnahmeantrag zu stellen ist,
e) Art der Vergabe (A § 3),
f) Tag, bis zu dem der Teilnahmeantrag bei der zur Angebotsabgabe auffordernden Stelle eingegangen sein muß,
g) Tag, an dem die Aufforderung zur Angebotsabgabe spätestens abgesandt wird,
h) etwaige Vorbehalte wegen der Teilung in Lose und Vergabe der Lose an verschiedene Bieter,
i) etwa vom Auftraggeber zur Vorlage mit dem Teilnahmeantrag für die Beurteilung der Eignung (Fachkunde, Leistungsfähigkeit und Zuverlässigkeit, A § 2 Nr. 1 Satz 1) des Bieters verlangte Unterlagen (A § 8 Nr. 3 und 4).

In den vom zuständigen Bundesminister bestimmten Vergabefällen muß die Bekanntmachung außer den unter a bis i bezeichneten Angaben enthalten:

k) die Angabe des Tages der Absendung der Bekanntmachung an das „Amt für amtliche Veröffentlichungen der Europäischen Gemeinschaften".

(3) In den vom zuständigen Bundesminister bestimmten Vergabefällen beträgt die Frist für die Einreichung von Teilnahmeanträgen (Bewerbungsfrist) mindestens 18 Werktage, gerechnet vom Tag der Absendung der Bekanntmachung an, in Fällen besonderer Dringlichkeit ausnahmsweise 12 Werktage.

3. In den vom zuständigen Bundesminister bestimmten Vergabefällen ist der Auftraggeber verpflichtet, die Bekanntmachung nach Nr. 1 oder 2 gleichzeitig an die inländischen Veröffentlichungsblätter und an das „Amt für amtliche Veröffentlichungen der Europäischen Gemeinschaften" zu übersenden.
4. (1) Die Verdingungsunterlagen sind den Bewerbern mit einem Anschreiben (Aufforderung zur Angebotsabgabe) zu übergeben, das alle Angaben enthält, die außer den Verdingungsunterlagen für den Entschluß zur Abgabe eines Angebots notwendig sind, namentlich über
   a) Art und Umfang der Leistung sowie den Ausführungsort,
   b) etwaige Bestimmungen über die Ausführungszeit,
   c) Bezeichnung (Anschrift) der zur Angebotsabgabe auffordernden Stelle und der den Zuschlag erteilenden Stelle,
   d) Bezeichnung (Anschrift) der Stellen, bei denen Verdingungsunterlagen eingesehen werden können, die nicht abgegeben werden,
   e) Art der Vergabe (A § 3),
   f) etwaige Ortsbesichtigungen,
   g) genaue Aufschrift der Angebote,
   h) Ort und Zeit des Eröffnungstermins (Ablauf der Angebotsfrist, A § 18 Nr. 2) sowie Angabe, welche Personen zum Eröffnungstermin zugelassen sind (A § 22 Nr. 1 Satz 1),
   i) etwa vom Auftraggeber zur Vorlage mit dem Angebot für die Beurteilung der Eignung (Fachkunde, Leistungsfähigkeit und Zuverlässigkeit, A § 2 Nr. 1 Satz 1) des Bieters verlangte Unterlagen (A § 8 Nr. 3 und 4),
   k) die Höhe etwa geforderter Sicherheitsleistungen,
   l) Änderungsvorschläge und Nebenangebote (vgl. Absatz 3),
   m) etwaige Vorbehalte wegen der Teilung in Lose und Vergabe der Lose an verschiedene Bieter,
   n) Zuschlags- und Bindefrist (A § 19),
   o) sonstige Erfordernisse, die die Bewerber bei der Bearbeitung ihrer Angebote beachten müssen (vgl. auch A § 18 Nr. 2 und 4, A § 19 Nr. 1, A § 21).

   In den vom zuständigen Bundesminister bestimmten Vergabefällen muß außerdem angegeben werden:
   p) unter Bezugnahme auf § 25 der Hinweis, daß der Auftraggeber den Zuschlag auf das Angebot erteilen wird, das unter Berücksichtigung aller technischen und wirtschaftlichen, gegebenenfalls auch gestalterischen und funktionsbedingten Gesichtspunkte als das annehmbarste erscheint, möglichst ergänzt durch nähere Bezeichnung der Umstände, auf die der Auftraggeber bei der Beurteilung der Angebote besonderen Wert legt, wie beispielsweise Bauunterhaltungs- oder Betriebskosten, Lebensdauer, Ausführungsfrist, künstlerische Gestaltung,
   q) daß die Angebote in deutscher Sprache abzufassen sind.

   (2) Auftraggeber, die ständig Bauleistungen vergeben, sollen die Erfordernisse, die die Bewerber bei der Bearbeitung ihrer Angebote beachten müssen, in Bewerbungsbedingungen zusam-

menfassen und dem Anschreiben beifügen (vgl. auch A § 18 Nr. 2 und 4, A § 19 Nr. 1 und A § 21).

(3) Wenn der Auftraggeber Änderungsvorschläge oder Nebenangebote wünscht, ausdrücklich zulassen oder ausschließen will, so ist dies anzugeben; ebenso ist anzugeben, wenn Nebenangebote ohne gleichzeitige Abgabe eines Hauptangebotes ausnahmsweise ausgeschlossen werden. Soweit der Bieter eine Leistung anbietet, deren Ausführung nicht in Allgemeinen Technischen Vorschriften oder in den Verdingungsunterlagen geregelt ist, sind von ihm im Angebot entsprechende Angaben über Ausführung und Beschaffenheit dieser Leistung zu verlangen.

(4) Die Aufforderung zur Angebotsabgabe ist bei Beschränkter Ausschreibung sowie bei Freihändiger Vergabe mit öffentlichem Teilnahmewettbewerb an alle ausgewählten Bewerber am gleichen Tag abzusenden.

5. Jeder Bewerber soll die Leistungsbeschreibung doppelt und alle anderen für die Preisermittlung wesentlichen Unterlagen einfach erhalten. Wenn von den Unterlagen (außer der Leistungsbeschreibung) keine Vervielfältigungen abgegeben werden können, sind sie in ausreichender Weise zur Einsicht auszulegen, wenn nötig nicht nur am Geschäftssitz des Auftraggebers, sondern auch am Ausführungsort oder an einem Nachbarort.

6. Die Namen der Bewerber, die Verdingungsunterlagen erhalten oder eingesehen haben, sind geheimzuhalten.

7. (1) Erbitten Bewerber zusätzliche sachdienliche Auskünfte über die Vergabeunterlagen, so sind die Auskünfte unverzüglich zu erteilen. In den vom zuständigen Bundesminister bestimmten Vergabefällen müssen rechtzeitig beantragte Auskünfte spätestens 6 Tage – in Fällen besonderer Dringlichkeit (Nr. 2 Absatz 3) 4 Tage – vor Ablauf der Angebotsfrist erteilt werden.

(2) Werden einem Bewerber wichtige Aufklärungen über die geforderte Leistung oder die Grundlagen der Preisermittlung gegeben, so sind sie auch den anderen Bewerbern unverzüglich mitzuteilen, soweit diese bekannt sind.

§ 18 Angebotsfrist

1. Für die Bearbeitung und Einreichung der Angebote sind ausreichende Fristen vorzusehen, auch bei kleinen Bauleistungen nicht unter 10 Werktagen. Dabei ist insbesondere der zusätzliche Aufwand für die Besichtigung von Baustellen oder die Beschaffung von Unterlagen für die Angebotsbearbeitung zu berücksichtigen.
2. Die Angebotsfrist läuft ab, sobald im Eröffnungstermin der Verhandlungsleiter mit der Öffnung der Angebote beginnt.
3. In den vom zuständigen Bundesminister bestimmten Vergabefällen dürfen folgende Fristen für die Angebotsabgabe nicht unterschritten werden:
   a) bei Öffentlicher Ausschreibung 31 Werktage, gerechnet von dem Tag ab, an dem die Bekanntmachung nach § 17 Nr. 1 zur Veröffentlichung abgesandt worden ist,
   b) bei Beschränkter Ausschreibung oder Freihändiger Vergabe mit

öffentlichem Teilnahmewettbewerb 18 Werktage, in Fällen besonderer Dringlichkeit ausnahmsweise 9 Werktage, gerechnet von dem Tag ab, an dem die Aufforderung zur Angebotsabgabe abgesandt worden ist.

Ist für die Angebotsabgabe eine Ortsbesichtigung oder die Einsichtnahme in ausgelegte Verdingungsunterlagen (A § 17 Nr. 1e bzw. Nr. 4d) notwendig, so sind diese Fristen angemessen zu verlängern.

4. Bis zum Ablauf der Angebotsfrist können Angebote schriftlich, fernschriftlich oder telegrafisch zurückgezogen werden.

§ 19 Zuschlags- und Bindefrist

1. Die Zuschlagsfrist beginnt mit dem Eröffnungstermin.
2. Die Zuschlagsfrist soll so kurz wie möglich und nicht länger bemessen werden, als der Auftraggeber für eine zügige Prüfung und Wertung der Angebote (A §§ 23 bis 25) benötigt. Sie soll nicht mehr als 24 Werktage betragen; eine längere Zuschlagsfrist soll nur in begründeten Fällen festgelegt werden. Das Ende der Zuschlagsfrist soll durch Angabe des Kalendertages bezeichnet werden.
3. Es ist vorzusehen, daß der Bieter bis zum Ablauf der Zuschlagsfrist an sein Angebot gebunden ist (Bindefrist).
4. Nr. 1 bis 3 gelten bei Freihändiger Vergabe entsprechend.

§ 20 Kosten

1. (1) Bei Öffentlicher Ausschreibung darf für die Leistungsbeschreibung und die anderen Unterlagen eine Entschädigung gefordert werden; sie darf die Selbstkosten der Vervielfältigung nicht überschreiten. In der Bekanntmachung (A § 17 Nr. 1) ist anzugeben, wie hoch sie ist; ferner ist in der Bekanntmachung sowie im Anschreiben (A § 17 Nr. 4) anzugeben, ob und unter welchen Bedingungen sie erstattet wird.
   (2) Bei Beschränkter Ausschreibung und Freihändiger Vergabe sind alle Unterlagen unentgeltlich abzugeben.
2. (1) Für die Bearbeitung des Angebots wird keine Entschädigung gewährt. Verlangt jedoch der Auftraggeber, daß der Bewerber Entwürfe, Pläne, Zeichnungen, statische Berechnungen, Massenberechnungen oder andere Unterlagen ausarbeitet, insbesondere in den Fällen des § 9 Nr. 10 bis 12, so ist einheitlich für alle Bieter in der Ausschreibung eine angemessene Entschädigung festzusetzen. Ist eine Entschädigung festgesetzt, so steht sie jedem Bieter zu, der ein der Ausschreibung entsprechendes Angebot mit den geforderten Unterlagen rechtzeitig eingereicht hat.
   (2) Diese Grundsätze gelten für die Freihändige Vergabe entsprechend.
3. Der Auftraggeber darf Angebotsunterlagen und die in den Angeboten enthaltenen eigenen Vorschläge eines Bieters nur für die Prüfung und Wertung der Angebote (A §§ 23 und 25) verwenden. Eine darüber hinausgehende Verwendung bedarf der vorherigen schriftlichen Vereinbarung.

§ 21 Inhalt der Angebote

1. (1) Die Angebote sollen nur die Preise und die geforderten Erklärungen enthalten. Sie müssen mit rechtsverbindlicher Unterschrift versehen sein. Änderungen des Bieters an seinen Eintragungen müssen zweifelsfrei sein.
(2) Änderungen an den Verdingungsunterlagen sind unzulässig.
(3) Der Auftraggeber soll allgemein oder im Einzelfall zulassen, daß Bieter für die Angebotsabgabe eine selbstgefertigte Abschrift oder statt dessen eine selbstgefertigte Kurzfassung des Leistungsverzeichnisses benutzen, wenn sie in besonderer Erklärung den vom Auftraggeber verfaßten Wortlaut der Urschrift des Leistungsverzeichnisses als allein verbindlich anerkennen; Kurzfassungen müssen jedoch die Ordnungszahlen (Positionen) vollzählig, in der gleichen Reihenfolge und mit den gleichen Nummern wie in der Urschrift wiedergeben.
(4) Muster und Proben der Bieter müssen als zum Angebot gehörig gekennzeichnet sein.
2. Etwaige Änderungsvorschläge oder Nebenangebote müssen auf besonderer Anlage gemacht und als solche deutlich gekennzeichnet werden.
3. (1) Arbeitsgemeinschaften und andere gemeinschaftliche Bieter haben eins ihrer Mitglieder als bevollmächtigten Vertreter für den Abschluß und die Durchführung des Vertrages zu bezeichnen. Reichen Vereinigungen von Unternehmern Angebote ein, so haben sie das Mitglied zu bezeichnen, das als Auftragnehmer in Betracht kommen soll.
(2) Fehlt die Bezeichnung im Angebot, so ist sie vor der Zuschlagserteilung beizubringen.

§ 22 Eröffnungstermin

1. Bei Ausschreibungen ist für die Öffnung und Verlesung (Eröffnung) der Angebote ein Eröffnungstermin abzuhalten, in dem nur die Bieter und ihre Bevollmächtigten zugegen sein dürfen. Bis zu diesem Termin sind die Angebote, die beim Eingang auf dem ungeöffneten Umschlag zu kennzeichnen sind, unter Verschluß zu halten.
2. Zur Eröffnung zuzulassen sind nur Angebote, die dem Verhandlungsleiter bei Öffnung des ersten Angebots vorliegen.
3. (1) Der Verhandlungsleiter stellt fest, ob der Verschluß der Angebote unversehrt ist.
(2) Die Angebote werden geöffnet und in allen wesentlichen Teilen gekennzeichnet. Name und Wohnort der Bieter und die Endbeträge der Angebote oder ihrer einzelnen Abschnitte, ferner andere den Preis betreffende Angaben werden verlesen. Es wird bekanntgegeben, ob und von wem Änderungsvorschläge oder Nebenangebote eingereicht sind. Weiteres aus dem Inhalt der Angebote soll nicht mitgeteilt werden.
(3) Muster und Proben der Bieter müssen im Termin zur Stelle sein.
4. (1) Über den Eröffnungstermin ist eine Niederschrift zu fertigen.

Sie ist zu verlesen; in ihr ist zu vermerken, daß sie verlesen und als richtig anerkannt worden ist oder welche Einwendungen erhoben worden sind.

(2) Sie ist vom Verhandlungsleiter zu unterschreiben; die anwesenden Bieter und Bevollmächtigten sind berechtigt, mit zu unterzeichnen.

5. Angebote, die bei der Öffnung des ersten Angebots nicht vorgelegen haben (Nr. 2), sind in der Niederschrift oder in einem Nachtrag besonders aufzuführen. Die Eingangszeiten und die etwa bekannten Gründe, aus denen die Angebote nicht vorgelegen haben, sind zu vermerken. Der Umschlag und andere Beweismittel sind aufzubewahren.
6. Den Bietern und ihren Bevollmächtigten ist die Einsicht in die Niederschrift und ihre Nachträge (Nr. 5 und A § 23 Nr. 4) zu gestatten; den Bietern können die Namen der Bieter und die Endbeträge der Angebote sowie die Zahl ihrer Änderungsvorschläge und Nebenangebote mitgeteilt werden. Die Niederschrift darf nicht veröffentlicht werden.
7. Die Angebote und ihre Anlagen sind sorgfältig zu verwahren und geheimzuhalten; dies gilt auch bei Freihändiger Vergabe.

§ 23 Prüfung der Angebote

1. Angebote, die im Eröffnungstermin dem Verhandlungsleiter bei Öffnung des ersten Angebotes nicht vorgelegen haben, und Angebote, die den Bestimmungen des § 21 Nr. 1 Absatz 1 nicht entsprechen, brauchen nicht geprüft zu werden.
2. Die übrigen Angebote sind rechnerisch, technisch und wirtschaftlich zu prüfen, gegebenenfalls mit Hilfe von Sachverständigen (A § 7).
3. (1) Stimmt der Gesamtbetrag einer Ordnungszahl (Position) mit dem Einheitspreis nicht überein, so ist der Einheitspreis maßgebend. Ist der Einheitspreis in Ziffern und in Worten angegeben und stimmen diese Angaben nicht überein, so gilt der dem Gesamtbetrag der Ordnungszahl entsprechende Einheitspreis. Entspricht weder der in Worten noch der in Ziffern angegebene Einheitspreis dem Gesamtbetrag der Ordnungszahl, so gilt der in Worten angegebene Einheitspreis.

   (2) Bei Vergabe für eine Pauschalsumme gilt diese ohne Rücksicht auf etwa angegebene Einzelpreise.

   (3) Absätze 1 und 2 gelten auch bei Freihändiger Vergabe.
4. Die auf Grund der Prüfung festgestellten Angebotsendsummen sind in der Niederschrift über den Eröffnungstermin zu vermerken.

§ 24 Verhandlungen mit Bietern

1. (1) Nach Öffnung der Angebote bis zur Zuschlagserteilung darf der Auftraggeber mit einem Bieter nur verhandeln, um sich über seine technische und wirtschaftliche Leistungsfähigkeit, das Angebot selbst, etwaige Änderungsvorschläge und Nebenangebote, die geplante Art der Durchführung, etwaige Ursprungsorte oder Bezugsquellen von Stoffen oder Bauteilen und um sich über die Angemes-

senheit der Preise, wenn nötig durch Einsicht in die vorzulegenden Preisermittlungen (Kalkulationen), zu unterrichten.

(2) Die Ergebnisse solcher Verhandlungen sind geheimzuhalten. Sie sollen, wenn es zweckmäßig ist, schriftlich niedergelegt werden.

2. Verweigert ein Bieter die geforderten Aufklärungen und Angaben, so kann sein Angebot unberücksichtigt bleiben.

3. Andere Verhandlungen, besonders über Änderung der Angebote oder Preise, sind unstatthaft, außer wenn sie bei Nebenangeboten, Änderungsvorschlägen oder Angeboten auf Grund eines Leistungsprogramms nötig sind, um unumgängliche technische Änderungen geringen Umfangs und daraus sich ergebende Änderungen der Preise zu vereinbaren.

§ 25 Wertung der Angebote

1. (1) Ausgeschlossen werden:
   a) Angebote, die im Eröffnungstermin dem Verhandlungsleiter bei Öffnung des ersten Angebotes nicht vorgelegen haben,
   b) Angebote, die dem § 21 Nr. 1 Absatz 1 nicht entsprechen,
   c) Angebote von Bietern, die sich bei der Berufsgenossenschaft nicht angemeldet haben,
   d) Angebote von Bietern, die in bezug auf die Ausschreibung eine Abrede getroffen haben, die eine unzulässige Wettbewerbsbeschränkung darstellt,
   e) Änderungsvorschläge und Nebenangebote, soweit der Auftraggeber dies nach § 17 Nr. 4 Absatz 3 erklärt hat.

   (2) Außerdem können Angebote von Bietern nach § 8 Nr. 4 ausgeschlossen werden.

2. (1) Bei der Auswahl der Angebote, die für den Zuschlag in Betracht kommen, sind nur Bieter zu berücksichtigen, die für die Erfüllung der vertraglichen Verpflichtungen die notwendige Sicherheit bieten. Dazu gehört, daß sie die erforderliche Fachkunde, Leistungsfähigkeit und Zuverlässigkeit besitzen und über ausreichende technische und wirtschaftliche Mittel verfügen.

   (2) Angebote, deren Preise in offenbarem Mißverhältnis zur Leistung stehen, werden ausgeschieden. In die engere Wahl kommen nur solche Angebote, die unter Berücksichtigung rationellen Baubetriebs und sparsamer Wirtschaftsführung eine einwandfreie Ausführung einschließlich Gewährleistung erwarten lassen. Unter diesen Angeboten soll der Zuschlag auf das Angebot erteilt werden, das unter Berücksichtigung aller technischen und wirtschaftlichen, gegebenenfalls auch gestalterischen und funktionsbedingten Gesichtspunkte als das annehmbarste erscheint. Der niedrigste Angebotspreis allein ist nicht entscheidend.

3. Änderungsvorschläge und Nebenangebote, die der Auftraggeber bei der Ausschreibung gewünscht oder ausdrücklich zugelassen hat, sind ebenso zu werten wie die Hauptangebote. Sonstige Änderungsvorschläge und Nebenangebote können berücksichtigt werden.

4. Arbeitsgemeinschaften und andere gemeinschaftliche Bieter sind Einzelbewerbern gleichzusetzen, wenn sie die Arbeiten im eigenen Betrieb oder in den Betrieben der Mitglieder ausführen.

5. Die Bestimmungen der Nr. 2 gelten auch bei Freihändiger Vergabe. Die Nr. 1, 3 und 4 sind entsprechend auch bei Freihändiger Vergabe anzuwenden.

§ 26 Aufhebung der Ausschreibung

1. Die Ausschreibung kann aufgehoben werden:
   a) wenn kein Angebot eingegangen ist, das den Ausschreibungsbedingungen entspricht,
   b) wenn sich die Grundlagen der Ausschreibung wesentlich geändert haben,
   c) wenn andere schwerwiegende Gründe bestehen.
2. Die Bieter sind von der Aufhebung der Ausschreibung unter Bekanntgabe der Gründe unverzüglich zu benachrichtigen.

§ 27 Nicht berücksichtigte Angebote

1. Bieter, deren Angebote ausgeschlossen worden sind (A § 25 Nr. 1) und solche, deren Angebote nicht in die engere Wahl kommen, sollen sobald wie möglich verständigt werden.
   Die übrigen Bieter sind zu verständigen, sobald der Zuschlag erteilt worden ist.
2. Nicht berücksichtigte Angebote und Ausarbeitungen der Bieter dürfen nur mit ihrer Zustimmung für eine neue Vergabe oder für andere Zwecke benutzt werden.
3. Entwürfe, Ausarbeitungen, Muster und Proben zu nicht berücksichtigten Angeboten sind herauszugeben, wenn dies im Angebot oder innerhalb von 24 Werktagen nach Ablehnung des Angebots verlangt wird.

§ 28 Zuschlag

1. Der Zuschlag ist möglichst bald, mindestens aber so rechtzeitig zu erteilen, daß dem Bieter die Erklärung noch vor Ablauf der Zuschlagsfrist (A § 19) zugeht.
2. (1) Wird auf ein Angebot rechtzeitig und ohne Abänderungen der Zuschlag erteilt, so ist damit nach allgemeinen Rechtsgrundsätzen der Vertrag abgeschlossen, auch wenn spätere urkundliche Festlegung vorgesehen ist.
   (2) Werden dagegen Erweiterungen, Einschränkungen oder Änderungen vorgenommen oder wird der Zuschlag verspätet erteilt, so ist der Bieter bei Erteilung des Zuschlages aufzufordern, sich unverzüglich über die Annahme zu erkären.

§ 29 Vertragsurkunde

1. Eine besondere Urkunde braucht über den Vertrag nur dann gefertigt zu werden, wenn der Vertragsinhalt nicht schon durch das Angebot mit den zugehörigen Unterlagen, das Zuschlagsschreiben und andere Schriftstücke eindeutig und erschöpfend festgelegt ist.
2. Die Urkunde ist doppelt auszufertigen und von den beiden Vertragsparteien zu unterzeichnen. Die Beglaubigung einer Unterschrift kann in besonderen Fällen verlangt werden.

VOB Teil B:

Allgemeine Vertragsbedingungen für die Ausführung von Bauleistungen

DIN 1961 — Fassung November 1973

§ 1

Art und Umfang der Leistung

1. Die auszuführende Leistung wird nach Art und Umfang durch den Vertrag bestimmt. Als Bestandteil des Vertrages gelten auch die Allgemeinen Technischen Vorschriften für Bauleistungen.
2. Bei Widersprüchen im Vertrag gelten nacheinander:
   a) die Leistungsbeschreibung,
   b) die Besonderen Vertragsbedingungen,
   c) etwaige Zusätzliche Vertragsbedingungen,
   d) etwaige Zusätzliche Technische Vorschriften,
   e) die Allgemeinen Technischen Vorschriften für Bauleistungen,
   f) die Allgemeinen Vertragsbedingungen für die Ausführung von Bauleistungen.
3. Änderungen des Bauentwurfs anzuordnen, bleibt dem Auftraggeber vorbehalten.
4. Nicht vereinbarte Leistungen, die zur Ausführung der vertraglichen Leistung erforderlich werden, hat der Auftragnehmer auf Verlangen des Auftraggebers mit auszuführen, außer wenn sein Betrieb auf derartige Leistungen nicht eingerichtet ist. Andere Leistungen können dem Auftragnehmer nur mit seiner Zustimmung übertragen werden.

§ 2

Vergütung

1. Durch die vereinbarten Preise werden alle Leistungen abgegolten, die nach der Leistungsbeschreibung, den Besonderen Vertragsbedingungen, den Zusätzlichen Vertragsbedingungen, den Zusätzlichen Technischen Vorschriften, den Allgemeinen Technischen Vorschriften für Bauleistungen und der gewerblichen Verkehrssitte zur vertraglichen Leistung gehören.
2. Die Vergütung wird nach den vertraglichen Einheitspreisen und den tatsächlich ausgeführten Leistungen berechnet, wenn keine andere Berechnungsart (z. B. durch Pauschalsumme, nach Stundenlohnsätzen, nach Selbstkosten) vereinbart ist.
3. (1) Weicht die ausgeführte Menge der unter einem Einheitspreis erfaßten Leistung oder Teilleistung um nicht mehr als 10 v. H. von dem im Vertrag vorgesehenen Umfang ab, so gilt der vertragliche Einheitspreis.

   (2) Für die über 10 v. H. hinausgehende Überschreitung des Mengenansatzes ist auf Verlangen ein neuer Preis unter Berücksichtigung der Mehr- oder Minderkosten zu vereinbaren.

   (3) Bei einer über 10 v. H. hinausgehenden Unterschreitung des Mengenansatzes ist auf Verlangen der Einheitspreis für die tatsächlich ausgeführte Menge der Leistung oder Teilleistung zu erhöhen, soweit der Auftragnehmer nicht durch Erhöhung der Mengen bei anderen Ordnungszahlen (Positionen) oder in anderer Weise einen Ausgleich erhält. Die Erhöhung des Einheitspreises soll im wesentlichen dem Mehrbetrag entsprechen, der sich durch Verteilung der Baustelleneinrichtungs- und Baustellengemeinkosten und der Allgemeinen Geschäftskosten auf die verringerte Menge ergibt. Die Umsatzsteuer wird entsprechend dem neuen Preis vergütet.

§ 3

Ausführungsunterlagen

1. Die für die Ausführung nötigen Unterlagen sind dem Auftragnehmer unentgeltlich und rechtzeitig zu übergeben.
2. Das Abstecken der Hauptachsen der baulichen Anlagen, ebenso der Grenzen des Geländes, das dem Auftragnehmer zur Verfügung gestellt wird, und das Schaffen der notwendigen Höhenfestpunkte in unmittelbarer Nähe der baulichen Anlagen sind Sache des Auftraggebers.
3. Die vom Auftraggeber zur Verfügung gestellten Geländeaufnahmen und Absteckungen und die übrigen für die Ausführung übergebenen Unterlagen sind für den Auftragnehmer maßgebend. Jedoch hat er sie, soweit es zur ordnungsgemäßen Vertragserfüllung gehört, auf etwaige Unstimmigkeiten zu überprüfen und den Auftraggeber auf entdeckte oder vermutete Mängel hinzuweisen.
4. Vor Beginn der Arbeiten ist, soweit notwendig, der Zustand der Straßen und Geländeoberfläche, der Vorfluter und Vorflutleitungen, ferner der baulichen Anlagen im Baubereich in einer Niederschrift festzuhalten, die vom Auftraggeber und Auftragnehmer anzuerkennen ist.
5. Zeichnungen, Berechnungen, Nachprüfungen von Berechnungen oder andere Unterlagen, die der Auftragnehmer nach dem Vertrag, besonders den Technischen Vorschriften, oder der gewerblichen Verkehrssitte oder auf besonderes Verlangen des Auftraggebers (§ 2 Nr. 9) zu beschaffen hat, sind dem Auftraggeber nach Aufforderung rechtzeitig vorzulegen.
6. Die in Nr. 5 genannten Unterlagen dürfen ohne Genehmigung ihres Urhebers weder veröffentlicht noch vervielfältigt noch für einen anderen als den vereinbarten Zweck benutzt werden. Sie sind auf Verlangen zurückzugeben, wenn nichts anderes vereinbart ist. Der Auftraggeber darf jedoch die vom Auftragnehmer gelieferten Unterlagen so lange behalten, wie er sie zur Rechnungsprüfung braucht.

§ 4

Ausführung

1. (1) Der Auftraggeber hat für die Aufrechterhaltung der allgemeinen Ordnung auf der Baustelle zu sorgen und das Zusammenwirken der verschiedenen Unternehmer zu regeln. Er hat die erforderlichen öffentlich-rechtlichen Genehmigungen und Erlaubnisse — z. B. nach dem Baurecht, dem Straßenverkehrsrecht, dem Wasserrecht, dem Gewerberecht — herbeizuführen.

   (2) Der Auftraggeber hat das Recht, die vertragsgemäße Ausführung der Leistung zu überwachen. Hierzu hat er Zutritt zu den Arbeitsplätzen, Werkstätten und Lagerräumen, wo die vertragliche Leistung oder Teile von ihr hergestellt oder die hierfür bestimmten Stoffe und Bauteile gelagert werden. Auf Verlangen sind ihm die Werkzeichnungen oder andere Ausführungsunterlagen sowie die Ergebnisse von Güteprüfungen zur Einsicht vorzulegen und die erforderlichen Auskünfte zu erteilen, wenn hierdurch keine Geschäftsgeheimnisse preisgegeben werden. Als Geschäftsgeheimnis bezeichnete Auskünfte und Unterlagen hat er vertraulich zu behandeln.

   (3) Der Auftraggeber ist befugt, unter Wahrung der dem Auftragnehmer zustehenden Leitung (Nr. 2) Anordnungen zu treffen, die zur vertragsgemäßen Ausführung der Leistung notwendig sind. Die Anordnungen sind grundsätzlich nur dem Auftragnehmer oder seinem für die Leitung der Ausführung bestellten Vertreter zu erteilen, außer wenn Gefahr im Verzug ist. Dem Auftraggeber ist mitzuteilen, wer jeweils als Vertreter des Auftragnehmers für die Leitung der Ausführung bestellt ist.

(4) Hält der Auftragnehmer die Anordnungen des Auftraggebers für unberechtigt oder unzweckmäßig, so hat er seine Bedenken geltend zu machen, die Anordnungen jedoch auf Verlangen auszuführen, wenn nicht gesetzliche oder behördliche Bestimmungen entgegenstehen. Wenn dadurch eine ungerechtfertigte Erschwerung verursacht wird, hat der Auftraggeber die Mehrkosten zu tragen.

2. (1) Der Auftragnehmer hat die Leistung unter eigener Verantwortung nach dem Vertrag auszuführen. Dabei hat er die anerkannten Regeln der Technik und die gesetzlichen und behördlichen Bestimmungen zu beachten. Es ist seine Sache, die Ausführung seiner vertraglichen Leistung zu leiten und für Ordnung auf seiner Arbeitsstelle zu sorgen.

   (2) Er ist für die Erfüllung der gesetzlichen, behördlichen und berufsgenossenschaftlichen Verpflichtungen gegenüber seinen Arbeitnehmern allein verantwortlich. Es ist ausschließlich seine Aufgabe, die Vereinbarungen und Maßnahmen zu treffen, die sein Verhältnis zu den Arbeitnehmern regeln.

3. Hat der Auftragnehmer Bedenken gegen die vorgesehene Art der Ausführung (auch wegen der Sicherung gegen Unfallgefahren), gegen die Güte der vom Auftraggeber gelieferten Stoffe oder Bauteile oder gegen die Leistungen anderer Unternehmer, so hat er sie dem Auftraggeber unverzüglich — möglichst schon vor Beginn der Arbeiten — schriftlich mitzuteilen; der Auftraggeber bleibt jedoch für seine Angaben, Anordnungen oder Lieferungen verantwortlich.

4. Der Auftraggeber hat, wenn nichts anderes vereinbart ist, dem Auftragnehmer unentgeltlich zur Benutzung oder Mitbenutzung zu überlassen:

   a) die notwendigen Lager- und Arbeitsplätze auf der Baustelle,

   b) vorhandene Zufahrtswege und Anschlußgleise,

   c) vorhandene Anschlüsse für Wasser und Energie. Die Kosten für den Verbrauch und den Messer oder Zähler trägt der Auftragnehmer, mehrere Auftragnehmer tragen sie anteilig.

5. Der Auftragnehmer hat die von ihm ausgeführten Leistungen und die ihm für die Ausführung übergebenen Gegenstände bis zur Abnahme vor Beschädigung und Diebstahl zu schützen. Auf Verlangen des Auftraggebers hat er sie vor Winterschäden und Grundwasser zu schützen, ferner Schnee und Eis zu beseitigen. Obliegt ihm die Verpflichtung nach Satz 2 nicht schon nach dem Vertrag, so regelt sich die Vergütung nach § 2 Nr. 6.

6. Stoffe oder Bauteile, die dem Vertrag oder den Proben nicht entsprechen, sind auf Anordnung des Auftraggebers innerhalb einer von ihm bestimmten Frist von der Baustelle zu entfernen. Geschieht es nicht, so können sie auf Kosten des Auftragnehmers entfernt oder für seine Rechnung veräußert werden.

7. Leistungen, die schon während der Ausführung als mangelhaft oder vertragswidrig erkannt werden, hat der Auftragnehmer auf eigene Kosten durch mangelfreie zu ersetzen. Hat der Auftragnehmer den Mangel oder die Vertragswidrigkeit zu vertreten, so hat er auch den daraus entstehenden Schaden zu ersetzen. Kommt der Auftragnehmer der Pflicht zur Beseitigung des Mangels nicht nach, so kann ihm der Auftraggeber eine angemessene Frist zur Beseitigung des Mangels setzen und erklären, daß er ihm nach fruchtlosem Ablauf der Frist den Auftrag entziehe (§ 8 Nr. 3).

8. (1) Der Auftragnehmer hat die Leistung im eigenen Betrieb auszuführen. Mit schriftlicher Zustimmung des Auftraggebers darf er sie an Nachunternehmer übertragen. Die Zustimmung ist nicht notwendig bei Leistungen, auf die der Betrieb des Auftragnehmers nicht eingerichtet ist.

   (2) Der Auftragnehmer hat bei der Weitervergabe von Bauleistungen an Nachunternehmer die Verdingungsordnung für Bauleistungen zugrunde zu legen.

(3) Der Auftragnehmer hat die Nachunternehmer dem Auftraggeber auf Verlangen bekanntzugeben.

9. Werden bei Ausführung der Leistung auf einem Grundstück Gegenstände von Altertums-, Kunst- oder wissenschaftlichem Wert entdeckt, so hat der Auftragnehmer vor jedem weiteren Aufdecken oder Ändern dem Auftraggeber den Fund anzuzeigen und ihm die Gegenstände nach näherer Weisung abzuliefern. Die Vergütung etwaiger Mehrkosten regelt sich nach § 2 Nr. 6. Die Rechte des Entdeckers (§ 984 BGB) hat der Auftraggeber.

§ 5
Ausführungsfristen

1. Die Ausführung ist nach den verbindlichen Fristen (Vertragsfristen) zu beginnen, angemessen zu fördern und zu vollenden. In einem Bauzeitenplan enthaltene Einzelfristen gelten nur dann als Vertragsfristen, wenn dies im Vertrag ausdrücklich vereinbart ist.
2. Ist für den Beginn der Ausführung keine Frist vereinbart, so hat der Auftraggeber dem Auftragnehmer auf Verlangen Auskunft über den voraussichtlichen Beginn zu erteilen. Der Auftragnehmer hat innerhalb von 12 Werktagen nach Aufforderung zu beginnen. Der Beginn der Ausführung ist dem Auftraggeber anzuzeigen.
3. Wenn Arbeitskräfte, Geräte, Gerüste, Stoffe oder Bauteile so unzureichend sind, daß die Ausführungsfristen offenbar nicht eingehalten werden können, muß der Auftragnehmer auf Verlangen unverzüglich Abhilfe schaffen.
4. Verzögert der Auftragnehmer den Beginn der Ausführung, gerät er mit der Vollendung in Verzug oder kommt er der in Nr. 3 erwähnten Verpflichtung nicht nach, so kann der Auftraggeber bei Aufrechterhaltung des Vertrages Schadenersatz nach § 6 Nr. 6 verlangen oder dem Auftragnehmer eine angemessene Frist zur Vertragserfüllung setzen und erklären, daß er ihm nach fruchtlosem Ablauf der Frist den Auftrag entziehe (§ 8 Nr. 3).

§ 6
Behinderung und Unterbrechung der Ausführung

1. Glaubt sich der Auftragnehmer in der ordnungsgemäßen Ausführung der Leistung behindert, so hat er es dem Auftraggeber unverzüglich schriftlich anzuzeigen. Unterläßt er die Anzeige, so hat er nur dann Anspruch auf Berücksichtigung der hindernden Umstände, wenn dem Auftraggeber offenkundig die Tatsache und deren hindernde Wirkung bekannt waren.
2. (1) Ausführungsfristen werden verlängert, soweit die Behinderung verursacht ist:
   a) durch einen vom Auftraggeber zu vertretenden Umstand,
   b) durch Streik oder eine von der Berufsvertretung der Arbeitgeber angeordnete Aussperrung im Betrieb des Auftragnehmers oder in einem unmittelbar für ihn arbeitenden Betrieb,
   c) durch höhere Gewalt oder andere für den Auftragnehmer unabwendbare Umstände.

   (2) Witterungseinflüsse während der Ausführungszeit, mit denen bei Abgabe des Angebots normalerweise gerechnet werden mußte, gelten nicht als Behinderung.
3. Der Auftragnehmer hat alles zu tun, was ihm billigerweise zugemutet werden kann, um die Weiterführung der Arbeiten zu ermöglichen. Sobald die hindernden Umstände wegfallen, hat er ohne weiteres und unverzüglich die Arbeiten wiederaufzunehmen und den Auftraggeber davon zu benachrichtigen.

(4) Sind von der unter einem Einheitspreis erfaßten Leistung oder Teilleistung andere Leistungen abhängig, für die eine Pauschalsumme vereinbart ist, so kann mit der Änderung des Einheitspreises auch eine angemessene Änderung der Pauschalsumme gefordert werden.

4. Werden im Vertrag ausbedungene Leistungen des Auftragnehmers vom Auftraggeber selbst übernommen (z. B. Lieferung von Bau-, Bauhilfs- und Betriebsstoffen), so gilt, wenn nichts anderes vereinbart wird, § 8 Nr. 1 Absatz 2 entsprechend.

5. Werden durch Änderung des Bauentwurfs oder andere Anordnungen des Auftraggebers die Grundlagen des Preises für eine im Vertrag vorgesehene Leistung geändert, so ist ein neuer Preis unter Berücksichtigung der Mehr- oder Minderkosten zu vereinbaren. Die Vereinbarung soll vor der Ausführung getroffen werden.

6. (1) Wird eine im Vertrag nicht vorgesehene Leistung gefordert, so hat der Auftragnehmer Anspruch auf besondere Vergütung. Er muß jedoch den Anspruch dem Auftraggeber ankündigen, bevor er mit der Ausführung der Leistung beginnt.

   (2) Die Vergütung bestimmt sich nach den Grundlagen der Preisermittlung für die vertragliche Leistung und den besonderen Kosten der geforderten Leistung. Sie ist möglichst vor Beginn der Ausführung zu vereinbaren.

7. (1) Ist als Vergütung der Leistung eine Pauschalsumme vereinbart, so bleibt die Vergütung unverändert. Weicht jedoch die ausgeführte Leistung von der vertraglich vorgesehenen Leistung so erheblich ab, daß ein Festhalten an der Pauschalsumme nicht zumutbar ist (§ 242 BGB), so ist auf Verlangen ein Ausgleich unter Berücksichtigung der Mehr- oder Minderkosten zu gewähren. Für die Bemessung des Ausgleichs ist von den Grundlagen der Preisermittlung auszugehen. Nr. 4, 5 und 6 bleiben unberührt.

   (2) Wenn nichts anderes vereinbart ist, gilt Absatz 1 auch für Pauschalsummen, die für Teile der Leistung vereinbart sind; Nr. 3 Absatz 4 bleibt unberührt.

8. (1) Leistungen, die der Auftragnehmer ohne Auftrag oder unter eigenmächtiger Abweichung vom Vertrag ausführt, werden nicht vergütet. Der Auftragnehmer hat sie auf Verlangen innerhalb einer angemessenen Frist zu beseitigen; sonst kann es auf seine Kosten geschehen. Er haftet außerdem für andere Schäden, die dem Auftraggeber hieraus entstehen, wenn die Vorschriften des BGB über die Geschäftsführung ohne Auftrag (§§ 677 ff.) nichts anderes ergeben.

   (2) Eine Vergütung steht dem Auftragnehmer jedoch zu, wenn der Auftraggeber solche Leistungen nachträglich anerkennt. Eine Vergütung steht ihm auch zu, wenn die Leistungen für die Erfüllung des Vertrages notwendig waren, dem mutmaßlichen Willen des Auftraggebers entsprachen und ihm unverzüglich angezeigt wurden.

9. (1) Verlangt der Auftraggeber Zeichnungen, Berechnungen oder andere Unterlagen, die der Auftragnehmer nach dem Vertrag, besonders den Technischen Vorschriften oder der gewerblichen Verkehrssitte, nicht zu beschaffen hat, so hat er sie zu vergüten.

   (2) Läßt er vom Auftragnehmer nicht aufgestellte technische Berechnungen durch den Auftragnehmer nachprüfen, so hat er die Kosten zu tragen.

10. Stundenlohnarbeiten werden nur vergütet, wenn sie als solche vor ihrem Beginn ausdrücklich vereinbart worden sind (§ 15).

4. Die Fristverlängerung wird berechnet nach der Dauer der Behinderung mit einem Zuschlag für die Wiederaufnahme der Arbeiten und die etwaige Verschiebung in eine ungünstigere Jahreszeit.
5. Wird die Ausführung für voraussichtlich längere Dauer unterbrochen, ohne daß die Leistung dauernd unmöglich wird, so sind die ausgeführten Leistungen nach den Vertragspreisen abzurechnen und außerdem die Kosten zu vergüten, die dem Auftragnehmer bereits entstanden und in den Vertragspreisen des nicht ausgeführten Teiles der Leistung enthalten sind.
6. Sind die hindernden Umstände von einem Vertragsteil zu vertreten, so hat der andere Teil Anspruch auf Ersatz des nachweislich entstandenen Schadens, nicht aber des entgangenen Gewinns.
7. Dauert eine Unterbrechung länger als 3 Monate, so kann jeder Teil nach Ablauf dieser Zeit den Vertrag schriftlich kündigen. Die Abrechnung regelt sich nach Nr. 5 und 6; wenn der Auftragnehmer die Unterbrechung nicht zu vertreten hat, sind auch die Kosten der Baustellenräumung zu vergüten, soweit sie nicht in der Vergütung für die bereits ausgeführten Leistungen enthalten sind.

§ 7
Verteilung der Gefahr

Wird die ganz oder teilweise ausgeführte Leistung vor der Abnahme durch höhere Gewalt, Krieg, Aufruhr oder andere unabwendbare vom Auftragnehmer nicht zu vertretende Umstände beschädigt oder zerstört, so hat dieser für die ausgeführten Teile der Leistung die Ansprüche nach § 6 Nr. 5; für andere Schäden besteht keine gegenseitige Ersatzpflicht.

§ 8
Kündigung durch den Auftraggeber

1. (1) Der Auftraggeber kann bis zur Vollendung der Leistung jederzeit den Vertrag kündigen.
   (2) Dem Auftragnehmer steht die vereinbarte Vergütung zu. Er muß sich jedoch anrechnen lassen, was er infolge der Aufhebung des Vertrages an Kosten erspart oder durch anderweitige Verwendung seiner Arbeitskraft und seines Betriebes erwirbt oder zu erwerben böswillig unterläßt (§ 649 BGB).
2. (1) Der Auftraggeber kann den Vertrag kündigen, wenn der Auftragnehmer seine Zahlungen einstellt, das Vergleichsverfahren beantragt oder in Konkurs gerät.
   (2) Die ausgeführten Leistungen sind nach § 6 Nr. 5 abzurechnen. Der Auftraggeber kann Schadenersatz wegen Nichterfüllung des Restes verlangen.
3. (1) Der Auftraggeber kann den Vertrag kündigen, wenn in den Fällen des § 4 Nr. 7 und des § 5 Nr. 4 die gesetzte Frist fruchtlos abgelaufen ist (Entziehung des Auftrags). Die Entziehung des Auftrags kann auf einen in sich abgeschlossenen Teil der vertraglichen Leistung beschränkt werden.
   (2) Nach der Entziehung des Auftrags ist der Auftraggeber berechtigt, den noch nicht vollendeten Teil der Leistung zu Lasten des Auftragnehmers durch einen Dritten ausführen zu lassen, doch bleiben seine Ansprüche auf Ersatz des etwa entstehenden weiteren Schadens bestehen. Er ist auch berechtigt, auf die weitere Ausführung zu verzichten und Schadenersatz wegen Nichterfüllung zu verlangen, wenn die Ausführung aus den Gründen, die zur Entziehung des Auftrags geführt haben, für ihn kein Interesse mehr hat.
   (3) Für die Weiterführung der Arbeiten kann der Auftraggeber Geräte, Gerüste, auf der Baustelle vorhandene andere Einrichtungen und angelieferte Stoffe und Bauteile gegen angemessene Vergütung in Anspruch nehmen.

(4) Der Auftraggeber hat dem Auftragnehmer eine Aufstellung über die entstandenen Mehrkosten und über seine anderen Ansprüche spätestens binnen 12 Werktagen nach Abrechnung mit dem Dritten zuzusenden.

4. Der Auftraggeber kann den Auftrag entziehen, wenn der Auftragnehmer aus Anlaß der Vergabe eine Abrede getroffen hatte, die eine unzulässige Wettbewerbsbeschränkung darstellt. Die Kündigung ist innerhalb von 12 Werktagen nach Bekanntwerden des Kündigungsgrundes auszusprechen. Die Nr. 3 gilt entsprechend.

5. Die Kündigung ist schriftlich zu erklären.

6. Der Auftragnehmer kann Aufmaß und Abnahme der von ihm ausgeführten Leistungen alsbald nach der Kündigung verlangen; er hat unverzüglich eine prüfbare Rechnung über die ausgeführten Leistungen vorzulegen.

7. Eine wegen Verzugs verwirkte, nach Zeit bemessene Vertragsstrafe kann nur für die Zeit bis zum Tag der Kündigung des Vertrages gefordert werden.

§ 9
Kündigung durch den Auftragnehmer

1. Der Auftragnehmer kann den Vertrag kündigen:
   a) wenn der Auftraggeber eine ihm obliegende Handlung unterläßt und dadurch den Auftragnehmer außerstand setzt, die Leistung auszuführen (Annahmeverzug nach §§ 293 ff. BGB),
   b) wenn der Auftraggeber eine fällige Zahlung nicht leistet oder sonst in Schuldnerverzug gerät.

2. Die Kündigung ist schriftlich zu erklären. Sie ist erst zulässig, wenn der Auftragnehmer dem Auftraggeber ohne Erfolg eine angemessene Frist zur Vertragserfüllung gesetzt und erklärt hat, daß er nach fruchtlosem Ablauf der Frist den Vertrag kündigen werde.

3. Die bisherigen Leistungen sind nach den Vertragspreisen abzurechnen. Außerdem hat der Auftragnehmer Anspruch auf angemessene Entschädigung nach § 642 BGB; etwaige weitergehende Ansprüche des Auftragnehmers bleiben unberührt.

§ 10
Haftung der Vertragsparteien

1. Die Vertragsparteien haften einander für eigenes Verschulden sowie für das Verschulden ihrer gesetzlichen Vertreter und der Personen, deren sie sich zur Erfüllung ihrer Verbindlichkeiten bedienen (§§ 276, 278 BGB).

2. (1) Entsteht einem Dritten im Zusammenhang mit der Leistung ein Schaden, für den auf Grund gesetzlicher Haftpflichtbestimmungen beide Vertragsparteien haften, so gelten für den Ausgleich zwischen den Vertragsparteien die allgemeinen gesetzlichen Bestimmungen, soweit im Einzelfall nichts anderes vereinbart ist. Soweit der Schaden des Dritten nur die Folge einer Maßnahme ist, die der Auftraggeber in dieser Form angeordnet hat, trägt er den Schaden allein, wenn ihn der Auftragnehmer auf die mit der angeordneten Ausführung verbundene Gefahr nach § 4 Nr. 3 hingewiesen hat.

   (2) Der Auftragnehmer trägt den Schaden allein, soweit er ihn durch Versicherung seiner gesetzlichen Haftpflicht gedeckt hat oder innerhalb der von der Versicherungsaufsichtsbehörde genehmigten Allgemeinen Versicherungsbedingungen zu tarifmäßigen, nicht auf außergewöhnliche Verhältnisse abgestellten Prämien und Prämienzuschlägen bei einem im Inland zum Geschäftsbetrieb zugelassenen Versicherer hätte decken können.

3. Ist der Auftragnehmer einem Dritten nach §§ 823 ff. BGB zu Schadenersatz verpflichtet wegen unbefugten Betretens oder Beschädigung angrenzender Grundstücke, wegen Entnahme oder Auflagerung von Boden oder anderen Gegenständen außerhalb der vom Auftraggeber dazu angewiesenen Flächen oder wegen der Folgen eigenmächtiger Versperrung von Wegen oder Wasserläufen, so trägt er im Verhältnis zum Auftraggeber den Schaden allein.
4. Für die Verletzung gewerblicher Schutzrechte haftet im Verhältnis der Vertragsparteien zueinander der Auftragnehmer allein, wenn er selbst das geschützte Verfahren oder die Verwendung geschützter Gegenstände angeboten oder wenn der Auftraggeber die Verwendung vorgeschrieben und auf das Schutzrecht hingewiesen hat.
5. Ist eine Vertragspartei gegenüber der anderen nach Nr. 2, 3 oder 4 von der Ausgleichspflicht befreit, so gilt diese Befreiung auch zugunsten ihrer gesetzlichen Vertreter und Erfüllungsgehilfen, wenn sie nicht vorsätzlich oder grob fahrlässig gehandelt haben.
6. Soweit eine Vertragspartei von dem Dritten für einen Schaden in Anspruch genommen wird, den nach Nr. 2, 3 oder 4 die andere Vertragspartei zu tragen hat, kann sie verlangen, daß ihre Vertragspartei sie von der Verbindlichkeit gegenüber dem Dritten befreit. Sie darf den Anspruch des Dritten nicht anerkennen oder befriedigen, ohne der anderen Vertragspartei vorher Gelegenheit zur Äußerung gegeben zu haben.

§ 11

Vertragsstrafe

1. Wenn Vertragsstrafen vereinbart sind, gelten die §§ 339 bis 345 BGB.
2. Ist die Vertragsstrafe für den Fall vereinbart, daß der Auftragnehmer nicht in der vorgesehenen Frist erfüllt, so wird sie fällig, wenn der Auftragnehmer in Verzug gerät.
3. Ist die Vertragsstrafe nach Tagen bemessen, so zählen nur Werktage; ist sie nach Wochen bemessen, so wird jeder Werktag angefangener Wochen als $1/6$ Woche gerechnet.
4. Hat der Auftraggeber die Leistung abgenommen, so kann er die Strafe nur verlangen, wenn er dies bei der Abnahme vorbehalten hat.

§ 12

Abnahme

1. Verlangt der Auftragnehmer nach der Fertigstellung — gegebenenfalls auch vor Ablauf der vereinbarten Ausführungsfrist — die Abnahme der Leistung, so hat sie der Auftraggeber binnen 12 Werktagen durchzuführen; eine andere Frist kann vereinbart werden.
2. Besonders abzunehmen sind auf Verlangen:
   a) in sich abgeschlossene Teile der Leistung,
   b) andere Teile der Leistung, wenn sie durch die weitere Ausführung der Prüfung und Feststellung entzogen werden.
3. Wegen wesentlicher Mängel kann die Abnahme bis zur Beseitigung verweigert werden.

4. (1) Eine förmliche Abnahme hat stattzufinden, wenn eine Vertragspartei es verlangt. Jede Partei kann auf ihre Kosten einen Sachverständigen zuziehen. Der Befund ist in gemeinsamer Verhandlung schriftlich niederzulegen. In die Niederschrift sind etwaige Vorbehalte wegen bekannter Mängel und wegen Vertragsstrafen aufzunehmen, ebenso etwaige Einwendungen des Auftragnehmers. Jede Partei erhält eine Ausfertigung.

   (2) Die förmliche Abnahme kann in Abwesenheit des Auftragnehmers stattfinden, wenn der Termin vereinbart war oder der Auftraggeber mit genügender Frist dazu eingeladen hatte. Das Ergebnis der Abnahme ist dem Auftragnehmer alsbald mitzuteilen.

5. (1) Wird keine Abnahme verlangt, so gilt die Leistung als abgenommen mit Ablauf von 12 Werktagen nach schriftlicher Mitteilung über die Fertigstellung der Leistung.

   (2) Hat der Auftraggeber die Leistung oder einen Teil der Leistung in Benutzung genommen, so gilt die Abnahme nach Ablauf von 6 Werktagen nach Beginn der Benutzung als erfolgt, wenn nichts anderes vereinbart ist. Die Benutzung von Teilen einer baulichen Anlage zur Weiterführung der Arbeiten gilt nicht als Abnahme.

   (3) Vorbehalte wegen bekannter Mängel oder wegen Vertragsstrafen hat der Auftraggeber spätestens zu den in den Absätzen 1 und 2 bezeichneten Zeitpunkten geltend zu machen.

6. Mit der Abnahme geht die Gefahr auf den Auftraggeber über, soweit er sie nicht schon nach § 7 trägt.

§ 13
Gewährleistung

1. Der Auftragnehmer übernimmt die Gewähr, daß seine Leistung zur Zeit der Abnahme die vertraglich zugesicherten Eigenschaften hat, den anerkannten Regeln der Technik entspricht und nicht mit Fehlern behaftet ist, die den Wert oder die Tauglichkeit zu dem gewöhnlichen oder dem nach dem Vertrag vorausgesetzten Gebrauch aufheben oder mindern.

2. Bei Leistungen nach Probe gelten die Eigenschaften der Probe als zugesichert, soweit nicht Abweichungen nach der Verkehrssitte als bedeutungslos anzusehen sind. Dies gilt auch für Proben, die erst nach Vertragsabschluß als solche anerkannt sind.

3. Ist ein Mangel zurückzuführen auf die Leistungsbeschreibung oder auf Anordnungen des Auftraggebers, auf die von diesem gelieferten oder vorgeschriebenen Stoffe oder Bauteile oder die Beschaffenheit der Vorleistung eines anderen Unternehmers, so ist der Auftragnehmer von der Gewährleistung für diese Mängel frei, außer wenn er die ihm nach § 4 Nr. 3 obliegende Mitteilung über die zu befürchtenden Mängel unterlassen hat.

4. Ist für die Gewährleistung keine Verjährungsfrist im Vertrag vereinbart, so beträgt sie für Bauwerke und für Holzerkrankungen 2 Jahre, für Arbeiten an einem Grundstück und für die vom Feuer berührten Teile von Feuerungsanlagen ein Jahr. Die Frist beginnt mit der Abnahme der gesamten Leistung; nur für in sich abgeschlossene Teile der Leistung beginnt sie mit der Teilabnahme (§ 12 Nr. 2 a).

5. (1) Der Auftragnehmer ist verpflichtet, alle während der Verjährungsfrist hervortretenden Mängel, die auf vertragswidrige Leistung zurückzuführen sind, auf seine Kosten zu beseitigen, wenn es der Auftraggeber vor Ablauf der Frist schriftlich verlangt. Der Anspruch auf Beseitigung der gerügten Mängel verjährt mit Ablauf der Regelfristen der Nr. 4, gerechnet vom Zugang des schriftlichen Verlangens an, jedoch nicht vor Ablauf der vereinbarten Frist. Nach Abnahme der Mängelbeseitigungsleistung beginnen für diese Leistung die Regelfristen der Nr. 4, wenn nichts anderes vereinbart ist.

(2) Kommt der Auftragnehmer der Aufforderung zur Mängelbeseitigung in einer vom Auftraggeber gesetzten angemessenen Frist nicht nach, so kann der Auftraggeber die Mängel auf Kosten des Auftragnehmers beseitigen lassen.

6. Ist die Beseitigung des Mangels unmöglich oder würde sie einen unverhältnismäßig hohen Aufwand erfordern und wird sie deshalb vom Auftragnehmer verweigert, so kann der Auftraggeber Minderung der Vergütung verlangen (§ 634 Absatz 4, § 472 BGB). Der Auftraggeber kann ausnahmsweise auch dann Minderung der Vergütung verlangen, wenn die Beseitigung des Mangels für ihn unzumutbar ist.

7. (1) Ist ein wesentlicher Mangel, der die Gebrauchsfähigkeit erheblich beeinträchtigt, auf ein Verschulden des Auftragnehmers oder seiner Erfüllungsgehilfen zurückzuführen, so ist der Auftragnehmer außerdem verpflichtet, dem Auftraggeber den Schaden an der baulichen Anlage zu ersetzen, zu deren Herstellung, Instandhaltung oder Änderung die Leistung dient.

(2) Den darüber hinausgehenden Schaden hat er nur dann zu ersetzen:

a) wenn der Mangel auf Vorsatz oder grober Fahrlässigkeit beruht,

b) wenn der Mangel auf einem Verstoß gegen die anerkannten Regeln der Technik beruht,

c) wenn der Mangel in dem Fehlen einer vertraglich zugesicherten Eigenschaft besteht oder

d) soweit der Auftragnehmer den Schaden durch Versicherung seiner gesetzlichen Haftpflicht gedeckt hat oder innerhalb der von der Versicherungsaufsichtsbehörde genehmigten Allgemeinen Versicherungsbedingungen zu tarifmäßigen, nicht auf außergewöhnliche Verhältnisse abgestellten Prämien und Prämienzuschlägen bei einem im Inland zum Geschäftsbetrieb zugelassenen Versicherer hätte decken können.

(3) Abweichend von Nr. 4 gelten die gesetzlichen Verjährungsfristen, soweit sich der Auftragnehmer nach Absatz 2 durch Versicherung geschützt hat oder hätte schützen können oder soweit ein besonderer Versicherungsschutz vereinbart ist.

(4) Eine Einschränkung oder Erweiterung der Haftung kann in begründeten Sonderfällen vereinbart werden.

§ 14
Abrechnung

1. Der Auftragnehmer hat seine Leistungen prüfbar abzurechnen. Er hat die Rechnungen übersichtlich aufzustellen und dabei die Reihenfolge der Posten einzuhalten und die in den Vertragsbestandteilen enthaltenen Bezeichnungen zu verwenden. Die zum Nachweis von Art und Umfang der Leistung erforderlichen Massenberechnungen, Zeichnungen und andere Belege sind beizufügen. Änderungen und Ergänzungen des Vertrages sind in der Rechnung besonders kenntlich zu machen; sie sind auf Verlangen getrennt abzurechnen.

2. Die für die Abrechnung notwendigen Feststellungen sind dem Fortgang der Leistung entsprechend möglichst gemeinsam vorzunehmen. Die Abrechnungsbestimmungen in den Technischen Vorschriften und den anderen Vertragsunterlagen sind zu beachten. Für Leistungen, die bei Weiterführung der Arbeiten nur schwer feststellbar sind, hat der Auftragnehmer rechtzeitig gemeinsame Feststellungen zu beantragen.

3. Die Schlußrechnung muß bei Leistungen mit einer vertraglichen Ausführungsfrist von höchstens 3 Monaten spätestens 12 Werktage nach Fertigstellung eingereicht

werden, wenn nichts anderes vereinbart ist; diese Frist wird um je 6 Werktage für je weitere 3 Monate Ausführungsfrist verlängert.

4. Reicht der Auftragnehmer eine prüfbare Rechnung nicht ein, obwohl ihm der Auftraggeber dafür eine angemessene Frist gesetzt hat, so kann sie der Auftraggeber selbst auf Kosten des Auftragnehmers aufstellen.

§ 15

Stundenlohnarbeiten

1. (1) Stundenlohnarbeiten werden nach den vertraglichen Vereinbarungen abgerechnet.

   (2) Soweit für die Vergütung keine Vereinbarungen getroffen worden sind, gilt die ortsübliche Vergütung. Ist diese nicht zu ermitteln, so werden die Aufwendungen des Auftragnehmers für

   Lohn- und Gehaltskosten der Baustelle, Lohn- und Gehaltsnebenkosten der Baustelle, Stoffkosten der Baustelle, Kosten der Einrichtungen, Geräte, Maschinen und maschinellen Anlagen der Baustelle, Fracht-, Fuhr- und Ladekosten, Sozialkassenbeiträge und Sonderkosten,

   die bei wirtschaftlicher Betriebsführung entstehen, mit angemessenen Zuschlägen für Gemeinkosten und Gewinn (einschließlich allgemeinem Unternehmerwagnis) zuzüglich Umsatzsteuer vergütet.

2. Verlangt der Auftraggeber, daß die Stundenlohnarbeiten durch einen Polier oder eine andere Aufsichtsperson beaufsichtigt werden, oder ist die Aufsicht nach den einschlägigen Unfallverhütungsvorschriften notwendig, so gilt Nr. 1 entsprechend.

3. Dem Auftraggeber ist die Ausführung von Stundenlohnarbeiten vor Beginn anzuzeigen. Über die geleisteten Arbeitsstunden und den dabei erforderlichen, besonders zu vergütenden Aufwand für den Verbrauch von Stoffen, für Vorhaltung von Einrichtungen, Geräten, Maschinen und maschinellen Anlagen, für Frachten, Fuhr- und Ladeleistungen sowie etwaige Sonderkosten sind, wenn nichts anderes vereinbart ist, je nach der Verkehrssitte werktäglich oder wöchentlich Listen (Stundenlohnzettel) einzureichen. Der Auftraggeber hat die von ihm bescheinigten Stundenlohnzettel unverzüglich, spätestens jedoch innerhalb von 6 Werktagen nach Zugang, zurückzugeben. Dabei kann er Einwendungen auf den Stundenlohnzetteln oder gesondert schriftlich erheben. Nicht fristgemäß zurückgegebene Stundenlohnzettel gelten als anerkannt.

4. Stundenlohnrechnungen sind alsbald nach Abschluß der Stundenlohnarbeiten, längstens jedoch in Abständen von 4 Wochen, einzureichen. Für die Zahlung gilt § 16.

5. Wenn Stundenlohnarbeiten zwar vereinbart waren, über den Umfang der Stundenlohnleistungen aber mangels rechtzeitiger Vorlage der Stundenlohnzettel Zweifel bestehen, so kann der Auftraggeber verlangen, daß für die nachweisbar ausgeführten Leistungen eine Vergütung vereinbart wird, die nach Maßgabe von Nr. 1 Absatz 2 für einen wirtschaftlich vertretbaren Aufwand an Arbeitszeit und Verbrauch von Stoffen, für Vorhaltung von Einrichtungen, Geräten, Maschinen und maschinellen Anlagen, für Frachten, Fuhr- und Ladeleistungen sowie etwaige Sonderkosten ermittelt wird.

§ 16
Zahlung

1. (1) Abschlagszahlungen sind auf Antrag in Höhe des Wertes der jeweils nachgewiesenen vertragsgemäßen Leistungen ohne die jeweiligen Teilbeträge in Höhe der Umsatzsteuer in möglichst kurzen Zeitabständen zu gewähren. Die Leistungen sind durch eine prüfbare Aufstellung nachzuweisen, die eine rasche und sichere Beurteilung der Leistungen ermöglichen muß. Als Leistungen gelten hierbei auch die für die geforderte Leistung eigens angefertigten und bereitgestellten Bauteile sowie die auf der Baustelle angelieferten Stoffe und Bauteile, wenn dem Auftraggeber nach seiner Wahl das Eigentum an ihnen übertragen ist oder entsprechende Sicherheit gegeben wird. Auf Antrag des Auftragnehmers ist nach der Abnahme eine Abschlagszahlung für die vom Auftragnehmer zu entrichtende Umsatzsteuer zu leisten.
(2) Gegenforderungen können einbehalten werden. Andere Einbehalte sind nur in den im Vertrag und in den gesetzlichen Bestimmungen vorgesehenen Fällen zulässig.
(3) Abschlagszahlungen sind binnen 12 Werktagen nach Zugang der Aufstellung zu leisten.
(4) Die Abschlagszahlungen sind ohne Einfluß auf die Haftung und Gewährleistung des Auftragnehmers; sie gelten nicht als Abnahme von Teilen der Leistung.
2. (1) Vorauszahlungen können auch nach Vertragsabschluß vereinbart werden; hierfür ist auf Verlangen des Auftraggebers ausreichende Sicherheit zu leisten. Diese Vorauszahlungen sind, sofern nichts anderes vereinbart wird, mit 1 v.H. über dem Lombardsatz der Deutschen Bundesbank zu verzinsen.
(2) Vorauszahlungen sind auf die nächstfälligen Zahlungen anzurechnen, soweit damit Leistungen abzugelten sind, für welche die Vorauszahlungen gewährt worden sind.
3. (1) Die Schlußzahlung ist alsbald nach Prüfung und Feststellung der vom Auftragnehmer vorgelegten Schlußrechnung zu leisten, spätestens innerhalb von 2 Monaten nach Zugang. Die Prüfung der Schlußrechnung ist nach Möglichkeit zu beschleunigen. Verzögert sie sich, so ist das unbestrittene Guthaben als Abschlagszahlung sofort zu zahlen.
(2) Die vorbehaltlose Annahme der als solche gekennzeichneten Schlußzahlung schließt Nachforderungen aus. Einer Schlußzahlung steht es gleich, wenn der Auftraggeber unter Hinweis auf geleistete Zahlungen weitere Zahlungen endgültig und schriftlich ablehnt. Auch früher gestellte, aber unerledigte Forderungen sind ausgeschlossen, wenn sie nicht nochmals vorbehalten werden. Ein Vorbehalt ist innerhalb von 12 Werktagen nach Eingang der Schlußzahlung zu erklären. Er wird hinfällig, wenn nicht innerhalb von weiteren 24 Werktagen eine prüfbare Rechnung über die vorbehaltenen Forderungen eingereicht oder, wenn das nicht möglich ist, der Vorbehalt eingehend begründet wird.
4. In sich abgeschlossene Teile der Leistung können nach Teilabnahme ohne Rücksicht auf die Vollendung der übrigen Leistungen endgültig festgestellt und bezahlt werden.
5. (1) Alle Zahlungen sind aufs äußerste zu beschleunigen.
(2) Nicht vereinbarte Skontoabzüge sind unzulässig.
(3) Zahlt der Auftraggeber bei Fälligkeit nicht, so kann ihm der Auftragnehmer eine angemessene Nachfrist setzen. Zahlt er auch innerhalb der Nachfrist nicht, so hat der Auftragnehmer vom Ende der Nachfrist an Anspruch auf Zinsen in Höhe von 1 v.H. über dem Lombardsatz der Deutschen Bundesbank, wenn er nicht einen höheren Verzugsschaden nachweist. Außerdem darf er die Arbeiten bis zur Zahlung einstellen.

6. Der Auftraggeber ist berechtigt, zur Erfüllung seiner Verpflichtungen aus Nr. 1 bis 5 Zahlungen an Gläubiger des Auftragnehmers zu leisten, soweit sie an der Ausführung der vertraglichen Leistung des Auftragnehmers auf Grund eines mit diesem abgeschlossenen Dienst- oder Werkvertrags beteiligt sind und der Auftragnehmer in Zahlungsverzug gekommen ist. Der Auftragnehmer ist verpflichtet, sich auf Verlangen des Auftraggebers innerhalb einer von diesem gesetzten Frist darüber zu erklären, ob und inwieweit er die Forderungen seiner Gläubiger anerkennt; wird diese Erklärung nicht rechtzeitig abgegeben, so gelten die Forderungen als anerkannt und der Zahlungsverzug als bestätigt.

§ 17

Sicherheitsleistung

1. (1) Wenn Sicherheitsleistung vereinbart ist, gelten die §§ 232 bis 240 BGB, soweit sich aus den nachstehenden Bestimmungen nichts anderes ergibt.
   (2) Die Sicherheit dient dazu, die vertragsgemäße Ausführung der Leistung und die Gewährleistung sicherzustellen.
2. Wenn im Vertrag nichts anderes vereinbart ist, kann Sicherheit durch Einbehalt oder Hinterlegung von Geld oder durch Bürgschaft eines im Inland zugelassenen Kreditinstituts oder Kreditversicherers geleistet werden.
3. Der Auftragnehmer hat die Wahl unter den verschiedenen Arten der Sicherheit; er kann eine Sicherheit durch eine andere ersetzen.
4. Bei Sicherheitsleistung durch Bürgschaft ist Voraussetzung, daß der Auftraggeber den Bürgen als tauglich anerkannt hat. Die Bürgschaftserklärung ist schriftlich unter Verzicht auf die Einrede der Vorausklage abzugeben (§ 771 BGB); sie darf nicht auf bestimmte Zeit begrenzt und muß nach Vorschrift des Auftraggebers ausgestellt sein.
5. Wird Sicherheit durch Hinterlegung von Geld geleistet, so hat der Auftragnehmer den Betrag bei einem zu vereinbarenden Geldinstitut auf ein Sperrkonto einzuzahlen, über das beide Parteien nur gemeinsam verfügen können. Etwaige Zinsen stehen dem Auftragnehmer zu.
6. (1) Soll der Auftraggeber vereinbarungsgemäß die Sicherheit von seinen Zahlungen einbehalten, so darf er die Abschlagszahlung nach § 16 Nr. 1 Absatz 1 Satz 4 in Höhe der vereinbarten Sicherheitssumme kürzen. Den so einbehaltenen Betrag hat er dem Auftragnehmer mitzuteilen und binnen 18 Werktagen nach dieser Mitteilung auf Sperrkonto bei dem vereinbarten Geldinstitut einzuzahlen. Gleichzeitig muß er veranlassen, daß dieses Geldinstitut den Auftragnehmer von der Einzahlung des Sicherheitsbetrages benachrichtigt. Nr. 5 gilt entsprechend.
   (2) Bei kleineren oder kurzfristigen Aufträgen ist es zulässig, daß der Auftraggeber den einbehaltenen Sicherheitsbetrag erst bei der Schlußzahlung auf Sperrkonto einzahlt.
   (3) Zahlt der Auftraggeber den einbehaltenen Betrag nicht rechtzeitig ein, so kann ihm der Auftragnehmer hierfür eine angemessene Nachfrist setzen. Läßt der Auftraggeber auch diese verstreichen, so kann der Auftragnehmer die sofortige Auszahlung des einbehaltenen Betrages verlangen und braucht dann keine Sicherheit mehr zu leisten.
   (4) Öffentliche Auftraggeber sind berechtigt, den als Sicherheit einbehaltenen Betrag auf eigenes Verwahrgeldkonto zu nehmen; der Betrag wird nicht verzinst.
7. Der Auftragnehmer hat die Sicherheit binnen 18 Werktagen nach Vertragsabschluß zu leisten, wenn nichts anderes vereinbart ist. Soweit er diese Verpflichtung nicht erfüllt hat, ist der Auftraggeber berechtigt, vom Guthaben des Auftragnehmers einen Betrag in Höhe der vereinbarten Sicherheit einzubehalten. Im übrigen gelten Nr. 5 und Nr. 6 außer Absatz 1 Satz 1 entsprechend.

8. Der Auftraggeber hat eine nicht verwertete Sicherheit zum vereinbarten Zeitpunkt, spätestens nach Ablauf der Verjährungsfrist für die Gewährleistung, zurückzugeben. Soweit jedoch zu dieser Zeit seine Ansprüche noch nicht erfüllt sind, darf er einen entsprechenden Teil der Sicherheit zurückhalten.

§ 18
Streitigkeiten

1. Liegen die Voraussetzungen für eine Gerichtsstandsvereinbarung nach § 38 Zivilprozeßordnung vor, richtet sich der Gerichtsstand für Streitigkeiten aus dem Vertrag nach dem Sitz der für die Prozeßvertretung des Auftraggebers zuständigen Stelle, wenn nichts anderes vereinbart ist. Sie ist dem Auftragnehmer auf Verlangen mitzuteilen.
2. Entstehen bei Verträgen mit Behörden Meinungsverschiedenheiten, so soll der Auftragnehmer zunächst die der auftraggebenden Stelle unmittelbar vorgesetzte Stelle anrufen. Diese soll dem Auftragnehmer Gelegenheit zur mündlichen Aussprache geben und ihn möglichst innerhalb von 2 Monaten nach der Anrufung schriftlich bescheiden und dabei auf die Rechtsfolgen des Satzes 3 hinweisen. Die Entscheidung gilt als anerkannt, wenn der Auftragnehmer nicht innerhalb von 2 Monaten nach Eingang des Bescheides schriftlich Einspruch beim Auftraggeber erhebt und dieser ihn auf die Ausschlußfrist hingewiesen hat.
3. Bei Meinungsverschiedenheiten über die Eigenschaft von Stoffen und Bauteilen, für die allgemeingültige Prüfungsverfahren bestehen, und über die Zulässigkeit oder Zuverlässigkeit der bei der Prüfung verwendeten Maschinen oder angewendeten Prüfungsverfahren kann jede Vertragspartei nach vorheriger Benachrichtigung der anderen Vertragspartei die materialtechnische Untersuchung durch eine staatliche oder staatlich anerkannte Materialprüfungsstelle vornehmen lassen; deren Feststellungen sind verbindlich. Die Kosten trägt der unterliegende Teil.
4. Streitfälle berechtigen den Auftragnehmer nicht, die Arbeiten einzustellen.

Allgemeine Geschäftsbedingungen

Sanitär — Heizung — Klima

I. Allgemeines

1. Maßgebliche Rechtsgrundlagen für alle von uns (Auftragnehmer) übernommenen Aufträge sind die beigefügte Verdingungsordnung für Bauleistungen, Teil B (VOB/B) sowie die nachstehenden Geschäftsbedingungen. Sie werden schon jetzt für alle zukünftigen Geschäftsbeziehungen vereinbart und haben Vorrang vor abweichenden Bedingungen des Autraggebers.
2. Alle Vertragsabreden bedürfen der Schriftform. Abweichungen und Ergänzungen werden nur dann Vertragsbestandteil, wenn sie schriftlich von uns bestätigt werden.
3. Angebote sind für den Auftragnehmer nur 24 Werktage verbindlich.

II. Angebots- und Entwurfsunterlagen

1. Unsere Eigentums- und Urheberrechte an von uns erstellten Kostenvoranschlägen, Zeichnungen und Entwürfen sowie deren rechnerische Grundlagen behalten wir uns vor. Diese Unterlagen dürfen ohne unsere Zustimmung weder vervielfältigt noch dritten Personen zugänglich gemacht werden und sind bei Nichterteilung des Auftrages unverzüglich an uns zurückzugeben.
2. Behördliche und sonstige Genehmigungen sind vom Auftraggeber zu beschaffen. Der Auftragnehmer hat hierzu notwendige Unterlagen dem Auftraggeber zur Verfügung zu stellen.

III. Preise

1. Alle Preise gelten nur bei ungeteilter Bestellung des angebotenen Objektes und bei ununterbrochener Montage mit anschließender Inbetriebnahme.
2. Soweit eine Preisvereinbarung nicht getroffen wurde, sind die am Tage der Ausführung gültigen Arbeitslöhne und Materialpreise des Auftragnehmers maßgebend.
3. Festpreise haben nur dann Gültigkeit, wenn sie als solche vom Auftragnehmer schriftlich anerkannt und in Verbindung mit einer zeitlichen Absprache über Aufnahme und Abschluß der Arbeiten vereinbart werden.
4. Im übrigen ist der Auftragnehmer an Angebotspreise, die nicht Festpreise sind, nur für einen Zeitraum von 4 Monaten nach Vertragsabschluß gebunden.
5. Verzögert sich die Aufnahme, der Fortgang oder der Abschluß der Arbeiten aus Gründen, die nicht vom Auftragnehmer zu vertreten sind, so ist er berechtigt, die Preise für Lohn-, Material- und sonstige entstandene Kosten nach 2. zu erhöhen. Die Regelung der Ziff. 4 bleibt hiervon unberührt.
6. Im Angebot nicht ausdrücklich veranschlagte Leistungen, die zur Durchführung des Auftrages notwendig sind oder auf Verlangen des Auftraggebers ausgeführt werden, werden zusätzlich in Rechnung gestellt. Dies gilt insbesondere für Stemm-, Verputz-, Erdarbeiten und dergleichen.

7. Die Preise verstehen sich für normale Arbeitszeit und Arbeitsleistung. Für Über-, Nacht-, Sonn- und Feiertagsstunden sowie für Arbeit unter erschwerten Bedingungen werden die tariflichen Zuschläge auf den Effektivlohn aufgeschlagen.
8. Die Preise verstehen sich jeweils zuzüglich der zum Zeitpunkt der Rechnungsstellung geltenden gesetzlichen Mehrwertsteuer.

IV. Zahlung

1. Für alle Zahlungen gilt § 16 der Verdingungsordnung für Bauleistungen, Teil B (VOB/B).
2. Die Zahlungen sind zu leisten bar, ohne jeden Abzug, frei Zahlstelle des Auftragnehmers in deutscher Währung.
3. Tagelohnarbeiten sind sofort nach Rechnungslegung zahlbar.
4. Akzepte oder Kundenwechsel werden nur erfüllungshalber angenommen; die hierbei anfallenden Kosten und Spesen gehen zu Lasten des Zahlungspflichtigen.
5. Werden die Zahlungsbedingungen nicht eingehalten oder werden Umstände bekannt, die die Kreditwürdigkeit des Auftraggebers ernsthaft in Frage stellen oder wird ein Scheck bzw. ein Wechsel nicht eingelöst, so werden sämtliche offenstehende Forderungen fällig. Nach fruchtlosem Ablauf einer von ihm gesetzten Nachfrist, verbunden mit Kündigungsandrohung, ist der Auftragnehmer sodann berechtigt, den Vertrag schriftlich zu kündigen und die Arbeiten einzustellen sowie alle bisher erbrachten Leistungen nach Vertragspreisen abzurechnen.

V. Lieferzeit und Montage

1. Sind Ausführungsfristen nicht vereinbart, so ist mit den Arbeiten unverzüglich nach Auftragsbestätigung, spätestens jedoch 12 Werktage nach Aufforderung durch den Auftraggeber zu beginnen, sofern der Auftraggeber die gem. II., Ziff. 2 erforderlichen Unterlagen beigebracht hat, ein ungehinderter Montagebeginn an der Baustelle gewährleistet und eine evtl. vereinbarte Anzahlung beim Auftragnehmer eingegangen ist.
2. Verzögern sich Aufnahme, Fortführung oder Abschluß der Arbeiten aus Gründen, die der Auftraggeber zu vertreten hat, und schafft er nicht unverzüglich Abhilfe auf Verlangen des Auftragnehmers, so kann dieser bei Aufrechterhaltung des Vertrages Schadensersatz gem. § 6 Nr. 6 VOB Teil B verlangen oder dem Auftraggeber eine angemessene Frist zur Vertragserfüllung setzen und erklären, daß er den Vertrag nach fruchtlosem Ablauf der Frist kündigen werde.
   Für den Fall der Kündigung steht dem Auftragnehmer neben seinem bis dahin entstandenen Werklohn ein Anspruch auf Ersatz der Mehraufwendungen zu, die er für das erfolglose Angebot sowie für die Aufbewahrung und Erhaltung des geschuldeten Gegenstandes machen mußte.
3. Während der Ausführung der Arbeiten ist für die Aufbewahrung von Baustoffen und Werkzeugen etc. und zum Aufenthalt für die ausführenden Arbeitnehmer ein verschließbarer Raum bauseitig kostenlos zur Verfügung zu stellen. Leitungen und Einrichtungsgegenstände gehen in die Obhut des Auftraggebers über.

VI. Eigentumsvorbehalt

Der Auftragnehmer behält sich das Eigentum und das Verfügungsrecht an den Liefergegenständen bis zum Eingang sämtlicher Zahlungen aus dem Vertrag vor. Soweit die Liefergegenstände wesentliche Bestandteile des Grundstückes geworden sind, verpflichtet sich der Auftraggeber, bei Nichteinhaltung der vereinbarten Zahlungstermine dem Auftragnehmer die Demontage der Gegenstände, die ohne wesentliche Beeinträchtigung des Baukörpers ausgebaut werden können, zu gestatten und ihm das Eigentum an diesen Gegenständen zurückzuübertragen. Beeinträchtigt der Auftraggeber die vorgenannten Rechte des Auftragnehmers, so ist er diesem zum Schadenersatz verpflichtet. Die Demontage und sonstigen Kosten gehen zu Lasten des Auftraggebers.
Werden Liefergegenstände mit einem anderen Gegenstand fest verbunden, so überträgt der Auftraggeber, falls hierdurch Forderungen oder Miteigentum entstehen, seine Forderungen oder sein Miteigentumsrecht an dem neuen Gegenstand auf den Auftragnehmer.

VII. Abnahme

Die Abnahme der erbrachten Leistungen richtet sich ausschließlich nach § 12 der Verdingungsordnung für Bauleistungen, Teil B (VOB/B).

VIII. Haftung

1. Die Gewährleistung für erbrachte Leistungen richtet sich ausschließlich nach § 13 der Verdingungsordnung für Bauleistungen, Teil B (VOB/B).
2. Ansprüche des Auftraggebers aus unerlaubter Handlung sind auf Vorsatz oder grobe Fahrlässigkeit des Auftragnehmers oder seiner Erfüllungsgehilfen beschränkt.
3. Werden für den Betrieb der erstellten Anlage aggressive Medien (Wasser, Luft etc.) verwendet und dadurch Schäden verursacht, so haftet der Auftragnehmer nicht, wenn der Auftraggeber es unterlassen hat, bei Auftragserteilung schriftlich auf diesen Umstand hinzuweisen.
4. Werden auf Verlangen des Auftraggebers bereits installierte wasserführende Anlagen vorzeitig in Betrieb genommen, hat der Auftraggeber bei Gefahr von Frosteinbrüchen entsprechende Schutzmaßnahmen durchzuführen. Gegebenenfalls hat er den Auftragnehmer zu beauftragen, die Anlage gegen Zahlung einer entsprechenden Vergütung zu entleeren.
   Für Schäden an der vorzeitig in Betrieb genommenen Anlage, die ihre Ursache in fehlenden oder unzureichenden Schutzmaßnahmen durch den Auftraggeber haben, haftet der Auftragnehmer nicht.

IX. Gerichtsstand

Erfüllungsort und Gerichtsstand ist der Sitz der gewerblichen Niederlassung des Auftragnehmers, soweit nicht gesetzlich zwingend etwas anderes vorgeschrieben ist.

....	....
Ort, Datum	Stempel und Unterschrift

Herausgegeben vom Zentralverband Sanitär-, Heizungs- und Klimatechnik, Rathausallee 6, 5205 St. Augustin 1 und vom Bundeskartellamt im Bundesanzeiger veröffentlicht.
Zu beziehen durch: Strobel & Co., Buchvertrieb, Postfach 5009, 5760 Arnsberg 2.

Karl P. Rohr
Installateurmeister und Klempner

1000 Berlin 62, Bergstr. 25 Tel. 885 83 85

Auftrag/Auftragsbestätigung/Arbeitsbescheinigung

Anschrift: Name ____ Vorname ____ Anruf erfolgte von Herrn/Frau/Frl.

Straße ____

Bezirk ____ Datum ____

Telefon ____ Telefon ____

Rechnung geht an ____

Aufgenommen von ____

Ausgeführt von ____ Datum ____

Art der Bestellung: ____

Tag	Stunden	Monteur/Helfer	Art der Arbeit	DM

Es gelten die umseitigen (anliegenden) Geschäftsbedingungen, von denen der Auftraggeber Kenntnis genommen und sie durch die nachstehende Unterschrift anerkannt hat.

Abnahme und Richtigkeit bescheinigt ....

Anhang 5

Karl P. Rohr
Installateurmeister und Klempner

1000 Berlin 62, Bergstr. 25   Tel. 885 83 85

Arbeitsbescheinigung vom ______ bis ______ Nr. ______

Arbeitsstelle: ____________________

Tag	Stunden	Monteur / Helfer	Art der Arbeit

Die Richtigkeit der vorstehenden Angaben und die Abnahme der ordnungsgemäß ausgeführten Leistungen wird bescheinigt:

....

Karl P. Rohr
Installateurmeister und Klempner
1000 Berlin 62, Bergstr. 25   Tel. 885 83 85

Berlin, den ______________

Mahnung

Ich gestatte mir, Sie darauf hinzuweisen, daß auf Ihrem Konto die untenstehende/n Rechnung/en noch offen ist/sind.
Auch ich bin auf den pünktlichen Eingang meiner Außenstände angewiesen.
Sicherlich ist es Ihrer Aufmerksamkeit entgangen, daß die u. a. Rechnung/en innerhalb 8 Tagen fällig war/en, da es sich um Handwerkerarbeiten handelte.
Sollte der noch offene Betrag nicht bis zum ______________
auf einem meiner Konten angewiesen sein, bin ich leider gezwungen, das gerichtliche Mahnverfahren gegen Sie einzuleiten.

Hochachtungsvoll

Rechnungs-Aufstellung

Rechnung	Betrag

Gesellschaftsvertrag zur Gründung der „Meyer Sanitär-Installation GmbH"

§ 1 Firma und Sitz der Gesellschaft

Die Firma der Gesellschaft lautet

Meyer Sanitär-Installation GmbH.

Die Gesellschaft hat ihren Sitz in ...

§ 2 Gegenstand des Unternehmens

Gegenstand des Unternehmens ist die Durchführung von Installationsarbeiten sowie die Lieferung und Installierung von sanitären Anlagen aller Art.

§ 3 Stammkapital

Das Stammkapital der Gesellschaft beträgt 50.000,– DM (in Worten: Fünfzigtausend Deutsche Mark).

Davon übernehmen:

a) der Gesellschafter Karl Meyer, Installateurmeister in ... 30.000,– DM

b) der Gesellschafter Karl Schulze, Installateurgeselle in ... 20.000,– DM.

Die Stammeinlagen waren bei Gründung der Gesellschaft sofort in voller Höhe bar einzuzahlen.

§ 4 Geschäftsjahr und Beginn der Gesellschaft

Das Geschäftsjahr der Gesellschaft ist das Kalenderjahr.

Das erste Geschäftsjahr beginnt mit der Eintragung der Gesellschaft im Handelsregister.

§ 5 Dauer und Kündigung der Gesellschaft

Die Gesellschaft wird auf unbestimmte Zeit errichtet.

Jeder Gesellschafter kann die Gesellschaft mit sechsmonatiger Frist zum Ende des Kalenderjahres durch eingeschriebenen Brief kündigen.
Kündigt ein Gesellschafter, so kann der oder können die verbleibenden Gesellschafter die Fortsetzung der Gesellschaft mit einfacher Mehrheit beschließen.
In diesem Fall ist der Kündigende verpflichtet, seinen Gesellschaftsanteil auf die Gesellschaft oder einen von ihr bestimmten Gesellschafter zu übertragen.

§ 6 Veräußerung von Geschäftsanteilen

Die Veräußerung von ganzen Geschäftsanteilen oder Teilen von Geschäftsanteilen ist nur mit Zustimmung der Gesellschaft zulässig.

§ 7 Gesellschafterversammlung

Beschlüsse der Gesellschaft werden mit einfacher Mehrheit der abgegebenen Stimmen gefaßt, wenn das Gesetz nicht zwingend eine höhere Mehrheit vorschreibt. Schriftliche Abstimmung ist zulässig, wenn nicht mindestens zwei Gesellschafter widersprechen. Zu den Gesellschafterversammlungen sind die Gesellschafter mit eingeschriebenen Briefen mindestens eine Woche vorher zu laden.

Auf 100,– DM Geschäftsanteile entfällt eine Stimme.

§ 8 Geschäftsführer

Die Gesellschaft hat einen oder mehrere Geschäftsführer.

Zum alleinvertretungsberechtigten Geschäftsführer wird der Gesellschafter Karl Meyer bestellt.

Der Geschäftsführer ist von den Beschränkungen des § 181 BGB befreit.

§ 9 Bilanz nebst Gewinn- und Verlustrechnung

Der Geschäftsführer hat in den ersten 4 Monaten eines jeden Geschäftsjahres für das vergangene Geschäftsjahr eine nach kaufmännischen Grundsätzen gezogene Jahresbilanz mit Gewinn- und Verlustrechnung aufzustellen.

§ 10 Behandlung von Gewinn und Verlust

Der sich aus der festgestellten Bilanz nach Vornahme sämtlicher Abschreibungen und Rücklagen ergebende Überschuß bildet den Reingewinn der Gesellschaft. Dieser wird wie folgt verteilt:

...

§ 11 Bekanntmachungen der Gesellschaft

Bekanntmachungen der Gesellschaft erfolgen nur im Bundesanzeiger.

§ 12 Salvatorische Klausel

Sollte eine Bestimmung dieses Vertrages oder ein Teil einer solchen gegen eine zwingende gesetzliche Vorschrift verstoßen, so ist nicht der ganze Vertrag nichtig, sondern muß die betreffende Bestimmung den gesetzlichen Erfordernissen entsprechend so geändert werden, daß damit die ursprünglich beabsichtigten und wirtschaftlichen Rechtserfolge (soweit möglich) erreicht werden.